Arnhild Scholten · Länderbeschreibung und Länderkunde im islamischen Kulturraum des 10. Jahrhunderts

BOCHUMER GEOGRAPHISCHE ARBEITEN

Herausgegeben vom Geographischen Institut der Ruhr-Universität Bochum
durch Dietrich Hafemann · Karlheinz Hottes · Herbert Liedtke · Peter Schöller
Schriftleitung: Alois Mayr

Heft 25

Länderbeschreibung und Länderkunde im islamischen Kulturraum des 10. Jahrhunderts

Ein geographiehistorischer Beitrag zur Erforschung länderkundlicher Konzeptionen

Arnhild Scholten

FERDINAND SCHÖNINGH · PADERBORN · 1976

Die vorliegende Arbeit wurde von der Fakultät der Abteilung für Geowissenschaften an der Ruhr-Universität Bochum 1975 als Dissertation angenommen.

 ISBN 3-506-71205-5

Einbandgestaltung: D. Rühlemann, nach: al-Hamdānī, Geographie der arabischen Halbinsel.
Hrsg. H. Müller. Neudruck Amsterdam 1968

Gesamtherstellung: Druckhaus Schürmann u. Klagges, 463 Bochum, Hans-Böckler-Straße 12-16

V O R W O R T

Die vorliegende Arbeit geht auf eine Anregung von Herrn Prof. Dr. H. Busse zurück, der mein Interesse für die klassische arabische Geographie weckte und mich auf das Fehlen spezifisch geographiehistorischer Arbeiten zu diesem Themenbereich aufmerksam machte. Für seine Beratung und Betreuung von orientalistischer Seite sowie seine mehrfache Tätigkeit als Gutachter bin ich ihm zu großem Dank verpflichtet.

Mein besonderer Dank gilt meinem verehrten Lehrer und Doktorvater, Herrn Prof. DDDr. M. Büttner, unter dessen Anleitung diese Arbeit entstand, der mich in zahlreichen Gesprächen ermutigte, beriet und wertvolle Hinweise zur Entwicklung meines geographiehistorischen Ansatzpunktes gab.

Herrn Prof. Dr. Hanno Beck sei an dieser Stelle dafür gedankt, daß er mir geographiegeschichtliche Grundlagenmaterialien zur Verfügung stellte.

Weiterhin danke ich den Mitarbeitern des Orientalistischen Instituts an der Ruhr-Universität Bochum, die mir bei der Beschaffung der Quellen und bei der Übersetzung arabischer Textstellen behilflich waren.

Mein Dank gilt auch den Herausgebern der 'Bochumer Geographischen Arbeiten', die die vorliegende Arbeit in ihre Schriftenreihe aufgenommen haben, obwohl das Thema lediglich ein Randgebiet der geographischen Disziplin berührt. Zu besonderem Dank bin ich Herrn Dr. A. Mayr verpflichtet, der mich bei allen mit der Drucklegung der Arbeit verbundenen Problemen beriet. Das englische Summary übersetzte freundlicherweise Herr Dr. J. Dodt. Für die kartographische Gestaltung danke ich Herrn Rühlemann, Mitarbeiter des Geographischen Instituts an der Ruhr-Universität Bochum; auch danke ich Frau I. Häder für die mühevolle Reinschrift des Manuskriptes.

Zu Dank verpflichtet bin ich der Ruhr-Universität Bochum, die mir im Einvernehmen mit der Kommission für die Förderung des wissenschaftlichen Nachwuchses ein Graduiertenstipendium bewilligte, das mir die Anfertigung der Arbeit finanziell ermöglichte. Weiterhin danke ich der Geowissenschaftlichen Abteilung der Ruhr-Universität Bochum für die Zuerkennung eines Fakultätspreises, mit dem ein Teil der Druckkosten abgegolten werden konnte.

Mein ganz besonderer Dank gilt dem Königreich Saudi-Arabien, mit dessen großzügiger finanzieller Unterstützung ein großer Teil der Druckkosten bestritten werden konnte.

Lüdenscheid, im September 1976 — Arnhild Scholten

I N H A L T S V E R Z E I C H N I S

Vorwort .... S. V

Inhaltsverzeichnis .... S. VI

Einleitung

1. Zum Untersuchungsobjekt .... S. 1
2. Die Forschung auf dem Gebiet der mittelalterlichen arabischen Geographie .... S. 2
   a. Die arabische Geographie als Forschungsobjekt der Orientalistik .... S. 2
   b. Geographiehistorische Forschung zur arabischen Geographie .... S. 4
3. Allgemeine Aspekte einer Geschichte der Geographie .... S. 6
   a. Ansatzpunkt .... S. 6
   b. Beurteilungskriterien und Standortproblem der Geographiegeschichte .... S. 7
4. Zur Durchführung der Untersuchung .... S. 9

Teil 1:

D I E A U S G A N G S L A G E .... S. 10

Kapitel 1: DER WISSENSCHAFTSBETRIEB .... S. 10

I. Voraussetzungen politischer Art .... S. 10

II. Die Wurzeln der Wissenschaften .... S. 11

1. Die Tradition .... S. 11
2. Form und Sprache .... S. 12
3. Das Wissenschaftssystem .... S. 13

III. Der Wissenschaftsbegriff .... S. 14

IV. Zusammenfassung .... S. 15

Kapitel 2. DIE SITUATION DER LÄNDERKUNDE .... S. 16

I. Die arabische Geographie bis zum 10. Jahrhundert - der Rekurs auf Ptolemäus .... S. 16

II. Das Geographieverständnis .... S. 18

III. Die Grundlage der Länderdarstellung: Reisen .... S. 19

IV. Zusammenfassung .... S. 20

Teil 2:

D I E F O R M E N L Ä N D E R K U N D L I C H E R D A R S T E L L U N G

Kapitel 3: DIE LÄNDERBESCHREIBUNG .... S. 22

A. Ibn Faḍlān (Werk 923 n. Chr.) .... S. 22

I. Zu Person und Werk des Verfassers .... S. 22

II. Die Riḥla .... S. 23

1. Die Konzeption .... S. 23

2. Die inhaltliche Gestaltung .... S. 24
a. Die Auswahl der Themen .... S. 24
b. Das Arrangement der Themen .... S. 28
3. Die formale Gestaltung .... S. 29
III. Die Riḥla - eine länderkundliche Abhandlung? .... S. 30
IV. Thesen zum Werk des Ibn Fadlān .... S. 31

B. Abū Dulaf (Werk 943 - 945 n. Chr.) .... S. 31
I. Zu Person und Werk des Verfassers .... S. 31
II. Die Risāla von der Reise nach China und Indien .... S. 34
1. Die Einleitung .... S. 34
2. Die Reisebeschreibung .... S. 35
a. Der erste Teil der Reise - Aufbau und Inhalt .... S. 36
b. Der zweite Teil der Reise .... S. 39
III. Abschließende Betrachtung .... S. 40
1. Die Risāla in der Zusammenschau .... S. 40
2. Die Frage nach der geographiehistorischen Relevanz des Werkes .... S. 42
IV. Thesen zum Werk des Abū Dulaf .... S. 43

Kapitel 4: DIE UNSELBSTÄNDIGE LÄNDERKUNDE .... S. 45

A. Hamdānī (Werk um 940 n. Chr.) .... S. 45
I. Zu Person und Werk des Verfassers .... S. 45
II. Der Aufbau des "Ṣifat ǧazīrat al-ʿarab" .... S. 46
III. Die länderkundliche Konzeption des mittleren Teils: "Der Bericht von der arabischen Halbinsel" .... S. 48
IV. Die Einbeziehung der Tradition .... S. 52
1. Die Verwendung traditioneller Hilfsmittel .... S. 52
2. Die Bedeutung der Poesie .... S. 53
V. Zusammenschau .... S. 55
VI. Thesen zum Werk von Hamdānī .... S. 57

B. Masʿūdī (Werk 943 - 947 n. Chr.) .... S. 57
I. Die Ausgangslage .... S. 57
II. Zu Person und Werk des Verfassers .... S. 58
1. Biographie und Quellen .... S. 58
2. Der Ansatzpunkt Masʿūdīs .... S. 59
III. Das Fehlen einer länderkundlichen Konzeption .... S. 60
1. Die Einstellung zur Reisetätigkeit .... S. 60
2. Typen länderkundlicher Darstellung .... S. 61
IV. Thesen zum Werk von Masʿūdī .... S. 64

Kapitel 5: DER WEG ZU EINER EIGENSTÄNDIGEN WISSENSCHAFTLICHEN LÄNDERKUNDE .... S. 66

A. Ibn Hauqal (Werk um 980 n. Chr.) .... S. 66
I. Zur Person .... S. 66
II. Das Buch "Die Darstellung der Erde" .... S. 68

1. Die Systematik ... S. 68
a. Aufbau ... S. 68
b. Einteilungs- und Gliederungsprinzipien ... S. 71
c. Themenkatalog ... S. 74
2. Der Ansatzpunkt ... S. 75
a. Die geographische Motivation ... S. 75
b. Der methodische Ansatz ... S. 77
3. Das Verhältnis zur Tradition ... S. 79
a. Beweisverfahren und Untersuchungsmethode ... S. 79
b. Das Verhältnis zur Geschichte ... S. 80
4. Zusammenfassung ... S. 81
III. Thesen zum Werk von Ibn Hauqal ... S. 82

B. <u>Muqaddasī</u> (Werk 985 - 988 n. Chr.) ... S. 83
I. Zur Person ... S. 83
II. Das Buch: "Die beste Kenntnis von der Anordnung der Provinzen" ... S. 84
III. Der Ansatzpunkt Muqaddasīs ... S. 85
1. Die Motivation ... S. 85
2. Die Vorgänger ... S. 86
IV. Die Reflexion der Methode ... S. 88
1. Die Quellentrennung ... S. 88
2. Die Terminologie ... S. 89
3. Die Abhandlung des Stoffes ... S. 91
4. Die Bedeutung der Beobachtung für die Länderkunde ... S. 92
a. Die Beobachtung als Garant für Originalität und Wahrheitstreue ... S. 92
b. Die Beobachtung als Basis der Länderkunde ... S. 95
V. Die länderkundliche Systematik ... S. 96
1. Die Großkonzeption ... S. 96
2. Die Darstellung der Provinzen (aqālīm) ... S. 98
3. Die "Zusammenschau" (ǧumal) ... S. 101
4. Schlußbetrachtung ... S. 103
Exkurs: Geographische Denkansätze ... S. 104
VI. Die Bestimmung durch die Tradition ... S. 106
1. Der Aspekt der Nützlichkeit ... S. 106
2. Die traditionelle Form der Arbeit ... S. 108
3. Der Einsatz traditioneller Beweistechniken ... S. 109
4. Zusammenfassung ... S. 111
VII. Muqaddasīs Bedeutung für die Länderkunde ... S. 112
VIII. Thesen zum Werk von Muqaddasī ... S. 116

Teil 3

A B S C H L I E S S E N D E   B E T R A C H T U N G
U N D   A U S B L I C K .... S. 118
E N G L I S H   S U M M A R Y .... S. 122

Anhang

Drei Kartographische Skizzen .... S. 123
Zur Transkription .... S. 124
Verzeichnis der Abkürzungen .... S. 124

Literaturverzeichnis .... S. 125

Einleitung

1. Zum Untersuchungsobjekt

Der Terminus "arabische Geographie" wird in der Literatur in einem sehr umfassenden Sinn gebraucht. Astronomisch-mathematische Geographie, Kartographie, deskriptive Darstellungen der Welt oder einzelner Ausschnitte, geographische Notizen und Berichte über Reiseerlebnisse und -beobachtungen - oft auch kaum glaubwürdiger Art - werden dem Begriff der "arabischen Geographie des Mittelalters" untergeordnet und damit quasi alle geschriebenen Texte, die auf irgend eine Weise, literarisch oder wissenschaftlich, absichtlich oder unabsichtlich, geographische Nachrichten übermitteln.

Diese Geographie ist nicht deshalb als "arabisch" zu bezeichnen, weil ihre Vertreter auf der arabischen Halbinsel ansässig oder von der Nationalität her Araber sind; vielmehr wird die Geographie des Mittelalters in der Hauptsache von Nicht-Arabern getragen, wobei den Geographen irakischer oder persischer Abstammung der Hauptanteil zufällt. Trotzdem ist es durchaus gerechtfertigt, diese Geographie als "arabisch zu bezeichnen, da sie in arabischer Sprache geschrieben und verbreitet worden ist - eine Folgeerscheinung der islamischen Expansion. Das Arabische war die Sprache des Islam, und mit jeder territorialen Eroberung der islamischen Herrscher erweiterte sich das Gebiet, in dem es Wissenschaftssprache war. Im 1o. Jahrhundert hatte sich das Arabische im islamischen Kulturraum weitgehend durchgesetzt (vgl. später). Für die Geographie jener Epoche wäre deshalb der Terminus "arabischsprachige Geographie im islamischen Kulturraum" am korrektesten; der Einfachheit halber soll in der vorliegenden Arbeit der Terminus "arabische Geographie" unter Hinweis auf diese Anmerkung beibehalten werden.

Untersuchungsgegenstand dieser Arbeit ist ein Ausschnitt aus dem großen Feld der arabischen Geographie des 10. Jahrhunderts, die deskriptive Geographie, die sich mit der Beschreibung von Ländern befaßt. Sie umfaßt in jener Zeit Reisebeschreibungen, kurze länderkundliche Notizen, Monographien einzelner Landschaften, aber auch systematische Länderkunden. Die Basis vieler Berichte und Abhandlungen ist oft eine ausgedehnte Reisetätigkeit des Autors, der die Länder beschreibt, die er besucht hat, wobei es von seinem Bildungsstand, seiner Motivation und seinen persönlichen Interessen abhängt, ob eine Arbeit schließlich wissenschaftlich oder nicht-wissenschaftlich wird und im Blick auf die inhaltliche Schwerpunktsetzung geographisch, historisch oder philologisch ausgerichtet ist. 1)

Es wurde keine Untersuchung aller vorhandenen Texte des 10. Jahrhunderts angestrebt; vielmehr erfolgte eine Auswahl unter dem Gesichtspunkt, daß zum einen die für die damalige Zeit repräsentativen Arbeiten geprüft werden sollten, daß aber zugleich die wichtigsten unterschiedlichsten Ansätze vertreten sein müßten, auch wenn sie hinsichtlich ihres Wissenschafts- oder Länderkundeverständnisses z. T. nicht beispielhaft für den Großteil der damaligen Abhandlungen sind. Aufgrund dieser Kriterien ist Ibn Rustah mit seinem sehr frühen, um 903 entstandenen Werk ebensowenig berücksichtigt wie die Arbeit von Qudāma: beide standen den hier untersuchten Autoren zwar manchmal als Quellen zur Verfügung, aber ihre Arbeiten sind für das 10. Jahrhundert nicht mehr repräsentativ und wurden schon damals als Materialsammlungen benutzt. 2)

Die Auswahl umfaßt folgende Arbeiten:

1. einen Reisebericht des Ibn Faḍlān mit gesicherter Authentizität;
2. einen Reisebericht des Abū Dulaf mit ungesicherter Authentizität;
3. eine länderkundliche Monographie des Hamdānī;

---

1) zum Begriff der Länderkunde s. S. 20
2) vgl. Blachère/Darmaun: Extraits des principaux géographes du moyen âge. 2. Auflage Paris 1957, Kapitel: "L'apparition de la géographie litteraire".

5. die Länderkunde des Ibn Hauqal als Repräsentant einer Schule;
6. die Länderkunde des Muqaddasī.

Da für alle hier untersuchten Arbeiten Übersetzungen in eine europäische Sprache vorliegen, habe ich in erster Linie von diesen Gebrauch gemacht. Auf die Hinzunahme der arabischen Texte - sofern erreichbar - konnte jedoch nicht verzichtet werden, wenn es galt, wichtige Passagen und zentrale Begriffe zu untersuchen oder den Aufbau eines Werkes zu prüfen.

2. Die Forschung auf dem Gebiet der mittelalterlichen arabischen Geographie

a. Die arabische Geographie als Forschungsobjekt der Orientalistik

Zur Erforschung der arabischen Geographie konnten die Geographen in der Vergangenheit kaum etwas Wesentliches beitragen, weil ihnen die islamische Religion sowie die kulturellen Gegebenheiten im islamischen Mittelalter nicht in ausreichendem Maße bekannt waren; als größtes Hemmnis hat sich aber zweifellos die arabische Sprache erwiesen.[1] Heute ist die Beschäftigung mit dieser Thematik wegen der inzwischen erschienenen zahlreichen Übersetzungen in europäische Sprachen für einen Geographen eher möglich, doch bleibt die Materie unverständlich ohne bestimmte islamkundlich-historische Kenntnisse. Wenn gewisse Grundkenntnisse der arabischen Sprache nicht vorhanden sind, und man ausschließlich auf Übersetzungen angewiesen ist, bleibt diese Arbeit für den Geographiehistoriker jedoch mit großen Risiken verbunden.[2]

Es ist also keineswegs verwunderlich, daß die arabische Geographie von einem dafür spezialisierten Kreis von Orientalisten erforscht worden ist. Der Grundstein für die orientalistische Geographieforschung wurde im vergangenen Jahrhundert gelegt: Reinaud's Ausgabe der Geographie des Abū-l-Fidā, de Goeje's Edition arabischer Texte in seiner "Bibliotheca geographorum arabicorum", Barbier de Meynard's Übersetzung von Masᶜūdī's "Murūǧ aḏ-ḏahab" - sie stehen richtungweisend und repräsentativ für die orientalistische Geographiegeschichtsforschung der Folgezeit, die vorwiegend durch die Herausgabe von textkritischen Editionen sowie Übersetzungen mit reichhaltigen Anmerkteilen charakterisiert ist.

Das Schwergewicht der Untersuchungen liegt auf den historischen Problemen vielfältiger Art eines Textes: Entstehungs- und Rezeptionsgeschichte, Erforschung der Entwicklungslinien und Quellen werden ebenso betrieben wie die Klärung philologischer Probleme. Besondere Priorität besitzt die Sicherung des eigentlichen Textmaterials, d. h. die Prüfung der Authentizität, der Richtigkeit der Einzelangaben, der Glaubwürdigkeit des Verfassers. Durch den Vergleich mit anderen zeitgenössischen Texten ergibt sich schließlich ein abgeschlossenes Bild der untersuchten Geographie aus orientalistisch-historischer Perspektive. In den meisten Fällen übernehmen die Orientalisten dabei die wichtige Auswertung des geographischen Faktenmaterials und treiben durchaus Historische Geographie, aber nicht Geographiegeschichte.

In unserem Jahrhundert erschienen neben der unverminderten Editions- und Übersetzertätigkeit viele Gesamtdarstellungen arabischer Geographie, in denen anhand unterschiedlichster Kriterien eine Klassifizierung und Epochenbildung erfolgt; auch Untersuchungen zu einzelnen

---

1) Leider haben sich die wenigen Geographen-Orientalisten mehr orientalistischen Betrachtungsweisen oder der Historischen Geographie zugewandt; wenn sie auf diesen Gebieten auch Hervorragendes schufen, bleibt ihre Beschäftigung mit anderen Fragestellungen doch ein Verlust für die Geographiegeschichte.

2) vgl. etwa die Forrer-Übersetzung zu Hamdānī; die Problematik wird dargestellt auf S. 52 Fußnote 1

Problemkreisen und Analysen einzelner Werke erweitern die Kenntnis der arabischen Geographie. Jedoch erfolgen alle diese Untersuchungen mehr aus orientalistischem als aus geographiehistorischem Interesse - so sind Kramers,[1] Blachère[2] und Miquel[3] einige der wenigen Forscher, die verschiedentlich auch eine Analyse der Methode versuchen und damit dem heutigen geographiegeschichtlichen Verständnis am nächsten kommen.

Für einen Geographen bietet sich also eine ausgesprochen gute Quellenlage, sowohl was die Erschließung und Übersetzung der Texte, die Auswertung des historisch-geographischen Faktenmaterials als auch die Sicherung der historischen Zusammenhänge anbetrifft. Bis auf wenige Ausnahmen sind die Geheimnisse um geographische Arbeiten des 10. Jahrhunderts gelüftet, so daß sich eigentlich zwangsläufig die Frage stellt, ob denn für den Geographiehistoriker aus dem geographischen Lager überhaupt noch etwas zu erforschen bleibe.

Zweifellos dann nicht, wenn man unter Geographiegeschichte allein die Auswertung des Faktenmaterials versteht, denn damit wird nur ein Aspekt einer wissenschaftlichen Abhandlung berücksichtigt. Die andere wichtige Aufgabe besteht in der Untersuchung der Methode, in deren Verlauf erst Fragen nach der Eigenständigkeit und Wissenschaftlichkeit einer Disziplin geklärt werden können. Die Untersuchung des Faktenmaterials liefert zwar Hinweise auf ehemalige Forschungsinhalte, nicht aber auf Forschungsziele, -methoden und Wissenschaftsvorstellungen, an denen sich die Entwicklung einer Disziplin vorwiegend erkennen läßt. Dieses letztgenannte Problem ist von der orientalistischen Geographieforschung nur unbefriedigend gelöst worden, da man sich primär der Auswertung des historischen Faktenmaterials zugewandt hat, was sich durch die fachspezifischen Forschungsziele der Orientalistik erklären läßt.

Der Orientalist sieht Geographiegeschichte unter einem allgemeinen, historischen Blickwinkel. Er sieht Geographiegeschichte allein als historisches Faktum und behandelt sie unter gleichen Aspekten wie beliebige andere historische Fakten, etwa die islamische Staatstheorie, Koranexegese oder Medizingeschichte im Mittelalter. Primär interessieren das im Text enthaltene Material und Fragen zur Entstehung und Verbreitung des Buches. Nur in seltenen Fällen verfügt der Orientalist auch über Voraussetzungen, die der Geographiehistoriker notwendig besitzen muß: die Kenntnis möglicher geographischer Denkansätze, geographischer Forschungsgegenstände, der Fachsystematik. Sie ermöglichen es ihm, geographische Kategorien auf einen Text anzuwenden und fachwissenschaftlich relevante Unterscheidungsmerkmale verschiedener geographischer Arbeiten - länderkundliche Schemata, geographische Klassifikationen o. ä. - zu erkennen.

Ohne eine solche Vorkenntnis bleiben die Klassifikationsmöglichkeiten z. B. auf solche rein formaler oder literarischer Art beschränkt, und bestimmte Probleme, etwa das Raumverständnis eines Geographen als ein entscheidendes Indiz für die Entwicklung der Geographie, werden nicht erkannt. Andererseits muß ein explizit geographiehistorischer Ansatz vorhanden sein, aus dem die wissenschaftlichen Kategorien bezogen werden, mit deren Hilfe der Geographiehistoriker in der Lage ist, die Eigenart eines Werkes (etwa Systematik, Wissenschaftlichkeit o. ä.) zu beurteilen und sowohl seine damalige Bedeutung in der jeweiligen historischen Situation als auch - soweit möglich - sein Verhältnis zur Moderne einzuschätzen.

---

1) Kramers: La littérature géographique classique des musulmans. Analecta Orientalia Bd. 1, Leiden 1954.

2) Blachère/Darmaun: Extraits... a. a. O.

3) Miquel: La géographie Humaine du monde musulman jusqu'au milieu du XIe siècle. Paris/ La Haye 1967.

b. Geographiehistorische Forschungen zur arabischen Geographie[1)]

Die bisherige Geographiegeschichte hat sich fast ausschließlich im Rahmen von Gesamtdarstellungen, also allgemeinen historischen Abrissen von den Anfängen bis zur Gegenwart der Geographie, der Beschäftigung mit der arabischen Geographie zugewandt. Das Schwergewicht liegt dabei auf der europäischen Geographie, die arabische nimmt aus den vorher genannten Gründen nur einen sehr kleinen Raum ein.[2)] Um zu erläutern, auf welche Weise die arabische Geographie in der allgemeinen Geographiegeschichte bisher repräsentiert ist, seien aus der Menge der Arbeiten einige wenige, aber sehr typische Ansätze herausgegriffen.

Konrad Kretschmer hat in seiner 1912 erschienenen "Geschichte der Geographie" auch der mittelalterlichen arabischen geographischen Literatur einen Platz eingeräumt. Die Anzahl der vorgestellten Werke ist gering, was sich zum Teil dadurch erklären läßt, daß einige Manuskripte,etwa das der Meschheder Handschrift, erst einige Jahre später entdeckt wurden. Lücken in Kretschmers Darstellung sind jedoch auch dort zu finden, wo die Orientalistik bereits vorgearbeitet hatte: so ist das 9. Jahrhundert nicht dargestellt, für das 10. Jahrhundert fehlen mit Ausnahme von Ibn Hauqal alle anderen Werke der wichtigen Balḫī - Schule. Bedenklich sind vor allem grobe sachliche Fehler, die vermeidbar gewesen wären:[3)] so wird Ibn Faḍlān ins 9. Jahrhundert (lebte im 10. Jhdt.), Bīrūnī ins zwölfte (lebte im 11. Jh.) verlegt.[4)]

Sehr typisch für Kretschmers Verständnis von Geographiegeschichte ist die Art der Darstellung. Kretschmer reiht in chronologischer Reihenfolge Namen an Namen ohne einen Versuch der Analyse mithilfe spezifischer geographiegeschichtlicher Fragestellungen. Der Eindruck, der auf diese Weise von der arabischen Geographie entsteht, ist unzureichend. Abgesehen davon besitzen für Kretschmer wohl nur die mathematische und physische Geographie eine wissenschaftliche Basis. Die Frage nach der Wissenschaftlichkeit der mittelalterlichen Länderkunde wird von ihm nicht gestellt, da seine entdeckungsgeschichtliche Perspektive eine solche Fragestellung nicht verlangt.[5)] [6)]

Allerdings steht Kretschmer im Blick auf seine Darstellungsweise und seinen Ansatzpunkt nicht allein; wie er beurteilt auch Storbeck (1914) die Leistungen der arabischen Geographie nach der Anzahl und Ausdehnung der zurückgelegten Reisestrecken der arabischen Geographen,[7)] und nicht anders verfährt Baker (1931).[8)]

Beazley entwirft in seinem erwähnenswerten Werk "The Dawn of Modern Geography" (1897) ein recht oberflächliches und oftmals unzutreffendes Bild von der arabischen Geographie. So wirft er ihr Fabuliersucht, Mangel an Kürze und systematischer Abhandlung vor; "imagination" sei das beherrschende Element jener Literatur,[9)] nicht der Wille zur Wahrheit. Diese Behauptungen sind in dieser Pauschalität nicht aufrecht zu erhalten; vielleicht hatte Beazley die adab-Literatur im Auge, als er dieses Urteil fällte, aber de facto charakterisiert er mit dieser Aussage eine gesamte Hälfte des 10. Jahrhunderts, womit er den Tatsachen - wie noch gezeigt werden wird - keinesfalls Rechnung trägt. Außerdem beurteilt auch er die Leistungen der Geographen nach der Länge ihrer Reisen und

1) Die Behandlung der arabischen Geographie in allgemeinen Wissenschaftsgeschichten, etwa bei Sarton, geht nicht über die von den fachspezifischen Disziplinen dargestellten Ergebnisse hinaus, so daß sie hier nur am Rande berücksichtigt werden.
2) vgl. S. 2
3) siehe Brockelmann: Geschichte der arabischen Literatur. 1. Aufl. 1898 - 1902
4) Kretschmer: Geschichte der Geographie. Berlin/Leipzig 1912. S. 146 f
5) Kretschmer: Geschichte der Geographie, S. 48
6) zu dieser Problematik vgl. S. 8 f.
7) Storbeck: Berichte d. ar. Geographen... In: Mitt. Seminar f. or. Sprachen Berlin, Jg. 17 (1914), S. 97 - 169
8) Baker: A History of Geographical Discovery and Exploration. London/Bombey/Sydney 1931
9) Beazley: The Dawn of Modern Geography. 3 Bde., London 1897 - 1906. Zitat Bd. 1, S. 413

der Vielfalt der gesammelten Einzelfakten; Masʿūdī erscheint in diesem Zusammenhang als der größte Geograph seiner Zeit.

Zum Schluß sei ein Blick auf Forschungen zur Geographiegeschichte in der zweiten Hälfte des 20. Jahrhunderts geworfen. Fast alle wichtigen Arbeiten zur mittelalterlichen arabischen Geographie sind von Orientalisten und Historikern geschrieben worden, die gleichzeitig auch über gewisse geographische Kenntnisse verfügten, diese aber nur als Hilfsmittel für historische Forschung einsetzten; hier seien nur Blachère, Darmaun, Kramers, Lewicki, Minorsky, Mžik und Validi genannt. Ein erster Versuch, jenen Zeitraum aus geographischer Sicht in den Griff zu bekommen, wurde zu Beginn der fünfziger Jahre von Ibrahim Showket mit einer Dissertation über "Arab Geography till the End of the Tenth Century" unternommen.[1] Die Arbeit brachte eine Zusammenstellung aller geographischen Ansätze, ausgehend von der präislamischen Epoche bis hin zu den Geographen am Ende des 10. Jahrhunderts, wobei eine große Zahl von Textausschnitten übersetzt wurde. Showket sah seine Aufgabe wohl in der Zusammenstellung aller Geographen und einer Vorstellung ihrer Werke anhand von Auszügen, nicht in der Darstellung der verschiedenen Methoden und der Überprüfung ihrer Wissenschaftlichkeit. Showket's Epochenbildung kann bei einem solchen Ansatzpunkt keine neuen Gesichtspunkte erbringen, sie legt die gleichen Kriterien wie die orientalistische Forschung zugrunde. So bringt diese Untersuchung zwar ein Fülle an aufgearbeitetem Material, aber dieses wird nicht analysiert: die zentralen Fragen nach Methode, Wissenschaftlichkeit und Systematik bleiben unerkannt und ungelöst.

In der Deutschen Geographiegeschichte existieren zu jenem Zeitpunkt bereits Überlegungen zur Theorie der Geographiegeschichte, die weit über einen solchen Ansatz hinausreichten und eben die Klärung der oben genannten Fragen durch gezielte Analysen forderten. Besonderer Erwähnung bedarf Hanno Beck, der 1954 und 1955 eine Standortbestimmung der Geographiegeschichte vornahm und die Grundlagen der Disziplin reflektierte. [2][3]

Dieser Ansatz konnte sich aber nicht überall durchsetzen. Eine Neuerscheinung des Jahres 1970, das von Schmithüsen verfaßte Bändchen "Geschichte der geographischen Wissenschaft", zeigt immer noch ein ähnliches geographiegeschichtliches Verständnis wie etwa bei Kretschmer, indem es in chronologischer Reihenfolge Namen mit Werken verbindet. Die arabische Geographie, die am Rande gestreift wird, ist - abgesehen vom veralteten methodischen Ansatz - sachlich falsch dargestellt. Die Namen der arabischen Geographen sind aufgrund einer unzulänglichen Transkription teilweise vollständig verstümmelt (z. B. Ibn Kordobah statt: Ibn Ḫurdāḏbih [4]). Schwerwiegender ist jedoch, daß Schmithüsen keine Trennung zwischen verschiedenen Ausprägungen und Richtungen arabischer Geographie macht, was eine Grundvoraussetzung für die Wiedergabe des tatsächlichen Bildes ist.[5]

Dies alles ist noch verständlich, weil Schmithüsen im Buch einen völlig anderen Schwerpunkt setzt und die arabische Geographie lediglich der Vollständigkeit halber in knapper Form anreißt. Wissenschaftlich nicht mehr vertretbar ist jedoch die im Anschluß an die kurze Darstellung gegebene Pauschalwertung, die arabische Geographie habe "nicht viel grundlegend Neues" hervorgebracht[6] - eine Aussage, die Schmithüsen zum einen nicht beweist und die zum andern sachlich falsch ist. Die Ratlosigkeit gegenüber der arabischen

---

1) Showket: Arab Geography till the End of the Tenth Century. Dissertation Abstracts 14 No. 10, Clark 1954
2) Beck: Methoden u. Aufgaben d. Geschichte der Geographie. In: EK Bd. 8 (1954). S. 51 - 57
3) vgl. die geographiehistorischen Schriften von Büttner, die diesen Ansatz modifizieren u. in die Praxis umsetzen (siehe Literaturverzeichnis)
4) Schmithüsen: Geschichte der geographischen Wiss., S. 49
5) Leider ist diese Aufgabe auch bei Beck: Geographie, Freiburg 1973, nur unbefriedigend gelöst; er unterteilt zwar in Reisende und Beschreiber einerseits und Astronomen andererseits, aber gerade die erste Gruppe bedarf einer Differenzierung.
6) Schmithüsen: Geschichte d. Geogr. Wiss., S. 52

Geographie wird besonders deutlich, wenn Schmithüsen gleich im nächsten Satz feststellt, daß der "wissenschaftliche Gehalt und die Bedeutung (Anm.: der arabischen Geographie) für die Geschichte der geographischen Wissenschaft schwer zu beurteilen ist".[1]

An diesem Beispiel wird der unvermindert schlechte Informationsstand der heutigen Geographiegeschichte über das islamische Mittelalter deutlich. Umsó unverständlicher ist es, daß heutige Geographiehistoriker - Beck und Büttner eingeschlossen - sich ausschließlich der europäischen Geographiegeschichte zuwenden und der arabischen keine Beachtung schenken, nur weil diese für die Entwicklung der europäischen Geographie wenig Bedeutung erlangte. So wird die Erforschung der arabischen Geographie wohl weiterhin primär von Orientalisten betrieben werden, wobei es seitens der Geographiegeschichte in Kauf genommen werden muß, daß die orientalistische Forschung von anderen Fragestellungen ausgeht als die geographiehistorische und damit die Ergebnisse der Orientalistik für den Geographiehistoriker nicht immer verwertbar sind.

3. Allgemeine Aspekte einer Geschichte der Geographie

a. Ansatzpunkt

Daß zur geographiegeschichtlichen Forschung mehr gehört als eine Aneinanderreihung von Namen, Werken und Entdeckungen, betont Schmithüsen selbst an anderer Stelle des gleichen Werkes:

> "Für die Geschichte der geographischen Wissenschaft wird man daher um so mehr Verständnis gewinnen, je mehr man die Autoren und ihre Werke im Gesamtzusammenhang mit der allgemeinen geistigen Entwicklung sieht." [2]

Dieses Zitat berührt ein zentrales Problem, die Frage nämlich nach dem Selbstverständnis der Geographiegeschichte, ihren Methoden und Kriterien.

Einen ersten Hinweis liefert Schmithüsen selbst: Geographiegeschichte kann nicht allein aus dem Blickwinkel der geographischen Disziplin heraus betrieben werden, vielmehr muß sie offen sein für geistesgeschichtliche Zusammenhänge auch "fachfremder" Art. Geographie ist in der Vergangenheit und auch heute keine unbeeinflußbare Disziplin, sondern ständig in der Entwicklung begriffen. Sie stellt immer nur einen Teilaspekt aus der großen Palette aller Wissenschaften dar und ist von den Ergebnissen anderer Disziplinen ebenso abhängig wie umgekehrt. Wechselbeziehungen von einer Wissenschaft zur anderen können in jeder Epoche nachgewiesen werden, in der Moderne sind sie geradezu unverzichtbar geworden: diesen Einflüssen konnte sich die Geographie niemals entziehen.[3]

Darüberhinaus kann keine Disziplin Einflüsse von sich fernhalten, deren Ursprung außerhalb der Wissenschaft liegt. Hierzu gehören z. B. Einflüsse, die auf die Einstellung des schreibenden und forschenden Wissenschaftlers zurückzuführen sind. Sein Wissenschaftsverständnis ist häufig nicht reflektiert, er ist zudem geprägt durch religiöse, politische o. ä. Zeitströmungen. Verschließt sich nun der Geographiehistoriker diesen außergeographischen, ja außerwissenschaftlichen Implikationen, bleibt seine Forschung im Bereich des Vordergründigen, kann seine Arbeit nicht viel mehr als Namen, Daten und Werke aneinanderreihen. Werden allgemein geistesgeschichtliche Strömungen nicht berücksichtigt, so konstatiert der Geographiehistoriker z. B. wohl eine Parallelität oder ein Auseinander-

---

1) Schmithüsen: Geschichte der geographischen Wiss., S. 52
2) Schmithüsen: ebd., S. 130
3) Hier sei nur an die zahlreichen Verflechtungen zwischen Sozialgeographie und Empirischer Sozialforschung, zwischen Geomorphologie und Geologie, zwischen Religionsgeographie und Theologie bezw. Religionswissenschaft hingewiesen.

streben verschiedener Systeme, Konzeptionen etc., kennt aber nicht die Ursachen,[1] die es ermöglichen, ein Werk zu beurteilen, einzuordnen, zu vergleichen. Anders ausgedrückt: Geographiegeschichte sollte neben der Beschreibung der Entwicklung der Geographie aufgrund der Analyse der Methoden auch Ursachenforschung treiben.[2]

Für diese Arbeit gilt daraus als Folgerung: Einbeziehung der kulturellen - d. h. literarischen, wissenschaftlichen und religiösen - und politischen Gegebenheiten des Untersuchungszeitraums, insbesondere Berücksichtigung der durch den Islam vorgegebenen Vorstellungen und Denkweisen. Die bisherige Geographiegeschichte ist im Hinblick auf die arabische Geographie u. a. deshalb so unbefriedigend, weil viele Geographiehistoriker aufgrund mangelnder Berücksichtigung der besonderen Situation im islamischen Kulturraum gewissen Phänomenen hilflos gegenüberstehen, was oft eine Fehleinschätzung der arabischen Geographie insgesamt zur Folge hat. [3]

b. Beurteilungskriterien und Standortproblem der Geographiegeschichte

Der Mangel an Reflexionen zur Stellung der Geographiegeschichte in früherer Zeit hat sich besonders im Hinblick auf die Beurteilung der arabischen Geographie negativ ausgewirkt: in vielen Fällen (z. B. Beazley, Storbeck, Baker) werden aus der orientalistischen Geographie-Forschung Beurteilungskriterien übernommen, ohne daß zuvor ihre Tauglichkeit für die Fragestellung des eigenen geographiehistorischen Ansatzes überprüft worden wäre. So bewertet mancher Forscher die arabische Geographie nach der Richtigkeit und Zuverlässigkeit der geographischen Einzelfakten; auch Breite und Vielfalt geographischer Angaben spielen in diesem Zusammenhang eine Rolle: je mehr geographische Fakten übermittelt werden, desto größer ist das Ansehen des Autors.Ebenso werden Länge und Ausdehnung von Reisen zum Maßstab erhoben, was zur Folge hat, daß letztlich nicht das Werk, sondern die physische Leistung des Autors beurteilt wird.[4]

Zweifellos können diese Ergebnisse dazu beitragen, das Bild der mittelalterlichen arabischen Geographie zu erhellen, aber sie dürfen aus geographiehistorischer Perspektive nicht zum Hauptmaßstab werden. Für die Orientalistik ist es zwar durchaus eine entscheidende Frage, ob geographische Angaben richtig sind, weil man im Rahmen einer kulturhistorischen Auswertung auf verläßliche Daten zurückgreifen können muß. Für den Geographiehistoriker muß aber die Fragestellung weit über die Sicherung des Faktenmaterials hinausgehen.[5] Die Rekonstruktion von Landschaften ist die Aufgabe der Historischen Geographie, nicht der Geographiegeschichte. Auch mögen Breite und Vielfalt geographischer Einzelangaben für die kulturhistorische Forschung von besonderer Wichtigkeit sein, der Geographiegeschichte können sie lediglich Hinweise für die Lösung ihrer Fragen geben.

Daß dennoch in der geographiegeschichtlichen Forschung diese Kriterien der Richtigkeit, der Menge der Fakten sowie der Reisedauer überwiegend zugrunde gelegt werden, wenn es gilt, die arabische Geographie insgesamt zu beurteilen, deutet auf ein sehr allgemeines und essentielles Problem der Geographiegeschichte überhaupt hin: die Verquickung von Geographiegeschichte und Entdeckungsgeschichte.

Auf den ersten Blick mag eine Trennungslinie zwischen beiden Disziplinen willkürlich

---

1) vgl. Sarton: Introduction to the History of Science. Bd. 1, 2. Aufl. Washington 1953, S. 30
2) vgl. Büttner: Die Geographia Generalis vor Varenius. Habil., Bochum 1970, Bd. 1, S. 603 - 608
3) Ein Beispiel für die dargestellten Zusammenhänge ist Büttners Untersuchung für Münster und Melanchthon, deren unterschiedliche geographische Ansätze nur erklärbar werden, wenn man ihre verschiedenen theologischen Standpunkte hinzunimmt. Büttner: Die Geographia Generalis, Bd. 1. S. 216 - 427
4) So z. B. Mas'ūdī und Ibn Baṭṭūṭa: ihr Ruf als Geographen beruht hauptsächlich auf ihrer ausgedehnten Reisetätigkeit, z. B. auch bei Beck 1973.
5) vgl. Beck: Methoden und Aufgaben (1954), S. 52

scheinen - geographische Nachrichten, insbesondere länderkundlicher Art, werden doch hauptsächlich aufgrund von Reisen übermittelt, warum also Trennung von offensichtlich Zusammengehörigem?

Beck zeigt an einem Beispiel, daß die Unterschiede grundlegender Art sind. Zweifellos[1] - so argumentiert er - gehören Marco Polo und Columbus zu den größten Reisenden und Entdeckern der Weltgeschichte, aber sind sie deshalb auch die größten Geographen? Man kann auch fragen, warum Münster und Peucer, Keckermann und Kant die Entwicklung der Geographie so grundlegend beeinflussen konnten, obwohl sie doch keine entdeckerischen Leistungen aufgrund von Reisen vollbracht haben? Bedeutet Geographie also mehr als das bloße Sammeln von Einzelfakten unter noch so bewundernswerten Umständen?

> "Ein Entdecker ist groß durch die Entschleierung eines möglichst umfangreichen oder eines besonders wichtigen Gebietes, der Geograph durch die Art, in der er eben diese Entdeckung oder ein beliebiges Stück der Erdoberfläche in Beschreibung und Erforschung geistig und räumlich erschließt." [2]

Dieses Zitat deckt die Unterschiede zwischen Geographie- und Entdeckungsgeschichte auf. Geographen und Entdecker bewältigen ihre Aufgaben von einer unterschiedlichen Fragestellung her: De. Geograph legt die Maßstäbe, die wissenschaftlichen Prinzipien seines Faches zugrunde, wenn er sich einem Gebiet zuwendet - von daher finden sich in seiner Darstellung Hinweise, die es ermöglichen, ein Werk anhand grundlegender fachwissenschaftlicher Kriterien als zur geographischen Wissenschaft gehörig einzuordnen; als Beispiele seien hier eine bestimmte Auswahl und Anordnung des Stoffes, eine fachbezogene Systematik und ein spezieller methodischer Ansatz genannt. Der Entdecker dagegen braucht zwar eine gewisse praktisch-geographische Grundlage (Karten, eine Vorstellung vom Raum, ein Weltbild), aber keine Kenntnis von der Geographie als Wissenschaft.[3] Der Unterschied liegt also im Vorverständnis, das beim Geographen von der Theorie seines Faches bestimmt wird, beim Entdecker aber von zahlreichen anderen Faktoren geprägt werden kann.

Unter diesen Aspekten erscheinen Geographiegeschichte und Entdeckungsgeschichte als zwei unterschiedliche Fachrichtungen. Geographiegeschichte läßt sich nicht auf die Frage: "Wer-hat-wann-welches Land-zum ersten Mal-erforscht?" reduzieren. Geographiegeschichte sollte den wissenschaftlichen Ansatzpunkt einer geographischen Arbeit hinterfragen. Mit der Auswertung des Faktenmaterials allein kann diese Aufgabe nicht bewältigt werden, stattdessen muß die Untersuchung der Methode in den Vordergrund treten, an der sich am ehesten prüfen läßt, ob eine Arbeit die Bezeichnung "wissenschaftlich" tatsächlich verdient und welche Bedeutung sie für die Entwicklung der Disziplin hat. "Geographiegeschichte muß Geschichte der Geographie als Wissenschaft sein"[4] - dieses Postulat Beck's ist erfüllt, wenn die Untersuchung der Methode in den Vordergrund tritt.

Aufgrund dieser Gedanken wird nun klar, warum die bisherige Erforschung der arabischen Geographie des Mittelalters, einmal abgesehen von sachlichen Mängeln, so unbefriedigend ist: die Kriterien sind nicht auf die Untersuchung der Geographie als Wissenschaft gerichtet, sondern auf die Beurteilung der entdeckerischen Leistungen einzelner Autoren und von daher untauglich, den Gesamtwert einer Arbeit für die Entwicklung der wissenschaftlichen Geographie zu ermessen. Die Frage nach der Wissenschaftlichkeit jener Arbeiten konnte also wegen des bisherigen entdeckungsgeschichtlichen Ansatzes der Geographiegeschichte nicht geklärt werden.

---

1) Beck: Entdeckungsgeschichte u. geogr. Disziplinhistorie (1955), S. 203
2) ebd., S. 199
3) Das schließt nicht aus, daß auch beides zusammenkommen kann, man denke nur an A. v. Humboldt.
4) Beck: Methoden und Aufgaben (1954), S. 53

4. Zur Durchführung der Untersuchung

Das zentrale Problem dieser Untersuchung ist die Frage nach der Wissenschaftlichkeit der arabischen Länderkunde und ihrer Abgrenzung von anderen Disziplinen im Untersuchungszeitraum, die bisher - wie dargestellt - weder von orientalistischer noch von geographiehistorischer Seite gelöst werden konnte.

Dabei darf jedoch nicht der heutige Wissenschaftsbegriff als Maßstab für die Beurteilung der alten Werke übernommen werden. Wissenschaftliche Arbeiten jener Epoche richteten sich an den damaligen Wissenschaftsnormen aus, die von den heutigen sehr verschieden sind, so daß eine Beurteilung nach heutigen Kriterien den arabischen Werken nicht gerecht würde. Erst eine Untersuchung, die den Wissenschaftsbegriff der zu untersuchenden Epoche zugrundelegt, vermag den Wert und die Bedeutung einer Arbeit und ihre Entwicklung gegenüber anderen Werken zu erkennen.[1] Aus diesem Grund geht der Untersuchung der einzelnen Texte ein Kapitel voraus, in dem versucht wird, den islamischen Wissenschaftsbegriff zu entwickeln, anhand dessen dann später die Wissenschaftlichkeit der arabischen Länderdarstellungen überprüft werden kann. Der Begriff "Wissenschaft" oder "Wissenschaftlichkeit" wird im Folgenden stets in der dort definierten Weise verstanden, nicht im heutigen Sinn.

Anhand der entwickelten Kriterien werden anschließend die einzelnen Texte einer Analyse unterzogen, die insbesondere Beobachtungsmethoden, Darstellungsweisen und Beweisführung hinterfragt und am Wissenschaftsbegriff der Zeit mißt. Die Andersartigkeit der arabischen Länderkunde gegenüber der heutigen hat zur Folge, daß viele Begriffe, die auf die moderne Konzeption der Geographie zurückzuführen sind, nur mit Einschränkung auf die arabischen Werke übertragen werden können.[2] Dennoch kann manchmal auf die Übernahme derartiger Begriffe nicht verzichtet werden, weil sie einen Sachverhalt treffend und eindeutig kennzeichnen. So existiert z. B. zwar in jener Epoche keine geographische Gesamtsystematik und keine Aufteilung in physische und anthropogeographische Zweige, so daß die Kennzeichnung von geographischen Themen jener Zeit mit den Termini "anthropogeographisch" oder "physiogeographisch" im Grunde einen Sachverhalt zwar mit heutigen Termini, aber auch für die heutige Zeit verständlich wiedergibt. Eine völlige Lösung von den Begriffen der modernen Geographie ist nicht möglich und auch unnötig, wenn die Begriffe nur zur Beschreibung bestimmter Eigenarten, Ansätze etc. benutzt werden. Die Beurteilung der damaligen Arbeiten muß sich von den mit diesen Begriffen verbundenen Maßstäben für geographische Forschung lösen; die Einordnung hat stattdessen von den Forderungen der damaligen Zeit an geographische und wissenschaftliche Arbeit generell auszugehen.

Im Anschluß an die Untersuchung der einzelnen länderkundlichen Ansätze, bei der bereits ein klassifizierendes und nicht ein chronologisches Darstellungsprinzip zugrundegelegt wird, vereinigt eine Schlußbetrachtung die wesentlichen Aspekte aller länderkundlichen o. ä. Ansätze im Hinblick auf die Fragestellung der Arbeit. Die gewonnenen Ergebnisse verdeutlichen eine bisher nicht erkannte Entwicklung der arabischen Geographie aufgrund des geographiehistorischen Arbeitsansatzes.

---

1) vgl. Timm: Einführung in die Wissenschaftsgeschichte. München 1973, S. 21

2) Auch der Begriff der Länderkunde kann nicht im heutigen Sinne verstanden werden; zur Definition s. S. 20 f. dieser Arbeit.

Teil 1:

D I E A U S G A N G S L A G E

Kapitel 1: DER WISSENSCHAFTSBETRIEB

I. Voraussetzungen politischer Art

Nach einer Phase der Eroberung und Expansion unter den Umayyaden-Kalifen und einer gewissen Konsolidierung des islamischen Reiches in der früh-abbasidischen Zeit zeichnete sich für den islamischen Kulturkreis im 10. Jahrhundert eine Wende ab. Um 930 war der Kalif von Baghdad, bis dahin geistliches und weltliches Oberhaupt des muslimischen Herrschaftsbereiches, weitgehend entmachtet. Zwar hatte er seine Funktion nominell noch inne, de facto aber war die politische Macht in die Hände mehrerer Prinzen übergegangen,[1] und der Anspruch des Kalifen auf die religiöse Führung der Muslime, das Imamat, präsentierte sich - als Folgeerscheinung der politischen Entmachtung - als leere Formel.

Die Folgen dieser Entwicklung waren für die Wissenschaften keinesfalls nur negativ. Das Fehlen einer verbindlichen religiösen Autorität bedeutete für die Gelehrten weitgehende Unabhängigkeit,[2] die nur einer indirekten Kontrolle durch die ʿUlamā, die einflußreichen islamischen Theologen, unterlag.[3] Für den Gelehrten, der sich oft auf Wanderschaft befand, um sich neues Wissen anzueignen, boten sich sogar ausgezeichnete Voraussetzungen: dreieinhalb Jahrhunderte nach dem Tod des Propheten war das islamische Riesenreich zu einer festen kulturellen und religiösen Gemeinschaft zusammengewachsen, die trotz der politisch unsicheren Situation Bestand hatte. Die gemeinsame Sprache, die gemeinsame Religion, die durch den Islam geprägten Gesellschaftsformen, verwandte Denkweisen sowohl im Osten als auch im Westen - all diese Umstände erleichterten dem islamischen Forscher seine Arbeit.[4] Auf der Wanderschaft im Reich hatte er kaum sprachliche Verständigungsschwierigkeiten, viele Gewohnheiten anderer Völker waren ihm aufgrund der gemeinsamen islamischen Basis vertraut, da sie durch die Šarīʿa, die religiöse Gesetzgebung,[5] zumindest in den Grundzügen determiniert waren. Außerdem boten die Bibliotheken in den Hauptstädten reichhaltiges Material in arabischer Sprache, die sich im 10. Jahrhundert als Literatur- und Amtssprache nahezu überall durchgesetzt hatte.[6]

Andererseits waren die islamischen Wissenschaftler keineswegs frei, was die Möglichkeit der Meinungsäußerung angeht. Während des 10. Jahrhunderts begann sich die orthodoxe Theologie zu etablieren. Die muʿtazilitische Bewegung, die im 8. und 9. Jahrhundert durch ihren rationalistischen Ansatz wohl erst die Möglichkeit für die Entstehung und Entwicklung des Wissenschaftsbetriebes und auch den Boden für die Rezeption insbesondere griechischen Gedankengutes geschaffen hatte,[7] wirkte im 10. Jahrhundert zwar noch nach,[8] doch hatte die Orthodoxie die Muʿtazila erfolgreich bekämpft und war im offiziellen Islam verbindliche religiöse Autorität.[9] Die Rückkehr zum orthodoxen sunnitischen Islam brachte ein Mißtrauen gegenüber allen nichtislamischen Einflüssen mit sich; im wissenschaftlichen

1) Kramers: La littérature géographique. AnOr Bd. 1. S. 177
2) ebd. S. 188
3) Plessner: Die Geschichte der Wissenschaften im Islam als Aufgabe der modernen Islamwissenschaft. Reihe: Philosophie und Geschichte Bd. 31. Tübingen 1931. S. 22
4) Kramers: La littérature géographique. AnOr Bd. 1, S. 136
5) vgl. Lewis: The Arabs in History. 3. Aufl. London 1950, S. 133:
"The S h a r ī ʿa was not only a normative code of law but also, in its social and political aspects, a pattern of conduct, an ideal towards which men and society must strive."
6) ebd. S. 133; Kramers: Science in Islamic Civilization, AnOr Bd. II. S. 136
7) Paret: Der Islam und das griechische Bildungsgut. Reihe: Philosophie und Geschichte Bd. 70, Tübingen 1950. S. 24 ff.
8) Kremer: Geschichte der herrschenden Ideen des Islams. 2. Aufl. Darmstadt 1961, S. 127
9) Der Kalif Mutawakkil (847 - 861) verbot die Muʿtazila und ihre Lehre, die den Koran als erschaffen und nicht - wie die Orthodoxie - als von Ewigkeit her existent (also als unerschaffen) betrachtete. Auf die engere Problematik kann hier nicht eingegangen werden. Vgl. Kremer: Herrschende Ideen, S. 9 - 35

Bereich richtete sich dieses besonders gegen das griechische Gedankengut, das für die Genesis der arabischen Wissenschaften im zweiten und dritten Jahrhundert nach der Hiǧra[1] von erheblicher Bedeutung gewesen war.[2] [3] Daß sich im 10. Jahrhundert in zahlreichen Wissenschaften, auch in der mathematisch-astronomisch orientierten Geographie, dennoch griechische Einflüsse niederschlagen konnten, ist einmal wohl auf latent vorhandene Anschauungen der Muʿtazila zurückzuführen, die offiziell zwar untersagt waren, die Denkweise aber manchmal noch bestimmten; zum anderen wirkte sich in dieser Hinsicht als positiv aus, daß der Kalif als Überwacher auch der Wissenschaft ausschied.

II. Die Wurzeln der Wissenschaften

Nun fanden die arabischen Gelehrten des 10. Jahrhunderts keinesfalls eine tabula rasa vor. Vielmehr hatte sich eine Tradition entwickelt, nach der sich jede Wissenschaft, gleich welchen Gegenstandes, ausrichtete; mit jener Tradition ist ein Schlüssel für das Verständnis der Wissenschaften im islamischen Kulturraum generell gegeben, denn hier dokumentiert sich am deutlichsten die enge Verflechtung der Religion und der Wissenschaft.

a. Die Tradition

Nach dem Tod des Propheten blieb der muslimischen Gemeinde (umma) außer dem Koran im Grunde nichts, was Muḥammad sonst hinterlassen hätte. Der Koran galt als verbindliche Richtschnur, er regelte das Leben des Einzelnen oft bis ins kleinste Detail. Jedoch ergaben sich im Alltag auch Situationen, die im Heiligen Buch nicht berücksichtigt waren: Der Koran steckte wohl den Rahmen ab, innerhalb dessen der Einzelne sein Leben zu gestalten hatte, für die täglichen wechselnden Probleme jedoch hatte er nicht immer eine Lösung bereit. Schon in der Frühzeit des Islams wurde es deshalb gebräuchlich, Aussprüche des Propheten zu zitieren, die er während seines Lebens in entsprechenden Situationen getan hatte. Nach seinem Tode gewannen seine engsten Lebensgefährten an Bedeutung, denn diese konnten am ehesten über sein Verhalten und Denken in den unterschiedlichsten Situationen Auskunft geben.[4]

Jedes Mitglied der islamischen Gemeinschaft, das ein Ḥadīṯ[5] zitierte und nachweisen konnte, daß ein Lebensgefährte Muḥammads es beglaubigt habe, konnte nun seine eigene Handlungsweise aufgrund dieser als verbindliche Autorität anerkannten Person rechtfertigen. Das Kriterium für die Glaubwürdigkeit eines Ḥadīṯ beruhte also auf der persönlichen Zuverlässigkeit der berichtenden Person. Im Verlauf der Jahrhunderte entstanden, da immer mehr Zeit zwischen Muḥammads Lebzeit und der Zitierung eines Ḥadīṯ verging, lange Überliefererketten (isnād), für die charakteristisch war, daß die Echtheit eines Ḥadīṯ aufgrund der Integrität der Überlieferer anerkannt wurde - einziges Kriterium war also der Lebenswandel der Überlieferer und möglichst die zeitliche Nähe zum Propheten.[6]

Für viele fromme Gelehrte war es Aufgabe und Pflicht, Ḥadīṯ zu sammeln,[7] da sie sich in allen Fragen, auch in wissenschaftlichen, als Argumentationshilfen und Beweismittel anboten, da sie letztlich auf Muḥammad als oberste religiöse Autorität zurückgingen. Es entwickelte sich eine regelrechte Sammelleidenschaft, in deren Folge Sammler im Lande umherzogen und Ḥadīṯ zu Ḥadīṯ fügten, die Überliefererketten zusammenstellten und

---

1) Hiǧra: Flucht Muḥammads aus Mekka im Jahr 622
2) Goldziher: Stellung der alten islamischen Orthodoxie zu den antiken Wissenschaften. Gesammelte Schriften Bd. V, S. 358 ff.
3) Levy: The Social Structure of Islam. 2. Aufl. Cambridge 1957, S. 459
4) Levy: Social Structure, S. 461
5) Ein Ḥadīṯ ist ein Ausspruch des Propheten, eine Bemerkung, die er in einer bestimmten Situation machte und die seine Reaktion auf diese Situation verdeutlicht. Analog zur Verhaltensweise Muḥammads reagieren die Muslime in einer entsprechenden Situation.
6) Aufgrund eines anderen Themenschwerpunktes können diese Zusammenhänge hier nur einfach dargestellt werden; näheres dazu unter den Stichworten "Ḥadīth" und "Isnād" in der EI
7) Hell: Die Kultur der Araber. Reihe Wissenschaft u. Bildung Bd. 64, 2. Aufl. Leipzig 1919, S. 108 f.

überprüften, um mit den Aussprüchen des Propheten argumentieren zu können.[1]

Diese Entwicklung hatte auch für die profanen Wissenschaften tiefgreifende Konsequenzen. Die Beweismethode, die sich für das Ḥadīṯ herausbildete - Zitierung eines zuverlässigen Isnād - übertrug sich von den theologischen Wissenschaften auch auf andere. Eine These konnte zwar durch logische oder empirische Beweise erhärtet werden, der bestmögliche Beweis aber wurde durch die Berufung auf eine zuverlässige Autorität erbracht.[2] Die Möglichkeiten der Entwicklung einer empirischen Beweisführung waren damit von vornherein eingeschränkt, ebenso mußten Ansätze zu experimentellen oder beobachtenden Forschungsmethoden in den Anfängen stecken bleiben, da sie jederzeit mithilfe eines Ḥadīṯ angreifbar bzw. in den Ergebnissen widerlegbar waren, denn ein Ḥadīṯ als ein unerschütterlicher theologischer Satz abseits der Erfahrungswelt galt neben dem Koran als das höchste Beweismittel.[3]

Außer Koran und Ḥadīṯ waren Autoritäten auch aus dem Bereich der profanen Wissenschaften zugelassen, sofern sie einmal als Autoritäten akzeptiert waren. Analog zu den Koranwissenschaften, die die Inhalte des Korans als vorgegeben und für alle Zeiten abgeschlossen betrachteten und von daher nur noch erfüllen bzw. interpretieren, nicht aber verändern konnten, entwickelten auch die profanen Wissenschaften eine starke Autoritätsgläubigkeit in der Weise, daß die alten, tradierten Meinungen und Theorien nicht etwa als revisionsbedürftig angesehen wurden, sondern als verbindlich galten und stets erneut in wissenschaftliche Werke aufgenommen wurden.[4] Die Folge war eine kontinuierliche Akkumulation des Materials, ohne daß überkommene Vorstellungen Gegenstand neuer Untersuchungen wurden - das Material nahm von Generation zu Generation zu.[5] Andere Auffassungen als die eigene wurden zwar von einem Autor deutlich gemacht, aber eben doch unverändert mitüberliefert. Das Material expandierte zu einer Fülle von vielschichtigen, bunt zusammengestellten Einzelfakten, ohne daß sie bestimmten Wissenschaftsdisziplinen zugeordnet wurden. Die Fakten standen allen Wissenschaften gleichermaßen zur Verfügung, und die Grenzen verschiedener Disziplinen verschwammen: die Enzyklopädie wurde die Grundform arabischer Wissenschaft.[6] Die Ursprünge dieser Entwicklung lagen in dem allgemeinen, von der Religion bestimmten Bewußtsein, daß die wahre Erkenntnis nicht am Ende des Forschungsprozesses stehe, sondern am Anfang.[7][8]

b. Form und Sprache

Ein entscheidender Einfluß auf die formale Gestaltung von Texten auch wissenschaftlicher Art geht auf den Koran zurück. Seine Sprache war in der Frühzeit des Islams für die Araber so neuartig und eindringlich, daß wohl ein Teil des ihm zugeschriebenen wunderbaren Charakters allein auf die sprachliche Gestaltung zurückzuführen ist.[9] Die Muslime brachten ihm eine tiefe Verehrung entgegen, die soweit reichte, daß man bald Teile des Korans in die eigenen Werke übernahm. Im Laufe der Zeit entstand das Modell eines Textes mit verbindlichen Bestandteilen, zu denen die Zitierung der Basmallah[10][11] ebenso gehörte

1) siehe auch Kremer: Kulturgeschichte des Orients unter den Chalifen Bd. 2, 2. Aufl. Aalen 1966, S. 437
2) Plessner: Wissenschaften im Islam, S. 13
3) Grunebaum: Der Islam im Mittelalter. Zürich 1963, S. 421
4) Plessner: Wissenschaften im Islam, S. 12
5) ebd. S. 14 f.
6) Sellheim: Gelehrte und Gelehrsamkeit im Reiche der Chalifen, Festgabe für P. Kirn z. 70. Geburtstag. Berlin 1961, S. 71
7) Plessner: Wissenschaften im Islam, S. 14.
Grunebaum: Studies in Islamic Cultural History. AAAss Vol 56, No. 2, Part 2, Memoir No. 76 (1954). S. 6
8) Zentrale Begriffe, die diesen Sachverhalt besonders kennzeichnen, sind im Arabischen: t a q l ī d = das tun, was die Väter getan haben (lobenswert), und b i d' ā h = Erneuerung (tadelnswert). Nach Farūqī: Science and Traditional Values in Islamic Society. In: Zygon 2 Nr. 3 (1967). S. 231
9) Kramers: Science in Islamic Civilization. AnOr Bd. II, S. 85
10) Basmallah: das ist die allen Suren vorangehende Anrufung des Namen Gottes (mit Ausnahme einer einzigen Sure): "Im Namen des barmherzigen und gütigen Gottes". Übersetzung nach Paret: Der Koran. Stuttgart 1966
11) Kramers: Science in Islamic Civilization. AnOr Bd. 2. S. 89

wie der Lobpreis Gottes und die Bitte um seinen Beistand zu Beginn des Buches. Über die Zitierung von Koran und Ḥadīṯ als oberste Autoritäten wurde schon berichtet.[1] Auch die geographischen Arbeiten des Mittelalters tragen, wie wir noch sehen werden, dieser Tradition Rechnung.

Sprache und Poesie der Araber haben sich allgemein stark in den Wissenschaften niedergeschlagen; schon in vorislamischer Zeit besaßen die arabischen Stämme eine alte literarische Tradition, in deren Mittelpunkt die Poesie stand.[2] Die besondere Wortwahl und der beeindruckende Sprachstil des Korans vertieften das ausgeprägte Stilempfinden - so nimmt es nicht Wunder, daß auch die wissenschaftliche Literatur nicht nur inhaltlich überzeugen, sondern auch literarische Bedürfnisse befriedigen wollte. Das Wissenschaftsverständnis des islamischen Mittelalters, das ein ständiges Repetieren bereits bekannter Positionen implizierte und einerseits dem Verfasser wenig Spielraum für thematische, objektbezogene Originalität ließ, regte andererseits zu einer möglichst formvollendenten und originellen literarischen Form an, mit deren Hilfe die Monotonie, die sich aufgrund des Textmodells ergab, überwunden werden konnte.[3] Neben einer geschliffenen Redeweise trugen auch eine in Reimprosa gehaltene Passage oder die Rezitation eines Gedichtes zur Verdeutlichung eines Sachverhaltes oder einfach als Ausdruck der Belesenheit des Autors dazu bei, dem Werk zumindest im Formalen eine unverwechselbare Note zu verleihen. Daß manchesmal der Inhalt der Form geopfert wurde, ist wenig erstaunlich, denn der Zwang zur Einhaltung bestimmter Normen wie etwa die Rezitation der Basmallah u. ä. stellte eine weitere Versuchung dar, der formalen literarischen Gestaltung den Vorrang vor der inhaltlichen zu geben - Wissenschaft gedieh im Extremfall zum literarischen Kunstwerk.[4]

c. Das Wissenschaftssystem

Der arabische Wissenschaftsbetrieb entwickelte sich - wie schon vorher kurz dargestellt - zunächst in Anlehnung insbesondere an griechisches Gedankengut.[5] So ließ der Kalif al-Ma'mūn (813 - 833) viele griechische Werke - wenn auch oft über den Umweg syrischer Übersetzungen - ins Arabische übertragen, so daß die Gelehrten bald Zugang zu wichtigen griechischen Quellen hatten.

Die mannigfachen Auswirkungen jenes Vorgangs und die enorme Befruchtung der arabischen Geisteswelt durch hellenistisches Gedankengut kann in diesem Zusammenhang nicht behandelt werden. Eine Folgeerscheinung ist hier jedoch bedeutsam: die Berührung insbesondere mit der aristotelischen Systematik veranlaßte die Araber, arabische und nicht-arabische Wissenschaften voneinander zu trennen.[6] Die 'ulūm al-awā il,[7] die "fremden Wissenschaften", entsprachen im wesentlichen klassisch-griechischen Wissenszweigen wie Logik, Metaphysik, Philosophie, Arithmetik, Geometrie, Astronomie und Astrologie, Musik, Mechanik und Alchemie.[8] Die 'ulūm al-'arab, die "arabischen Wissenschaften", bestanden nach einem Zeugnis aus dem 10. Jahrhundert, den "Mafātih al-'ulūm" ("Schlüssel der Wissenschaften"), aus Jurisprudenz, scholastischer Theologie, Grammatik, Prosodie, Poesie, Geschichte und Kitāba, der Schreibkunst des Regierungsbeamten,[9] setzten sich also

---

1) Kramers: La littérature géographique, S. 174
2) Kramers: Science in Islamic Civilization, S. 89
3) Plessner: Wissenschaften im Islam, S. 2o
4) In enger Verbindung mit diesem Problem ist die adab-Literatur zu sehen, die nicht berücksichtigt werden kann; siehe dazu Grunebaum; Islam im MA S, 319 ff.
5) Rosenthal: Das Fortleben der Antike im Islam. Hrs. Grunebaum. Zürich 1965. S. 17 ff.
6) ebd. S. 77
7) Goldziher: Stellung der Orthodoxie S. 357
8) Grunebaum: Islam im MA, S. 57; Plessner: Wissenschaften im Islam, S. 16
9) ebd. S. 57; vgl. Levy: Social Structure of Islam, S. 497

aus zwei Gruppen zusammen: die erste umfaßt die Wissenschaften, die sich mit der Religion befassen,[1] die zweite vereinigt diejenigen, die sich mit einem heutigen Wort als Literaturwissenschaften i. w. S. bezeichnen lassen, dazu die Geschichte. Diese Unterscheidung wird später bei der Klärung der Stellung der Länderkunde von Bedeutung sein.

III. Der Wissenschaftsbegriff

Das Leben eines jeden Muslim wurde von zahlreichen religiösen Vorschriften bestimmt, kein Bereich des privaten und öffentlichen Lebens war von einer religiösen Determinierung ausgenommen. Da von der Erfüllung die Erlangung des Paradieses abhängig war, lag es im Interesse jedes gläubigen Muslims, möglichst alle durch Koran, Šarī'a und Sunna zur Pflicht gemachten Auflagen genauestens zu befolgen. Da der Katalog von Verpflichtungen für jeden Muslim der gleiche war, konnte das islamische Menschenbild nicht eine möglichst weitgehende Selbstverwirklichung des Menschen fordern, sondern im Gegenteil die Annäherung an einen Idealtypus, der durch die genannten religiösen Institutionen vorgegeben war.[2] [3] Grunebaum redet vom "Modellschema", an dem jeder Muslim gemessen wurde.

Koran und Sunna zeichneten den Idealtypus vor und gaben gleichzeitig die Anleitung, wie er zu erreichen sei. Sie stellten also konkrete Hilfen für die Meisterung des täglichen Lebens nach islamischen Maßstäben dar, indem sie das Nützliche für das Diesseits <u>und</u> das Jenseits hervorhoben und empfahlen.

Die Betonung des Nützlichen, die aus den dargestellten Zusammenhängen resultiert, übertrug sich auch auf die Wissenschaften: Nützlichkeit wurde zum Maßstab für das, was als wissenswert zu bezeichnen war.[4] Der mittelalterliche Gelehrte forschte nicht primär um der Wissenschaft willen, sondern weil er Gott und den Menschen sowie seinem Seelenheil damit nützen wollte. Ein solches Kriterium beeinflußte die Wissenschaftsinhalte, denn schon die Auswahl der zu untersuchenden Objekte wurde unter dem Aspekt der Nützlichkeit im oben dargestellten Sinne getroffen. Die Folge war einerseits, daß von vornherein eine Anzahl von Forschungsgegenständen als "nicht nützlich" ausgeschieden wurden, in der Länderkunde z. B. alle nicht-islamischen Länder.[5] Zum anderen begünstigte ein solcher Standpunkt eine eher praktisch orientierte Wissenschaft, was eine Abgrenzung verschiedener Disziplinen voneinander sehr erschwerte und auch im Bereich der deskriptiven Geographie ein Hindernis darstellte.[6] Die Überwindung einer solchen Wissenschaftsauffassung war jedoch kaum möglich, weil eine unauflösliche Bindung an die durch den Islam vorgegebenen Denkweisen bestand, die dem Aspekt der Nützlichkeit einen hohen Stellenwert zumaßen.

In enger Verbindung damit ist das Überlegenheitsgefühl des muslimischen Gelehrten gegenüber allen anderen Zivilisationen zu sehen.[7] Jeder Muslim wußte sich mit dem Koran im

---

1) Dazu gehört auch die Jurisprudenz, bei der sich religiöses und profanes Recht nicht voneinander trennen lassen.
2) Grunebaum: Islam im MA, S. 284
3) Beispiel: Beim Ableben des Familienoberhauptes können die Erben die Hinterlassenschaft nicht beliebig aufteilen, sondern sind an ein vom Koran festgelegtes Aufteilungsschema gebunden - halten sie dies ein, nähern sie sich damit dem Idealbild des Muslims an.
4) Grunebaum: Islam im MA. S. 295
5) vgl. später: Die Arbeiten der Balḫī-Schule zeichnen sich durch einen derartigen Standpunkt aus: nützlich ist die Beschränkung auf die islamischen Provinzen.
6) vgl. S.93 f.
7) Plessner: Wissenschaften im Islam, S. 19

Besitz der letzten, endgültigen Wahrheit, und das verlieh ihm das Bewußtsein der Überlegenheit gegenüber allen anderen Gesellschaftsformen, war doch seine, die islamische Gesellschaft, direkter Ausfluß der göttlichen Gebote.[1] So gehen sein Stolz und sein Überlegenheitsgefühl - auch im wissenschaftlichen Bereich - weniger auf das Bewußtsein der persönlichen intellektuellen Überlegenheit als auf die Gewißheit zurück, Mitglied der umma, der islamischen Gemeinschaft und damit ein Angehöriger des bestmöglichen Wissenschaftsbetriebes zu sein.

IV. Zusammenfassung.

Der islamische Wissenschaftsbegriff weicht von den heutigen Vorstellungen in zentralen Punkten ab.

1. Das Beweisverfahren wird nicht von logischen oder empirischen Kriterien bestimmt, sondern beruht analog zu den Koranwissenschaften auf dem Autoritätsprinzip, wobei Koran und Ḥadīṯ als oberste Autoritäten auch in wissenschaftlichen Zusammenhängen anerkannt werden. Die absolute Autorität von Koran und Ḥadīṯ wirkt sich hemmend auf die Entwicklung von verfeinerten, differenzierten Untersuchungsmethoden aus; jedes Ergebnis, das mithilfe von komplizierten und differenzierten Untersuchungsmethoden möglicherweise erzielt werden konnte, fand keine wissenschaftliche Anerkennung, wenn Koran oder Ḥadīṯ andere Positionen einnahmen, so daß im Grunde die Entwicklung von Beobachtungstechniken o. ä. sinnlos war. Das Fehlen von Untersuchungsmethoden ist damit direkt eine Auswirkung der religiösen Traditionen.

2. Die Untersuchungsobjekte werden unter dem Aspekt der Nützlichkeit einer Auswahl unterzogen, bei der a priori bestimmte, nicht als "nützlich" im islamischen Sinne verstandene Gegenstände ausgeschieden werden. In diesem Punkt erweist sich der islamische Wissenschaftsbegriff als eingeschränkter als der heutige, der Forschung ohne Beschränkung der Thematik zuläßt, während die Auswahl der Forschungsinhalte im islamischen Mittelalter von einer durch die Religion vorgegebenen Nützlichkeitsvorstellung abhängt.

In der Form der Darstellung erweist sich der islamische Wissenschaftsbegriff dagegen freier als der heutige. Zwar besteht der Zwang zur Einhaltung eines bestimmten Textmodells, jedoch kann sich auch die Darstellung der Inhalte sowohl an literarische als auch an wissenschaftliche Vorbilder anlehnen. Die Systematisierung von Inhalten oder eine objektive Darstellung wurden nicht als wissenschaftliche Forderungen verlangt.

3. Der islamische Wissenschaftsbegriff ist also im Hinblick auf das Beweisverfahren, die Untersuchungsmethoden und die Auswahl der Themen aufgrund einer direkten oder indirekten Determinierung durch die Religion verschiedenartig und z. T. wesentlich eingeschränkter als der heutige. Aus der heutigen Sicht läßt sich nur aufgrund der drei erstgenannten Kriterien feststellen, ob eine Arbeit als wissenschaftlich oder nicht-wissenschaftlich begriffen wurde, da die freie Gestaltung der - vorher selektierten - Untersuchungsgegenstände Rückschlüsse auf die Wissenschaftlichkeit nicht mehr zuläßt.

---

1) Grunebaum: Islam im MA, S. 51 - 53

Kapitel 2: DIE SITUATION DER LÄNDERKUNDE

I. Die arabische Geographie bis zum 10. Jahrhundert - der Rekurs auf Ptolemäus[1]

Das geographische Wissen der Araber in vorislamischer Zeit resultierte primär aus ihren zahlreichen Handelsbeziehungen: die Routen der Karawanen und die Positionen der einzelnen Rastplätze, Städte und Oasen[2] bildeten den Kern der geographischen Kenntnisse,[3] darüber hinaus hatte man kaum feste geographische Vorstellungen.[4] Der Koran gibt Aufschluß über den vorislamischen Wissensstand, in ihm vereinigen sich kosmographische Vorstellungen babylonischer, griechischer und iranischer Herkunft; das koranische Weltbild geht in erster Linie auf babylonische Vorstellungen zurück, nach denen die Erde "was a disc-shaped body surrounded by water and then by another belt of mountains upon which the Firmament rested."[5]

Erst die gewaltige Expansion des islamischen Reiches nach Muḥammads Tod brachte den Arabern eine genauere Kenntnis ihrer Umwelt. Für die lokalen Herrscher war es eine dringende Notwendigkeit, die ihnen unterworfenen Provinzen möglichst gut zu kennen, um sie richtig verwalten zu können. So verdankt die arabische Geographie den hochgestellten Staatsdienern zahlreiche wichtige Anstöße, denn es entstand eine "Geographie" für den Gebrauch der Sekretäre, Wesire und Steuereintreiber,[6] die primär aus Tabellen und Statistiken über die unterschiedlichsten Gegebenheiten der Provinz bestand. Ibn Ḫurdāḏbih informierte in seinem Buch "Kitāb al-masālik wa-l-mamālik",[7] geschrieben um 846, über Poststellen, Entfernungen und Steuern in seiner Provinz;[8] al-Ǧaihānī, von 892 bis 907 Wesir von Buchara, verfaßte ein ähnliches Werk.[9]

Kennzeichnend für jene frühe Phase geographischer Betätigung ist der Rekurs auf Ptolemäus. Auf Anregung des Kalifen al-Maʿmun (813 - 833) übersetzten die arabischen Gelehrten am Kalifenhof ptolemäische Schriften, so u. a. "Tetrabiblos", "Almagestos", "Meteorologie".[10] Der Geographie-Begriff des Ptolemäus basierte auf mathematisch-astronomischen Implikationen;[11] Geographie war für ihn im Grunde nichts anderes als die mathematische Erfassung der Erde und deren Veranschaulichung in Form von Karten. Die Chorographie hatte die Aufgabe, kleinere räumliche Einheiten detailliert auf Karten darzustellen:

"Die Geographie ist die Nachbildung des gesamten bekannten Teiles der Erde mittels Zeichnung samt all dem, was gewöhnlich im Zusammenhang mit ihm dargestellt wird. Sie ist von der Chorographie verschieden, weil diese die Teilgebiete getrennt vornimmt, jedes einzeln für sich darstellt und dabei so ziemlich alles, selbst die kleinsten der dort vor-

---

1) zum Problem der arabischen Ptolemäus-Rezeption generell s. Stichwort "Baṭlamiyūs" in EI Bd. 1, 2. Aufl., S. 1100 - 1102 (Plessner).
2) Mžik: Ptolemäus und die Karten der arabischen Geographen. In: Mitt. Geogr. Ges. Wien Bd. 58 (1915). S. 153
3) Die arabische Poesie ist eine Fundgrube präislamischen geographischen Wissens, sie enthält zahlreiche geographische Ortsangaben und wurde als Quelle geographischen Materials benutzt. Vgl. das Kapitel über Hamdānī, S. 45 ff.
4) Maqbul Ahmad in: EI2 Bd. II, "Djughrāfiyā", S. 575
5) ebd. S 576
6) vgl. die Klassifikation bei Blachère/Darmaun: Extraits des principaux géographes arabes du Moyen âge. 2. Aufl. Paris 1957
7) zu deutsch: "Buch der Straßen und Königreiche"
8) Schoy: The Geography of the Moslems of the Middle Ages. In: Geogr. Rev. Bd. 14 (1924). S. 260
9) Brockelmann: Geschichte der arabischen Literatur, Bd. 1, Leiden 1943, S. 262
10) Maqbul Ahmad in: EI2, "Djughrāfiyā", S. 576
11) Schoy: The Geography of the Moslems, S. 257

kommenden Objekte, wie Häfen, Dörfer, Bezirke, die Nebenflüsse der Hauptströme und ähnliches verzeichnet."[1]

Das ptolemäische Geographieverständnis wurde im 8. und 9. Jahrhundert von den islamischen Gelehrten aufgegriffen. al-Huwarizmi arbeitete 811 - 826 an seinem Buch "Kitab surat al-ard"[2], das - wie auch die beigefügten Karten - die enge Anlehnung an Ptolemäus nicht verleugnen kann und will. Die Sammlung ist heute nicht mehr vollständig erhalten; die älteste Karte enthält in tabellarischer Form die Namen von Städten, Gebirgen, Flüssen und gibt eine Statistik mit Längen- und Breitenpositionen.[3]

Auch Ibn Hurdadbih beruft sich gelegentlich auf Ptolemäus und übernimmt dessen mathematische Betrachtungsweise.[4] Entsprechend dem islamischen Wissenschaftsverständnis galt Ptolemäus, obwohl selbst kein Muslim, als geographische Autorität, denn die Araber besaßen zunächst nichts, was sie seinem Ansatz hätten gegenüberstellen können. In die zahlreichen Übersetzungen und Kopien ptolemäischer Schriften drangen jedoch viele Fehler ein: Das geographische Wissen war umfangreicher geworden, und oftmals fügten Übersetzer und Schreiber ihre eigenen Kenntnisse den Abschriften hinzu[5] - die Folge war eine Zerstückelung des ptolemäischen Gedankensystems und oftmals eine Verfälschung von Einzelfakten. Dennoch sind die Leistungen wie die der Astronomen Ibn Jūnis und al-Battānī kaum denkbar ohne die griechische Beeinflussung insbesondere durch Ptolemäus, und die mathematische Geographie der Araber verdankt ihm ihre wichtigsten Impulse.

Neben der Darstellung von Ländern und Provinzen mithilfe von Karten, Statistiken und astronomischen Berechnungen - der Chorographie also im ptolemäischen Sinn - existierten literarische Länderdarstellungen, Bücher von den Merkwürdigkeiten und Gefahren der Länder und Meere, Legenden und Gedichte über bestimmte Lokalitäten von berühmten Personen - etwa Imru-l-Qais- verfaßt. Diese Literatur - mit Ausnahme der Poesie, die eine Sonderstellung innehatte[6] - befriedigte den allgemeinen Wissensdurst nach unbekannten Ländern und bestand aus einer Vielzahl unterschiedlichster Informationen, die zum Teil mit den wissenschaftlichen Hilfsmitteln gegeben wurden, zum Teil aber auch rein literarische Zwecke verfolgten. Daß diese oft unzuverlässig waren, lag in der großen Bereitschaft von Autor und Rezipient, auch unwahrscheinliche Dinge als glaubwürdig, Wunderbares als Wahres anzunehmen, wie es sich in den Erzählungen von Sindbad, dem Seefahrer, spiegelt.

Es existierten also zwei verschiedene Ansätze der Darstellung von Ländern, von denen der eine auf eine von Ptolemäus abhängige Geographie-Vorstellung zurückging, der andere sich nicht als explizit geographisch verstand und teilweise wissenschaftlich, teilweise literarisch betrieben wurde. Zunächst gab es zwischen diesen keine Brücke; im 9. Jahrhundert, als sich hochgebildete Gelehrte auf Reisen begaben und ihre Beobachtungen und Erlebnisse schriftlich niederlegten, entstand eine Mischform von literarischer Darstellung und mathematischer Geographie, in der jedoch der ptolemäische Einfluß immer mehr zurückgedrängt wurde zugunsten anderer, spezieller Interessen der Gelehrten, etwa der Geschichte.[7] Eine organische Verbindung zwischen mathematischer Geographie und Länderbeschreibung blieb jedoch aus, weil die Araber zwar eine Vorstellung von Inhalten und Methoden der ptolemäischen Geographie und Chorographie hatten, die Länderbeschreibung aber weder als eigene wissenschaftliche Disziplin noch in ihrer Relevanz für die Geographie insgesamt erkannten, denn es fehlte eine Voraussetzung: die Vorstellung von einer einheitlichen, wissenschaftlichen Geographie.

---

1) Mžik: Des Klaudios Ptolemaios Einführung in die darstellende Erdkunde. 1. Teil, Wien 1938. S. 13 f.
2) zu deutsch: "Die Darstellung der Erde"
3) Schoy: Geography of the Moslems, S. 259
4) Schoy: Geography of the Moslems, S. 259
5) Togan: Der Islam und die geographische Wissenschaft. In: GZ Bd. 40 (1934), S. 368
6) vgl. Ausführungen zu Hamdānī S. 53 ff.
7) zu diesem Zusammenhang vgl. Maqbul A. in: EI^2 Bd. II, Stichwort "Djughrāfiyā", S. 575 - 590

II. Das Geographieverständnis

Die Geographie als einheitliche, d. h. mathematische und deskriptive Geographie, hat sich im islamischen Mittelalter niemals als Wissenschaft durchsetzen können, obwohl einige Ansätze dazu entstehen konnten.[1] Eine geographische Betätigung erfolgte im allgemeinen nicht aus Neugier an der Geographie, sondern aus praktischen Erwägungen sowohl säkularer als auch religiöser Art,[2] die im Zusammenhang mit dem islamischen Nützlichkeitsaspekt zu sehen sind.

Da sei zunächst noch einmal auf die gewaltige Expansion des islamischen Territoriums in den ersten Jahrhunderten nach Muḥammads Tod verwiesen, die für die Entwicklung der Geographie drei Folgen hatte.

Erstens erweiterte sich mit jedem eroberten Land auch der geographische Horizont der Araber; zweitens waren die Provinzoberhäupter gezwungen, Material über ihre Provinzen zu sammeln, wollten sie nicht die Gefahr der Mißwirtschaft heraufbeschwören. Drittens ergaben sich im religiösen Bereich mannigfache Probleme, die mit der wachsenden Entfernung von Mekka zunahmen: Zu den Pflichten eines jeden Muslims gehörte das fünfmalige tägliche Gebet zu bestimmten Tageszeiten, wobei die qibla, die Gebetsrichtung nach Mekka, obligatorisch war. Sonnenstand und damit Gebetszeit aber waren im islamischen Spanien andere als etwa in Persien, und so änderte sich die qibla, je nachdem, in welcher islamischen Provinz man sich befand. Es mußten Hilfsmittel geschaffen werden, damit der Muslim in der Fremde die essentiellen Forderungen des Islams einhalten konnte: Hier nun bot sich die mathematische Geographie an.[3] Kannte man erst die geographischen Positionen eines Ortes, war es nicht schwer, die qibla zu bestimmen; Karten erleichterten zudem die Standortbestimmung. So erhielt die Geographie eine stark praktische Ausrichtung: Zum einen war sie Hilfsmittel der Herrschenden, zum anderen ancilla theologiae. Wie für die anderen Wissenschaften im islamischen Mittelalter galt Nützlichkeit als oberstes Kriterium - die auf griechischem Gedankengut fußenden Methoden der mathematischen Geographie wurden auf die aktuelle Situation des islamischen Reiches angewandt, und das ursprünglich fremde Wissen benutzten die Muslime als Instrument der Lösung von eigenen Problemen.[4]

In der Folge entwickelten sich mehrere, aus der Praxis entstandene geographische "Zweige", die zweckgebunden waren und beziehungslos nebeneinander standen. Ein arabisches Wort für das griechische "Geographia" hat es im arabischen Mittelalter nicht gegeben[5][6] - ein Zeichen dafür, wie fremd den Arabern die Vorstellung von einer geographischen Wissenschaft blieb. Im arabischen Sprachgebrauch übernahm man entweder den griechischen Terminus,[7] oder man wählte, wie es der Normalfall war, die arabische Bezeichnung eines einzelnen Zweiges. So gab es die "Wissenschaft von den Längen und Breiten", ʿilm al-aṭwāl wa-l-ʿurūḍ, die "Wissenschaft von der Bestimmung der Positionen des Reiches", ʿilm taqwīm al-buldān, die "Wissenschaft von den Wundern der Länder", ʿilm ağāʾib al-buldān und die "Wissenschaft der Wege und Länder", ʿilm al-masālik wa-l-mamālik[8], aber keinen umfassenden Begriff.

An diesen Umschreibungen vermag man heute zwei geographische Hauptrichtungen zu erkennen: Die beiden ersten lassen sich der mathematisch-astronomischen Geographie zuordnen, die beiden letzten der deskriptiven Geographie. Daß man sich jedoch damals im Grunde keiner Verwandtschaft der einzelnen Zweige bewußt war, zeigt die Tatsache, daß kein Versuch ge-

1) s. S.45 - 57
2) vgl. S.19 f.
3) vgl. Mžik: Ptolemäus und die Karten der ar. Geographen. S. 155
4) vgl. Grunebaum: Islam im MA, S.296 ff.
5) Schoy: Geography of the Moslems, S. 257
6) nachweislich nicht bis zum 16. Jahrhundert aufgrund des Zeugnisses von Ḥağği Ḫalīfa; ebd. S.257
7) in der arabisierten Form "ğuġrāfiyā"
8) nach Blachère/Darmaun: Extraits, S. 7

macht wurde, für zusammengehörige Zweige einen Oberbegriff zu finden. Jeder einzelne Zweig erfüllte eine eng umrissene, "nützliche" Aufgabe - die mathematische Geographie erstellte Materialien (Karten, Itinerarien, Positionstabellen) insbesondere aufgrund religiöser Notwendigkeiten, die Länderbeschreibung erfüllte vorwiegend verwaltungsbedingte Funktionen oder literarische Ansprüche.

Eine Vereinigung dieser Ansätze zu einer umfassenden wissenschaftlichen Disziplin war zudem aufgrund des beschriebenen arabischen Wissenschaftssystems nicht möglich, da es arabische und nicht-arabische Wissenschaften voneinander unterschied. Die genannten Ansätze aber wurden durch Berufung auf die jeweiligen Autoritäten zum Teil den arabischen, zum Teil den nicht-arabischen Wissenschaften zugeordnet.

So zerfällt die Geographie nicht nur thematisch, sondern auch von der Zuordnung zum Wissenschaftssystem her in zwei Teile: der astronomisch-mathematische Zweig kommt den nicht-arabischen Wissenschaften zu, der der deskriptiven Geographie den arabischen. Tatsächlich hat sich die spätere Länderkunde - wie noch gezeigt wird - in enger Anlehnung an typisch arabische Wissenschaften entwickelt und ist teilweise von diesen mitbetrieben worden.[1)]

Unter diesen Voraussetzungen konnte sich keine geographische Systematik oder gar eine einheitliche Geographieauffassung entwickeln. Jeder Zweig war in anderer Weise zweckgebunden, so daß das geographische Wissen bis zum 10. Jahrhundert gleichermaßen den Theologen, Staatsmännern und Literaten diente, ohne daß eine selbständige Wissenschaft entstand.

III. Die Grundlage der Länderdarstellung: Reisen

Im 9. und 10. Jahrhundert erweiterte sich der geographische Horizont der Muslime beträchtlich, aber nicht mehr als Folge der Expansionspolitik, sondern aufgrund von zahlreichen Reisen und Wanderungen vieler Gelehrter. Tradition und Religion standen Reisen jeglicher Art aufgeschlossen gegenüber: Die theologischen Wissenschaften verdankten den Wanderungen frommer Gelehrter, die von Ort zu Ort zogen, um Ḥadīṯ zu sammeln, den größten Teil ihres Materials, und längst auch waren Reisen von einem Gelehrten zum anderen fester Bestandteil im Leben des gebildeten Muslims.[2)][3)]

Im Koran ist die Reisetätigkeit nicht nur als Selbstverständlichkeit, sondern geradezu als religiöse Notwendigkeit deklariert, denn mindestens einmal im Leben ist der Muslim zur Pilgerfahrt nach Mekka verpflichtet. "Führt die Wallfahrt (...) und die Besuchsfahrt (...) im Dienste Gottes durch!"[4)] fordert Sure 2, 196.[5)] So stellten Reisende aus religiösen Beweggründen nichts Ungewöhnliches dar. Die zentrale Bedeutung der Wallfahrt (ḥaǧǧ) für den Islam hatte eine Nebenwirkung: Das Ansehen, das die nach Mekka oder anderen Heiligtümern pilgernden Reisenden genossen, übertrug sich auf die Reisetätigkeit allgemein, auch wenn ihr keine religiösen Motive mehr zugrunde lagen. Kremer berichtet von angeblichen Aussprüchen des Propheten, in denen die Nützlichkeit von Reisen für Diesseits und Jenseits hervorgehoben wird.[6)] Sie verdeutlichen eine Tendenz, in deren Zuge Reisen

---

1) vgl. Blachère/Darmaun: Extraits, S. 9 f.
2) nach Sellheim: Gelehrte und Gelehrsamkeit, S. 55 ff.
3) siehe auch Hell: Kultur der Araber, S. 109
4) Übersetzung von Paret: Der Koran. Stuttgart 1966
5) vgl. auch Sure 2, 184 und 2, 189: Reisen als selbstverständliche Angelegenheiten.
6) vgl. S.14; Kremer: Kulturgeschichte Bd. 2, S. 437

nicht nur als von Muḥammad autorisiert, sondern sogar ausdrücklich als verdienstvoll und nützlich verstanden werden. Die allgemeine Aufgeschlossenheit jener Jahrhunderte gegenüber allem Neuen trug ein Übriges dazu bei, Reisen als attraktiv erscheinen zu lassen, und aus Neugier und Wissensdurst verließ mancher Gelehrte seine Heimat und durchwanderte die islamischen Provinzen, in denen er günstige Forschungsbedingungen vorfand.[1)2)]

Es ist klar, daß gerade die spätere Länderkunde von der Reisetätigkeit profitierte, denn viele wertvolle Nachrichten, zusammengetragen in den entferntesten Provinzen des islamischen Reiches, gelangten auf diese Weise insbesondere nach Baghdad, dem geistigen und politischen Zentrum. Das Interesse an fremden Ländern war jedoch keinesfalls auf geographische Zusammenhänge beschränkt, sondern allgemeiner Natur: Geschichte und Lebensart, Riten und Religion, alles war von Interesse, so daß viele Reisebeschreibungen von der Auswahl der beschriebenen Objekte her als universal zu bezeichnen sind. Vor allem viele spätere Darstellungen wollten durchaus wissenschaftlich überzeugen, wie noch bei verschiedenen länderkundlichen Abhandlungen des 10. Jahrhunderts zu sehen sein wird.

In diesem Zusammenhang muß im Vorgriff auf die späteren Untersuchungen darauf hingewiesen werden, daß der Begriff der "Länderkunde" nicht in der heutigen Bedeutung, d. h. als eine bestimmte Betrachtungsweise innerhalb einer geographischen Gesamtsystematik, verstanden werden darf. Einen solchen Überbegriff hat es auch im 10. Jahrhundert in der arabischen Sprache nicht gegeben, vielmehr existierten verschiedene Umschreibungen wie "Darstellung der Erde", "Beschreibung der Provinzen" etc. Andererseits unterscheiden sich die Ansätze der deskriptiven Geographie in jenem Zeitraum so erheblich voneinander, daß eine Subsummierung generell unter dem Begriff "Länderkunde" nicht gerechtfertigt wäre und differenzierende Termini eingeführt werden müssen, auch wenn sie damals nicht existierten. Da hier die Entwicklung der Länderkunde als Wissenschaft untersucht werden soll, können die geographischen Wissenschaftsbegriffe von Masʿūdī und Muqaddasī zur Abgrenzung herangezogen werden, von denen der erste Wissenschaftlichkeit für jede Forschung, also auch die geographische, postuliert, der zweite zusätzlich ein räumliches Gliederungsprinzip fordert. Mit dem Begriff der "Länderkunde" werden aufgrund dieser Auffassungen, die in den Einzeluntersuchungen nachgeprüft werden können, alle Arbeiten bezeichnet, die folgende Bedingungen erfüllen:

- die Arbeiten müssen den damaligen Kriterien für Wissenschaftlichkeit genügen;
- sie müssen geographisch relevante Beobachtungen übermitteln, die einzelnen Ländern zugeordnet sind, auch wenn sie nicht mithilfe eines räumlichen Gliederungsprinzips dargestellt werden[3)] oder in außergeographischen Kontexten (z. b. Gesandschaftsberichte, historische Abhandlungen) erscheinen.

IV. Zusammenfassung

Die Zweige der mathematischen Richtung der Geographie übernahmen den ptolemäischen Chorographie- und Geographiebegriff und führten das Beweisverfahren generell auf das Autoritätsprinzip zurück, betrieben also diese geographische Richtung als wissenschaftliche Disziplin. Die deskriptive Geographie bestand dagegen sowohl aus wissenschaftlichen, d. h. mit den wissenschaftlichen Hilfsmitteln der Zeit gestalteten Abhandlungen als auch aus rein literarischen Werken, die ohne Berücksichtigung der Grundsätze wissenschaftlicher Arbeit Länder darstellten. Alle Einzelansätze wurden voneinander isoliert gesehen und nicht als verschiedene Formen einer einzigen Disziplin erkannt, so daß sich eine Wissenschaft der deskriptiven Geographie nicht entwickeln konnte.

---

1) vgl. S.10 f.
2) Hell: Kultur der Araber, S. 108 f.
3) Die Forderung nach einem räumlichen Gliederungsprinzip wurde bewußt nicht in die obige Definition miteinbezogen, um den Begriff der Länderkunde nicht in einer für die damalige Zeit unangemessenen Weise einzugrenzen (vgl. Ausführungen zum Geographieverständnis). Dieses Kriterium wird sich jedoch im Verlauf der Untersuchung als geeignet erweisen, um Unterschiede und Entwicklungen innerhalb der Länderkunde zu erfassen.

In beiden großen Richtungen unterlag die Auswahl der Gegenstände einer indirekten religiösen Determinierung, da die Gelehrten die Nützlichkeitsvorstellung des Korans bei der Auswahl von Untersuchungsgegenständen zugrundelegten. So erweisen sich z. B. die Gegenstände der mathematischen Geographie als "nützlich" für die Verwaltung und die Bestimmung von Gebetszeit und qibla. Die deskriptive Geographie erfüllte als "nützlich" verstandene politische, literarische o. ä. Ansprüche. Zum einen konnten die Ergebnisse diesen Ansprüchen genügen[1], zum andern wurden Reisen, die die Grundlage der Länderbeschreibung bildeten, ausdrücklich im Koran gefordert.

Im Hinblick auf die Darstellungsweise unterschieden sich mathematische und deskriptive Geographie insofern, als die mathematische aufgrund der engen Anlehnung an Ptolemäus nur in seltenen Fällen zu literarischen Darstellungsweisen griff, die deskriptive Geographie ohne Bindung an eine ähnliche Tradition jedoch die Verwendung literarischer Formen begünstigte.

Die deskriptive Geographie zu Beginn des 10. Jahrhunderts entstand aufgrund verschiedenartiger Interessen und Motive für Reisen und Reiseberichte und entstammte nicht einem Interesse an der Geographie als Wissenschaft. "Länderkunde" als eigenständige wissenschaftliche Disziplin existierte nicht im Bewußtsein der Zeit, da der islamische Wissenschaftsbegriff eine Systematisierung von Inhalten nicht unbedingt erforderte und methodische Probleme nicht implizierte, so daß die Zusammenhänge zwischen den einzelnen Ansätzen deshalb nicht erkannt werden konnten.

Diese Situation zu Beginn des 10. Jahrhunderts ist Ausgangspunkt der vorliegenden Untersuchung, deren Aufgabe es ist, die Entwicklung der verschiedenen Ansätze der deskriptiven Geographie im 10. Jahrhundert zu verfolgen und zu klären, ob es in dieser oft als "klassisch" bezeichneten Epoche arabischer Geographie zum einen gelingt, von der ursprünglichen Erstellung von Reiseberichten zur Abfassung wissenschaftlicher Arbeiten zu gelangen. Zum andern muß geklärt werden, ob sich darüber hinaus eine eigenständige Disziplin bildet, die als Länderkunde im definierten Sinn bezeichnet werden kann.

1) vgl. z. B. die Einzeluntersuchung zu Ibn Faḍlān

Teil 2:

D I E F O R M E N L Ä N D E R K U N D L I C H E R D A R S T E L L U N G

Kapitel 3: DIE LÄNDERBESCHREIBUNG

Der allgemeine Wissensdurst nach fremden Ländern und die in der Folge entstehende Reiselust zahlreicher Muslime haben im 10. Jahrhundert eine besondere Form der Vermittlung länderkundlicher Nachrichten hervorgebracht. Sie ist dadurch gekennzeichnet, daß sie unabhängig, d. h. nicht im Zusammenhang mit wissenschaftlichen Forderungen erfolgt und damit nicht von den bis dahin vorhandenen wissenschaftlichen geographischen Ansätzen ausgeht. Diese Texte vermitteln zwar in vielen Details Nachrichten, die in irgendeiner Weise Auskunft über die besuchten Länder geben, also i. w. S. als "länderkundlich" zu bezeichnen sind. Da sie aber weder einen allgemein-wissenschaftlichen noch einen speziell geographischen Anspruch erheben, ist der Terminus "Länderkunde" im Vergleich zu anderen Ansätzen im 10. Jahrhundert, die wenigstens eine dieser Eigenschaften aufweisen,[1] nicht zu rechtfertigen. Diese Darstellungsform, die den folgenden Reiseberichten zugrundeliegt, sei im Folgenden als "Länderbeschreibung" bezeichnet.

A. Ibn Faḍlān (Werk 923 n. Chr.)

I. Zu Person und Werk des Verfassers

Im Jahre 1923, genau 1000 Jahre nach der Entstehung des Reiseberichtes von Ibn Faḍlān, entdeckte der Orientalist und Geograph Ahmed Zeki-Validi Togan in Meschhed eine Handschrift, die u. a. den Reisebericht des Ibn Faḍlān von einer Reise zu den Saqāliba, den Wolgabulgaren, und die Risāla des Abū Dulaf, von der später die Rede sein wird, enthielt.[2][3]

Diese in der Meschheder Handschrift erhaltene Fassung der Riḥla[4] - so nennt Togan den Bericht - stellt neben der bei Yāqūt, dem Verfasser des bedeutenden geographischen Wörterbuchs aus dem 13. Jahrhundert, die wohl besterhaltene und maßgebliche Version des Textes dar, obwohl sie nur ein Fragment ist, wie der abrupte Schluß und das Fehlen einiger sonst üblicher Formalia zeigen. Die von Togan erschlossene und ins Deutsche übersetzte Fassung liegt der folgenden Untersuchung zugrunde.

Über Herkunft und Lebensweg des Ibn Faḍlān liegen nur spärliche Nachrichten vor; die Hauptquelle darüber ist sein eigener Reisebericht, der zumindest den hier wichtigen Abschnitt seines Lebens erhellt. Ibn Faḍlān, vermutlich nicht von arabischer Nationalität,[5] lebte um 920 am Hof des Kalifen Muqtadir billah zu Baghdad[6] und erhielt im Jahre 921 von diesem den Auftrag, eine Gesandtschaft in das Gebiet der Wolgabulgaren[7] zu begleiten,[8] dessen Herrscher mit dem Kalifen Kontakte aufgenommen hatte. Ibn Faḍlān hatte,

---

1) vgl. die Bestimmung von "Länderkunde" S. 20
2) siehe die nächste Untersuchung
3) Togan: Ibn Faḍlān's Reisebericht. Repr. v. ZDMG 24,3; Leipzig 1939. Liechtenstein 1966. S. VII
4) riḥla = Reisebericht
5) Canard in: EI2 Bd. III, "Ibn Faḍlān", S. 759
6) Ruska: Zur geographischen Literatur im islamischen Kulturbereich. In: GZ Bd. 33 (1927), S. 590
Brockelmann: GAL Bd. I, S. 261
7) Der arabische Terminus ist "Saqāliba" und wird hier ebenfalls verwendet.
8) Lelewel: Géographie du moyen âge. Bd. 1, S. 31
Canard in: EI2 Bd. 3, "Ibn Faḍlān", S. 759

am Zielort angekommen, eine bestimmte Aufgabe zu erfüllen: Er mußte die Grußbotschaft des Kalifen verlesen, Geschenke und Gold überreichen "(...) und die Gesetzesgelehrten und Lehrer (...) inspizieren".[1] Mit dieser letzten Aufgabe war zwar insbesondere ein Faqih betraut, aber dieser blieb schon nach wenigen Reisestationen aus Furcht vor der Kälte und der kriegerischen Haltung der Turkstämme zurück, so daß Ibn Faḍlān nun für diese Aufgabe allein verantwortlich war.[2]

In seinem Reisebericht schildert er die Erlebnisse und Beobachtungen während seiner oftmals gefährlichen Mission und beschreibt insbesondere die Sitten und Gebräuche der verschiedenen Turkstämme. Besondere Aufmerksamkeit widmet er den Verhältnissen im Lande der Wolga-Bulgaren, bei denen sich die Gesandschaft mehrere Monate aufhielt, aber auch die Chazaren, Nachbarn der Saqāliba und von diesen gefürchtet, erfahren eine starke Zuwendung.[3] Diese Schilderung umfaßt den letzten Teil der Riḥla, die anschließend abrupt endet, was darauf hindeutet, daß sie in der vorhandenen Version der Meschheder Handschrift lediglich ein Fragment darstellt. Über die Rückreise Ibn Faḍlān's und sein weiteres Leben ist nichts bekannt,[4] außer daß er im Jahre 923 seinen Reisebericht in schriftlicher Form vorlegte, wobei anzunehmen ist, daß die Riḥla als der offizielle Bericht des Gesandtschaftssekretärs, als der Ibn Fadlān mitgereist war, zu gelten hat.[5]

Sowohl die Reise als auch der Reisebericht entsprangen also nicht einer starken persönlichen Motivation Ibn Faḍlān's, nicht seinem speziellen geographischen Interesse,[6] nicht der Neugier des Berichtenden an fremden Ländern[7] und nicht dem Verlangen nach wissenschaftlicher Tätigkeit,[8] sondern einem Auftrage des Dienstherren, der eine politische Mission erfüllt und beschrieben sehen wollte. Es war Ibn Faḍlān's Aufgabe, diesen Befehl auszuführen: So fungierte er während der Reise als Gesandtschaftssekretär, der die Botschaft des Kalifen zu übermitteln hatte, außerdem als Inspektor der religiösen Verhältnisse und - nach der Rückkehr - als Berichterstatter.

II. Die Riḥla

1. Die Konzeption

Ibn Faḍlān legt seinem Reisebericht eine vom Verlauf der Reise determinierte Konzeption zugrunde. Er teilt die Riḥla nicht in Kapitel ein, wobei jedem Kapitel eine Landschaft oder der Herrschaftsbereich eines Stammes zugeordnet würde,[9] sondern beschreibt den Weg, den die Delegation zurückgelegt hat: von Baghdad nach Buchara, von dort nach Kāt (in Chwarizm), nach Ǧurǧanīya, von dort zu den Stämmen der Oguzen und Petschenegen, Baschkiren und Saqāliba. Beim letztgenannten Stamm sammelt er Informationen über die Rūs und die Chazaren, die somit als letzte in der Darstellung erscheinen - er hält also eine chronologische Reihenfolge ein, wobei jedoch die Tatsache, daß er alle Beobachtungen sammelt und sie, obwohl sie bei mehreren Völkern beobachtet sein können, allesamt bei der Beschreibung eines einzigen Stammes anbringt,[10] eine gewisse Abweichung darstellt.

---

1) Togan: Reisebericht S. 2, S. 40 f.
2) ebd. S. 16
3) Die Darstellung der Riḥla bei Showket: Arab Geography..., Diss., 1954, S. 102 - 105, vermag nicht mehr als eine vage Vorstellung vom Inhalt zu geben; eine Analyse leistet Sh. hier ebensowenig wie bei den anderen geogr. Texten.
4) Blachère/Darmaun: Extraits, S. 96
5) Ritter: Zum Text von Ibn Faḍlān's Reisebericht. In: ZDMG Bd. 96 (1942), S. 101
6) wie bei Ibn Hauqal, s. S.66 ff.
7) wie bei Abū Dulaf, s. S.31 ff.
8) wie bei Muqaddasī, S. 83 ff.
9) Wie Balḫī es zur gleichen Zeit macht; vgl. S. 67
10) Czeglédy: Zur Meschheder Handschrift von Ibn Faḍlān's Reisebericht. Acta Orientalia 1 (1950/51). S. 225.
Togan: Reisebericht, S. XIX

Der Reiseverlauf wird somit zum Gliederungsprinzip der Riḥla, die auf diese Weise temporären Bedingungen unterliegt. Die gewählte Form verdeutlicht den außergeographischen Ansatzpunkt Ibn Faḍlān's: Nicht räumlichen Einheiten wie Landschaften, Stammesgebieten oder Herrschaftsbereichen einzelner Verwaltungsoberhäupter gilt sein Interesse, eine Behandlung des durchreisten Gebietes nach geographischen Gesichtspunkten ist ihm fremd. Buchara etwa wird als Zentrum einer Provinz in keiner Weise erwähnt, geographische Lage und Ausdehnung einzelner Stämme nicht berücksichtigt. Maßgebend ist für Ibn Faḍlān allein die Reihenfolge der besuchten Stationen, was sich daraus erklärt, daß seine Auftraggeber nicht eine länderkundliche Abhandlung nach geographischen Raumvorstellungen erwarteten, sondern einen Bericht über die Reise, so wie sie verlaufen war. Wenn man Ibn Faḍlān auch von vornherein nicht jedes geographische Interesse absprechen will, muß man doch konstatieren, daß die Konzeption der Riḥla einen geographischen Ansatzpunkt nicht erkennen läßt. Das Raumverständnis Ibn Faḍlān's erscheint als einfach und undifferenziert, das Bemühen um eine Erfassung des Raumes nach geographischen Gesichtspunkten und Methoden, wie sie Balḫī zur gleichen Zeit versucht, ist nicht zu erkennen.[1]

2. Die inhaltliche Gestaltung

a. Die Auswahl der Themen

Der erste Teil der Riḥla beschreibt die Reise von Baghdad bis zum Stamm der Oguzen. Diese Strecke, für die die Karawane über fünf Monate benötigte, wird in chronologischer Reihenfolge der besuchten Stationen dargestellt. Aber Ibn Faḍlān legt überhaupt kein Gewicht auf eine detaillierte Schilderung der Städte (Buchara, Ǧurǧanīya, Kāt) - die Länge und der Umfang der Darstellung der einzelnen Stationen richtet sich allein nach der Bedeutung, die die Station für die Erfüllung der politischen Mission hat. So wird der Aufenthalt in Buchara allein unter politischen Aspekten gesehen. Die Darstellung der dort verbrachten Zeit stellt überhaupt die erste längere Abhandlung seit Beginn der Riḥla dar, aber nicht etwa Lage und Physiognomie der Stadt werden in den Mittelpunkt der Darstellung gerückt, sondern der Empfang beim Wesir,[2] bei dem ausführlich die Möglichkeit der Verwirklichung des politischen Auftrages besprochen wird. Über die Stadt selbst gibt Ibn Faḍlān in wenigen Sätzen nur spärliche Nachrichten, die zudem recht wahllos zusammengestellt sind[3] - Buchara wird nicht mit den Augen des Forschers und Gelehrten gesehen, sondern mit denen des Gesandten in politischer Mission.

In der gleichen Weise präsentiert sich die Schilderung der Reise von Buchara nach Chwarizm am Amu Darya: Außer einem Bericht über die große Kälte erfährt man keine geographisch relevante Einzelheit; die Stadt Kāt wird ebensowenig detailliert geschildert wie Buchara - auch hier stehen Empfang beim Herrscher und politische Mission im Mittelpunkt der Darstellung, [4] und Einzelheiten über Stadt und Land sind spärlich und zufällig.[5]

Die nächste Station ist Gurganiya, wo die Gesandschaft den Winter verbringt (drei Monate). Auch hier gibt Ibn Fadlan keine Details über die vorgefundenen Verhältnisse der Stadt, und wieder ist die ungewöhnliche Kälte die einzige genauere Angabe: So berichtet Ibn Fadlan von einem Baum, der sich vor Kälte spaltet, [6] von Erdspalten und von seinem zu Eis gefrorenen Bart - die Darstellung gerät in den Bereich der Wunder- und Fabelliteratur, obwohl einige Details durchaus glaubhaft sind.

---

1) vgl. S. 68
2) Togan: Reisebericht, S. 6
3) Togan: Reisebericht, S. 9
4) Togan: Reisebericht, S. 10 - 12
5) Ibn Faḍlān berichtet in wenigen Sätzen über Münzen, Sprache und Gebetsritus. Reisebericht, S. 12 f.
6) Togan: Reisebericht, S. 15

Nachdem der Amu Darya aufgetaut ist, setzt die Delegation die Reise fort. Auch in der Folge schildert Ibn Faḍlān nicht die besuchte Landschaft, sondern die persönlichen Reiseerlebnisse und Beobachtungen zu den verschiedensten Phänomenen - eine speziell geographische Intention kann an keiner Stelle nachgewiesen werden. Der gesamte erste Teil der Reise, der immerhin einen Zeitraum von fünf Monaten umfaßt, bringt kaum mehr Informationen als über die Kälte einiger Gebiete und die politischen Gespräche mit den lokalen Herrschern - Ibn Faḍlān gibt eine anschauliche Darstellung über die Erlebnisse während dieser Zeit und die für die Erfüllung der politischen Mission wichtigsten Ereignisse; dieser Teil der Riḥla präsentiert sich als unterhaltsam und spannend geschriebener Erlebnisbericht ohne geographische Intention.

Von nun an, da die Gesandtschaft zu den Turkstämmen vorgedrungen ist, ändert sich der Darstellungsstil der Riḥla. Ibn Faḍlān betritt ein Gebiet, das ihm völlig fremd ist und dem er sichtlich mit Erstaunen und oftmals mit Erschrecken gegenüber steht. Das Leben, die Sitten und Gebräuche der Turkstämme stehen nun im Mittelpunkt der Darstellung, wobei die Beschreibung wieder dem chronologischen Reiseablauf folgt. So werden nacheinander die Verhältnisse bei den Oguzen,[1] Petschenegen,[2] Baschkiren,[3] Saqāliba,[4] Rūs[5] und Chazaren[6] geschildert, aber nun wendet sich Ibn Faḍlān's Interesse - neben der Darstellung der Politischen Mission - im Detail der fremdländischen und für ihn barbarischen Lebensweise zu. Stammesrecht und -gesetz, die Formen menschlichen Zusammenlebens, Reinlichkeitsvorschriften, Eß- und Trinkgewohnheiten, Gastrecht und religiöse Anschauungen werden ebenso dargestellt wie Physiognomie und Charakter der Stammesangehörigen.

Obwohl Ibn Faḍlān auch gelegentlich die Landschaft schildert - so z. B. den Fluß Ǧayiḫ[7] oder den Lagerplatz an einem See[8], - liegen die Prioritäten eindeutig auf Zusammenhängen, die man ethnographischen, wenn nicht sogar anthropogeographischen Kategorien zuordnen würde. Ausführliche Darstellungen der Landschaftsphysiognomie finden sich so gut wie nie, und die Erwähnung oder kurze Beschreibung eines Sees, Flusses, Tales, Gebirges, Bewuchses oder anderer physiogeographischer Erscheinungen geschieht entweder, um den Standort der Delegation zu klären - so werden z. B. mehrere Male Flüsse genannt, die überquert werden mußten, wenn die Delegation von einem Haupttreisepunkt zum anderen gelangen wollte, oder dann, wenn eine Erscheinung als außergewöhnlich empfunden wird wie im Falle des Nordlichts, das wie folgt geschildert wird:[9]

> "Ich habe in seinem (des Königs) Lande soviel Wunderdinge gesehen, daß ich sie nicht aufzuzählen vermöchte. Dazu gehört (folgendes): In der ersten Nacht, die wir in seinem Lande zubrachten, habe ich (...) eine Stunde vor dem Sonnenuntergang den Horizont gesehen, wie er stark gerötet war und ich hörte in der Luft ein lautes Getöse und starkes rauhes Röcheln. Ich erhob meinen Kopf; da (schwebte) rotes Gewölk, wie Feuer in meiner Nähe, und jenes Röcheln und die Töne (kamen) aus ihm; wobei man darin (in diesem Gewölk) menschen- und pferdeähnliche (Gestalten) sah und man (...) der (fernen) undeutlichen Gestalten, die eine Ähnlichkeit mit Menschen hatten, (...) und Schwerter (bemerkt), die ich deutlich erkennen oder mir vorstellen konnte. Und da schwebte ein anderes, ähnliches Korps (der Wolken), in dem ich wieder Männer, Pferde und Waffen sah. Da begann jenes Korps (der Wolken) dieses anzugreifen, wie eine Reitertruppe die andere angreift. Wir erschraken darob (ob dieser Erscheinungen) und begannen Gott demütig zu bitten und anzuflehen, während sie (die Bulgaren) über

---

1) Togan: Reisebericht, § 20 - 37
2) ebd. § 38
3) ebd. § 40 - 42
4) ebd. § 44 - 81
5) ebd. § 80 - 93
6) ebd. § 98 - 103
7) ebd. § 39
8) ebd. § 71
9) Verbreitungsgebiet der Wolgabulgaren: untere Wolga - Chazaren; mittlere Wolga - Bulgaren; äußerster Norden - Saqālib. Der Bericht über das Nordlicht ist also glaubwürdig. Togan: Reisebericht, S. XXVII

uns lachten und sich über unser Tun verwunderten.

(...) Wir beobachteten immer wieder, wie ein Teil (der Wolken) den andern angriff, wie sie sich beide ein andres Mal miteinander vermischten, darauf sich wieder trennten. Dieser Zustand dauerte noch eine Stunde in der Nacht an, dann verschwanden beide (Gruppen der Wolken). Da fragten wir den König danach. Er meinte, seine Vorfahren pflegten zu sagen, daß diese (Erscheinung) zu den Gläubigen und Ungläubigen der Geister (...) gehören und sie sich jeden Abend bekämpfen, und daß sie diesen (Kampf) niemals auslassen, solange sie nur jede Nacht da sind."[1]

Ganz eindeutig wird diese Naturerscheinung in den Bereich des Exzeptionellen, ja Wunderbaren verwiesen, wie der erste Satz des Zitats verdeutlicht, und obwohl Ibn Faḍlān trotz der Wirkung, die diese Erscheinung auf ihn ausgeübt hat, um eine relativ sachliche Darstellung bemüht ist, umschreibt er doch seine Beobachtung in Bildern, so daß die Schilderung einen eher literarischen als einen nüchtern-sachlichen Charakter erhält. Nicht das Erstaunen des Wissenschaftlers kommt hier zum Ausdruck, sondern der ganz subjektive Erlebniseindruck des Reisenden, der sich plötzlich mit diesem Phänomen konfrontiert sieht und später ganz naiv wiedergibt, welche Gedanken umd Empfindungen sich bei der Betrachtung bei ihm einstellten, wobei nicht die tatsächliche Gestalt der Wolkenfelder beschrieben, sondern eine bildliche Darstellung gewählt wird.

Der übrige Themenkatalog mit dem Schwergewicht auf kulturellen und anthropogeographischen Zusammenhängen vermittelt - auch aus heutiger Sicht - eine sehr glaubwürdige und gut beobachtete Darstellung der Lebensweise der besuchten Stämme. Für den Muslim zu jener Zeit hat sich dieser Bericht wahrscheinlich wie eine Aneinanderreihung von Wunderlichkeiten präsentiert, für die das 10. Jahrhundert stets offen war. Die Thematik wird hauptsächlich von der Funktion Ibn Faḍlān's als Inspekteur der religiösen Verhältnisse bestimmt, die ja für den Muslim nicht nur den engen Bereich des geistlichen Lebens umfassen, sondern im täglichen Leben ihren Niederschlag finden. Die zivilisierten islamischen Völker richteten ihr Leben nach der Šarīʿa, dem durch die Religion vorgegebenen kanonischen Recht aus, das für alle Lebensbereiche bestimmte normative Verhaltensweisen vorsah.[2] Die zum Teil heidnischen, zum Teil halbislamisierten Turkvölker aber lebten nach der Darstellung Ibn Faḍlān's nicht nach der Šarīʿa, sondern nach eigenen Stammesgesetzen und -riten, die sich nur schwer mit der Šarīʿa in Einklang bringen ließen und bei jedem Muslim Verachtung und Entsetzen hervorrufen mußten.

Diese Haltung kommt in der Riḥla immer wieder zum Ausdruck. Ibn Faḍlān, mit der Überwachung der religiösen Zustände betraut, schildert vornehmlich Dinge, die jeder zivilisierte Muslim aufgrund seiner Kenntnis der religiösen Vorschriften beurteilen konnte: Schlangen- und Fischanbetung, Idolatrie,[3] Phalluskult,[4] die Art, wie das Freitagsgebet gehalten wird,[5] Wortlaut des Gebetsrufes,[6] Verhalten bei tödlichen Unfällen,[7] Totenbestattung[8] u. v. a. Diese Dinge zu beobachten und darzustellen war die offizielle Aufgabe Ibn Faḍlān's in der Gesandtschaft, und so nimmt es nicht wunder, daß der größte Teil der Riḥla aus der Schilderung jener Verhältnisse besteht.

---

1) Togan § 49
2) vgl. S.10 Fußnote 5
3) Togan: Reisebericht, § 42
4) ebd. § 41
5) ebd. § 47
6) ebd. § 48
7) ebd. § 64
8) ebd. § 84

Hier liegt das Hauptinteresse des Verfassers, nicht auf einer möglichst vollständigen Erfassung der Umwelt. Zusammenhänge, die im Rahmen einer geographischen Abhandlung von größtem Interesse wären, werden von Ibn Faḍlān unter religiösen Aspekten gesehen, so daß weniger das Phänomen an sich im Mittelpunkt der Darstellung steht als zunächst seine Bedeutung für die religiöse Pflichterfüllung wie im folgenden Beispiel:

"Ich trat in mein Zelt und mit mir ein Schneider des Königs, ein Mann von den Bewohnern Baghdads, der in diese Gegend gekommen war, um uns zu unterhalten. Wir unterhielten uns etwa so lange, wie jemand braucht, um etwa die Hälfte des Siebentels (des Korans) zu rezitieren,[1] während wir auf den Āḏān-Ruf zum Nachtgebet[2] warteten. Da ertönte der Āḏān, und wir gingen aus dem Zelte, während bereits die Morgendämmerung angebrochen war. Nun sagte ich zu dem Mu'aḏḏin: "Welchen Āḏān hast du gerufen?" Er sprach: "Den Āḏān zum Morgengebet." Ich sagte: "Was ist es denn mit dem Spätnachtgebet?" Er sprach: "Wir beten es mit diesem Sonnenuntergangsgebet zusammen." Ich sagte: "Und die Nacht?" Er sprach: "Wie du siehst, sie war noch kürzer als jetzt, aber sie nimmt (...) in der Länge zu." Und er (...) erzählte, daß er seit einem Monat aus Furcht, das Morgengebet zu versäumen, nicht schlafe. Denn es ist so, daß, wenn man den (Fleisch-) Topf zur Zeit des Sonnenuntergangsgebets aufs Feuer setzt, das Morgengebet schon verrichtet ist und die Zeit immer noch nicht da ist, daß es (...) gar ist."[3][4]

Nicht die Tatsache, daß Tag und Nacht in den besuchten Gebieten kaum voneinander zu unterscheiden sind wegen der hohen nördlichen Position, interessiert Ibn Faḍlān, sondern zunächst nur die Bedeutung dieser Erscheinung für die Verrichtung des Gebets. Erst auf diese Passage folgt eine detaillierte Schilderung von Tages- und Nachtdauer und von den Erscheinungen der Mitternachtssonne,[5] ohne daß fortwährend ein Bezug zur Religion hergestellt wird - die Prioritäten der Darstellung liegen auf der Darstellung der religiösen Verhältnisse.

Ein weiterer großer Teil der behandelten Themen ergibt sich aus den Beobachtungen, die sich nicht unmittelbar aus Ibn Faḍlān's Auftrag ergeben. So berichtet er von einem großen Baum, den die Saqāliba anbohren, um ihm eine trinkbare Flüssigkeit zu entnehmen,[6] oder von einem großen Tier, auf das die Saqāliba Jagd machen - Dinge also, die ihm persönlich zum Teil sicherlich sehr merkwürdig vorkommen und ihn beeindruckt haben. Viele Einzelheiten sind kulturhistorisch noch heute von großer Wichtigkeit: So schildert Ibn Faḍlān auch die Erzeugnisse aus handwerklicher und agrarischer Produktion, gibt einen Überblick über Flora und Fauna, über Zeltbauweisen und Nahrung verschiedener Stämme, wenn auch nicht in einer systematisierten Form.

In der Zusammenschau können sich die dargestellten Objekte in drei Gruppen zusammenfassen lassen:

1. Die durch die Funktion Ibn Faḍlān's bestimmten Themen; sie nehmen den größten Teil der Riḥla in Anspruch. Da Ibn Faḍlān zwei Aufgaben in der Delegation zu erfüllen hatte, nämlich einmal die Überwachung der religiösen Verhältnisse und zum anderen die des Sekretärs des Kalifen, lassen sich zwei Untergruppen erkennen:
   a. Themen, die mit der Erfüllung der politischen Mission in Zusammenhang stehen - hierunter sind die Berichte über die Empfänge bei den Herrschern, die Verhand-

---

1) das ist eine Zeitspanne von mindestens zwei Stunden. Vgl. Togan: Reiseb., S. 53,Note2
2) āḏān - Ruf zum Gebet
3) Togan: Reisebericht, § 50
4) Zu den täglichen fünfmaligen Gebetspflichten gehören das Sonnenuntergangsgebet, "das nach dem Sonnenuntergang und vor dem Verschwinden der Abenddämmerung verrichtet werden muß", das Nachtgebet und das Morgengebet. Wenn Abend- und Morgendämmerung nicht zu unterscheiden sind wie im Sommer der nördlichen Regionen, bis zu denen die Delegation vorgedrungen war, mußten sich hinsichtlich der Einhaltung der Gebetszeiten zwangsläufig Schwierigkeiten ergeben. Vgl. Togan: Reisebericht, S. 53 Note 4 und S. 54 Note 1 und 4.
5) Togan: Reisebericht, § 5o. S.S.25 Fußnote 9
6) ebd. § 55

lungen mit den Oberhäuptern zu fassen.

b. Themen, die mit der Erfüllung des religiösen Auftrags zusammenhängen - dazu gehören alle Berichte über die Gesetzgebung, Stammesrecht und -riten und die Religionsausübung.

2. Themen, die glaubwürdig verschiedene Beobachtungen Ibn Faḍlāns behandeln. Dazu gehört die Darstellung des Klimas, vieler Pflanzen, der Bau- und Lebensweise der Stämme, die Angaben über Viehzucht, Jagd, Steuerpflicht, Hofhaltung und Kriegsführung sowie viele andere wertvolle Einzelangaben; sie vermögen eine gute Vorstellung von den Verhältnissen im 10. Jahrhundert zu geben und sind auch im heutigen Sinn als geographisch relevant zu bezeichnen.

3. Themen, die in den Bereich der Wunder- und Fabelliteratur verwiesen werden müssen. Hierzu gehören verschiedene Legenden, die Ibn Faḍlān zwar nicht als eigene Beobachtungen ausgibt, die er aber kommentarlos von anderen übernimmt. Besonders sei auf die Geschichte von dem Riesen verwiesen,[1] die der König der Saqāliba erzählt und die Ibn Faḍlān so wiedergibt, als ob er an ihrer Wahrheit keinen Zweifel hege. Erfreulicherweise finden sich nur sehr wenige solcher Stellen.

Die von der Funktion Ibn Faḍlān's bestimmten Themen dominieren gegenüber allen anderen. So kann die Riḥla von der Thematik her eindeutig als Gesandtschaftsbericht klassifiziert werden, der ganz andere als geographische Ziele verfolgt. Die geographischen Einzelfakten, die ohne Zweifel von Wert sind, werden von Ibn Faḍlān sicherlich nicht mit der Absicht übermittelt, der Riḥla eine geographische Richtung zu geben; sie erscheinen vielmehr in einer Reihe von Beobachtungen, die zufällig auch solche Objekte umfassen, die als geographisch relevant bezeichnet werden können. Die Themengestaltung belegt, daß Ibn Faḍlān seinen Reisebericht entsprechend seiner Funktion in der Gesandtschaft konzipierte, nicht aufgrund geographischer Intentionen.

b. Das Arrangement der Themen

Eine Untersuchung des Arrangements der Themen innerhalb der größeren Abschnitte läßt keine systematische Konzeption erkennen, die Ibn Faḍlān seiner Darstellung zugrundelegen würde. Ibn Faḍlān trägt seine Beobachtungen und Informationen in der Riḥla so zusammen, wie sie ihm im Gedächtnis haften geblieben sind. Obwohl bei allen dargestellten Stämmen die Priorität meist auf der Schilderung der religiösen, politischen und stammescharakteristischen Verhältnisse liegt, kann eine feste Reihenfolge der beschriebenen Objekte nicht festgestellt werden, auch wird nicht jeder Stamm unter den gleichen Gesichtspunkten gesehen und für gleichermaßen interessant gehalten. So stellt Ibn Faḍlān bei den Oguzen wesentlich mehr Beobachtungen an als bei den Baschkiren und Petschenegen, wie die folgende Gegenüberstellung zeigt; sie berücksichtigt dabei die von Ibn Faḍlān eingehaltene Reihenfolge der Objekte:

---

1) Togan: Reisebericht, § 72

Baschkiren[1]	Petschenegen[2]	Oguzen[3]
Tapferkeit	Siedlungsort	Siedlungsweise
Mordlust	Physiognomie	Anthropolatrie
Bartwuchs	Bartwuchs	Beratungsverfahren
bes. Gewohnheit	Armut	rel. Heuchlertum
Phalluskult	Schafzucht	bes. Gewohnheit
Gottesvorstellung		Reinlichkeit
Tieranbetung		Verschleierung der Frau
		Verfahren bei Ehebruch
		rel. Vorstellungen
		Heiratsbräuche
		rituelle Reinheit
		Gastrecht
		Homosexualität
		Begegnung mit Stammesfürsten
		Begegnung mit feindlichem Türken
		Krankenpflege
		Bestattungszeremonie
		Bartwuchs
		Empfang beim Oberhaupt
		Jagdkunst
		Gefahren
		Bootsbauweise

Sowohl die Zahl der dargestellten Gegenstände als auch die Reihenfolge der Themen ist also nicht festgelegt. Ibn Faḍlān unternimmt keinen Versuch, die Menge des Materials nach bestimmten Gesichtspunkten zu ordnen - Beobachtung wird zu Beobachtung gefügt, eine Systematisierung nicht vorgenommen, so daß die Darstellung enzyklopädischen Charakter annimmt.

Ibn Faḍlān bewegt sich mit einem solchen Arrangement ganz im Rahmen der intellektuellen Ansprüche seiner Zeit, die keine Maßstäbe für die Beobachtung und ihre Darstellungsweise entwickelte, die mehr als das bloße Anhäufen von Einzelfakten verlangten.[4] Eine methodische Erfassung der Umwelt und eine planmäßige Verarbeitung der Beobachtungen lag außerhalb der Tradition, die im Laufe der Jahrhunderte in enzyklopädischer Weise Information zu Information sich hatte fügen lassen und die Möglichkeit einer methodischen und systematisierenden Betrachtungsweise nicht in den Blickwinkel eines Verfassers rücken ließ.[5] So präsentiert sich die Riḥla vom Arrangement der Themen her als Produkt der zeitgenössischen Tendenzen.

3. Die formale Gestaltung

Mehrere Anhaltspunkte deuten darauf hin, daß die Riḥla keinen wissenschaftlichen Anspruch erheben wollte.

Wie bereits ausgeführt, hatte sich im Laufe der Jahrhunderte ein Textmodell entwickelt, an das sich alle schriftlichen Texte möglichst anzugleichen hatten, wollten sie im islamischen Kulturkreis akzeptiert werden. Für die Arbeiten mit wissenschaftlichem Anspruch bestanden darüber hinaus von der Tradition determinierte Gesetze, die einzu-

---

1) Togan: Reisebericht, § 4o - 42
2) ebd. § 38
3) ebd. § 2o - 37
4) vgl. S. 12
5) vgl. Sellheim: Gelehrte und Gelehrsamkeit, S. 71
vgl. Plessner: Wissenschaften im Islam, S. 12, S. 16 f.

halten eine Notwendigkeit für den Autor war, wollte er sein Werk von den Gelehrten seiner Zeit anerkannt haben.

Die Riḥla des Ibn Faḍlān nun ist vom Verzicht auf derartige Bedingungen gekennzeichnet. Das Fehlen bestimmter Formalia - so das der Basmallah zu Beginn des Buches - mag auf den Fragmentcharakter der Riḥla in der Meschheder Handschrift zurückgehen, aber auch innerhalb des Reiseberichtes finden sich kein Koranzitat, das eine Beobachtung belegen und stützen, kein Ḥadīṯ, das zur Verifikation einer These herangezogen würde. Die muslimische Gesinnung wird durch Gespräche Ibn Faḍlān's mit den Stammesoberhäuptern und die zahlreichen kritischen Bemerkungen zu den von der Šarīʿa abweichenden Sitten der nichtislamisierten Stämme zwar herausgestellt, aber keine Beobachtung, keine Theorie findet durch Autoritäten eine Absicherung. Damit enthält sich Ibn Faḍlān eines Instrumentariums, das zum Nachweis der Wissenschaftlichkeit einer Arbeit unverzichtbar war.

In diesem Zusammenhang noch auffälliger ist das Fehlen von älteren, nicht religiösen Autoritäten, auf die sich der Verfasser berufen könnte.[1] Ibn Faḍlān gibt keine Quellen an, die seine Darstellung stützen würden. Er greift im allgemeinen auf die eigenen Beobachtungen zurück, die lediglich durch die Berichte einiger Stammesangehöriger ergänzt werden.[2] Statistiken, astronomische Bücher und anderes Quellenmaterial hat er wohl nicht benutzt, zumindest beruft er sich an keiner Stelle explizit auf die Autoritäten. Diese Haltung erklärt sich aus dem Anlaß von Reise und Reisebericht: Die Intentionen der Arbeit konzentrieren sich auf die politischen und religiösen Verhältnisse, die wiederzugeben Ibn Faḍlān's erste und wichtigste Aufgaben waren.[3] Seine Dienstherren waren am Ablauf der Reise interessiert, nicht an einer wissenschaftlichen Abhandlung. So wird am Verzicht auf traditionelle wissenschaftliche Hilfsmittel der Charakter der Riḥla deutlich: sie ist die Wiedergabe der Reise in der Form der Länderbeschreibung ohne wissenschaftlichen Anspruch.

III. Die Riḥla - eine länderkundliche Abhandlung?

Ibn Faḍlān wird in der Moderne weithin zum Kreis der deskriptiven Geographen gezählt,[4] zumindest aber als "traveller-geographer"[5] bezeichnet, zweifellos deshalb, weil er geographische Nachrichten aus den bereisten Gebieten übermittelte, an deren Wert und Zuverlässigkeit nicht zu zweifeln ist. Aber aus der Sicht des Geographiehistorikers erhebt sich die Frage, ob die bloße Übermittlung geographischer Beobachtungen in unsystematisierter Form, ohne einen geographischen Ansatzpunkt und unter außergeographischen Prioritäten, eine derartige Bezeichnung und Zuordnung rechtfertigt.

Es hat sich gezeigt, daß Ibn Fadlān in keiner Weise motiviert war, sich speziell mit geographischen Fragen auseinanderzusetzen. Sein Ansatzpunkt ist bestimmt von der Funktion, die er in der Delegation ausübt, wie die Konzeption der Riḥla sowohl von den inhaltlichen Prioritäten als auch von der chronologischen Anordnung her zeigt. Die Arbeit erhebt keinen geographischen Anspruch, und als wissenschaftlich will sie, wie der Verzicht auf unumgängliche traditionelle Hilfsmittel zeigt, ebenfalls nicht erscheinen. Ibn Faḍlān begreift sich als Reisender in politischer und religiöser Mission, der seine

---

1) vgl. S. 12
2) Diese sind natürlich keine Autoritäten; Togan § 72
3) Togan: Reisebericht, § 1
4) z. B. Ruska: Zur geogr. Lit. im islamischen Kulturbereich. In: GZ Bd. 33 (1927), S. 590
Blachère/Darmaun: Extraits, S. 96
Peschel: Geschichte der Erdkunde, S. 108
5) N. Ahmad: Muslim Contribution to Geography. Lahore 1947, S. 23

Beobachtungen allein unter diesem Aspekt anstellt. Daß diese Beobachtungen zum Teil auch von geographischer Relevanz sind, ist nicht von Ibn Faḍlān beabsichtigt; sie werden zwar mit Neugier registriert, aber nicht systematisiert und zu einer länderkundlichen Konzeption verwendet und erscheinen schließlich genauso zufällig, wie sie erfaßt wurden, im Arrangement der Themen.

Die Anlage der Rihla wird von außergeographischen Interessen bestimmt, wie die Prioritäten der Themen und das chronologische Gliederungsprinzip verdeutlichen. Im Hinblick auf einzelne länderkundliche Notizen kann der Riḥla eine hohe Qualität nicht abgesprochen werden, aber sie stellt weder formal (Syst.) noch inhaltlich (funktionsbedingte Prioritäten) eine länderkundliche Arbeit dar, wenn man sie mit andern vergleicht. Sie ist besser als "Länderbeschreibung" zu bezeichnen, die ohne geographische Intentionen Nachrichten aus fremden Ländern vermittelt.

IV. Thesen zum Werk des Ibn Faḍlān

1. Die Riḥla stellt keine wissenschaftliche Abhandlung dar, da Ibn Fadlān auf die üblichen wissenschaftlichen Hilfsmittel verzichtet.

2. Trotz der Vermittlung vieler länderkundlicher Nachrichten ist die Riḥla kein länderkundliches Werk:
   - Ibn Faḍlān versteht sich als Gesandter in politischer und religiöser Mission. Diesem Umstand trägt er bei der Sammlung von Beobachtungen Rechnung, indem er seine Themen anhand von religiösen und politischen Gesichtspunkten auswählt und beschreibt. Daß viele Beobachtungen auch geographische Relevanz besitzen, ist ein Zufall und von Ibn Faḍlān kaum beabsichtigt.
   - Der außergeographische, auf die Funktion in der Delegation zurückführende Ansatzpunkt Ibn Faḍlān's schließt Überlegungen zu einer länderkundlichen Systematik aus. Nicht einzelne Räume werden dargestellt, sondern Reisestationen, so daß die Gliederung der Riḥla vom zeitlichen Ablauf der Reise bestimmt wird und nicht von einer räumlichen Einteilung.

3. Die Riḥla ist eine Länderbeschreibung unter außergeographischen Vorzeichen, ein Reisebericht im Protokollcharakter; länderkundliche Nachrichten erscheinen in einem Kontext, der nicht als geographisch, sondern als politisch determiniert bezeichnet werden muß. Ibn Faḍlān war wohl ein "traveller", nicht aber ein "traveller - geographer".

B. <u>Abū Dulaf</u> (Werk 943 - 945 n. Chr.)

I. Zu Person und Werk des Verfassers

Vom Leben und von der Person des Abū Dulaf ist nicht viel mehr bekannt als das, was er selbst in seinen Reiseberichten erzählt. Über seinen Geburtsort herrscht Unklarheit, es ist aber anzunehmen, daß er gebürtiger Iranier war.[1] Wie viele Muslime seiner Zeit war auch Abū Dulaf von der Reiselust besessen, die ihn schließlich in die Provinz Ḫurāsān gelangen ließ:

"Als mein Vaterland mir nicht zusagte, da brachte mich die Reise nach Ḫurāsān. Indem

---

1) Blachère/Darmaun: Extraits, S. 93
Minorsky: La deuxième Risāla d'Abū Dulaf. In: Oriens Bd. 7, (1952). S. 24

ich in diesem Lande umherreiste, sah ich..." [1]

Aufgrund zweier erhaltener Reisebeschreibungen ist zu vermuten, daß Abū Dulaf mehrere ausgedehnte Reisen unternommen hat: Die erste Risāla [2] berichtet von einer Reise nach China und Indien, die zweite stellt persische Gebiete dar. [3] Rohr-Sauer vertritt die Ansicht, Abū Dulaf sei ein berühmter Reisender seiner Zeit gewesen, [4] was von der Tatsache untermauert wird, daß der Geograph Yāqūt und der Kosmograph Qazwīnī ihn einige Jahrhunderte später in ihren eigenen Werken als Autorität zitieren. Daneben scheint Abū Dulaf auch auf literarischem Gebiet tätig gewesen zu sein: [5] Brockelmann bezeichnet ihn als "fahrenden Literaten", [6] Minorsky als "Poeten" [7]. Mit Sicherheit kann man davon ausgehen, daß Abū Dulaf um 940 für den Samaniden-Wesir Naṣr b. Ahmad II. (913 - 942) in Buchara tätig war; [8] von dort aus trat er im Jahre 941/42 vermutlich eine Reise nach China und Indien zusammen mit einer chinesischen Gesandtschaft an, die sich auf dem Rückweg befand. [9] Der Bericht über diese Reise liegt uns in der sogenannten ersten Risāla vor, die Gegenstand dieser Untersuchung ist; sie wurde erst nach der Rückkehr und auf Geheiß von Abū Dulafs Dienstherren verfaßt. [10]

Die Angaben über das Leben Abū Dulafs bewegen sich also zum großen Teil bis heute im Bereich der Mutmaßungen. Ähnlich verhält es sich mit der ersten Risāla, von der noch nicht geklärt ist, ob sie eine von Abū Dulaf tatsächlich durchgeführte Reise beschreibt oder lediglich ein Kompendium aus Büchern und Erzählungen anderer Reisender ist. Es existieren verschiedene Theorien über die Echtheit von Risāla und Reise: Minorsky, [11] Grigorieff [12] und Marquart [13] melden Zweifel an der Echtheit der Risāla an, die Untersuchung Rohr-Sauers ist bemüht, das Gegenteil zu beweisen, und Pareja hält Abū Dulaf für einen Mann, "qui prit comme base les récits de voyages oraux de l'Asie Central et de l'Inde". [14]

Von denjenigen, die der Überzeugung sind, Abū Dulaf habe die Reise nach China und Indien niemals unternommen, sondern den Bericht erfunden oder aus anderen Quellen zusammengestellt, wird in erster Linie der krause Verlauf der Reiseroute ins Feld geführt. Tatsächlich kann die Reise nicht so verlaufen sein, wie Abū Dulaf sie angibt: Im ersten Teil der Risāla, der die Strecke zwischen Buchara in Persien und Kantschou in China beschreibt, erwähnt Abū Dulaf einige Turkstämme - Petschenegen, Kunak, Kirgisen und Hitayan, [15] - die er während der Reise kaum oder nur mit riesigen Umwegen besucht haben

---

1) Rohr-Sauer: Des Abū Dulaf Bericht über seine Reise nach Turkestan, China und Indien, Diss., Bonn 1939. S. 17. Die vorliegende Untersuchung bezieht sich auf diese Übersetzung.
2) risāla = Abhandlung, Bericht
3) Minorsky: La deuxième Risāla, S. 24
4) Rohr-Sauer S. 12
5) Minorsky in: EI2, "Abū Dulaf", S. 116
6) Brockelmann: GAL, Suppl. I, S. 407
7) Minorsky in: EI2, "Abū Dulaf", S. 116
8) Brockelmann: GAL, Suppl. I, S. 407
9) Rohr-Sauer S. 17
10) ebd. S. 16, S. 56
11) Minorsky: La deuxième Risāla, S. 24
12) nach Rohr-Sauer, S. 10
13) Marquart: Osteuropäische und ostasiatische Streifzüge. 2. Aufl. Hildesheim 1961, S.83 f.
14) Pareja: Islamologie. Beyrouth 1957 - 1963. S. 881
15) Rohr-Sauer S. 59

kann. Andere Stämme werden so aufgezählt, daß, wären sie tatsächlich in der angegebenen Reihenfolge besucht worden, die Reiseroute nicht den kürzesten Weg beschrieben hätte, sondern im Zickzack verlaufen wäre,[1] was kaum in der Absicht der chinesischen Gesandtschaft gelegen haben dürfte. Die zweite Hälfte der Risāla gibt freilich noch größere Rätsel auf. Folgt man der Reihenfolge der angegebenen Stationen, erhält man einen unwahrscheinlichen, ja unmöglichen Verlauf: Nord-West-Grenze Chinas - malaiische Halbinsel - Westküste Indiens - Hinterindien - Nord-West-Grenze Indiens - Afghanistan - Ostküste Indiens - Westküste Indiens - Pundschab - Küstenprovinz Sind - Siǧistān - Ġaznīn - Siǧistān.[2]

Selbst Rohr-Sauer, der die These vertritt, Abū Dulaf habe die Reise tatsächlich gemacht, muß einräumen, daß die Reihenfolge der einzelnen Stationen auf keinen Fall eingehalten werden konnte.[3] Eine mögliche Erklärung dafür ist, daß Abū Dulaf den Reisebericht erst nachträglich verfaßt und während der Reise selbst keine Aufzeichnungen gemacht hat, so daß ihm schließlich bei der Abfassung aus dem Gedächtnis Fehler unterlaufen sind. Rohr-Sauer vertritt die Ansicht, daß er vielleicht aber auch gar nicht die exakte Route, sondern einfach einen Bericht mit den Dingen, die ihm in Erinnerung geblieben waren, verfassen wollte.[4] Rohr-Sauer versucht damit auch zu erklären, wieso Nachrichten und Fakten, die nachweislich nicht während der Reise bekannt sein konnten, dennoch in den Reisebericht eingegangen sind: Nach seiner Meinung verarbeitete Abū Dulaf bei der nachträglichen schriftlichen Niederlegung alle Informationen, die er über die betreffenden Gebiete erhalten konnte, weil er nicht an der genauen Rekonstruktion des Reiseverlaufs, sondern an einem möglichst aufschlußreichen und vollständigen Reisebericht interessiert gewesen sei.[5]

Demgegenüber verdächtigen insbesondere Grigorieff und Marquart die Risāla, eine Fälschung zu sein. In der Tat stand dem Abū Dulaf in der Bibliothek von Buchara Material über die angeblich bereisten Gebiete zur Verfügung, so daß er zumindest einen Teil des Berichtes geschrieben haben könnte, ohne selbst auf Reisen gewesen zu sein; so versucht Marquart nachzuweisen, daß Abū Dulaf, wenn er überhaupt auf Reisen gegangen sei, nur einige Stämme tatsächlich besucht, andere nur aufgrund fremder Informationen beschrieben haben könne.[6] Am weitestgehenden ist wohl der Verdacht Grigorieffs, der Reisebericht sei gar nicht von Abū Dulaf selbst verfaßt, sondern von einem gelehrten Araber, der den Bericht dem Abū Dulaf unterschoben habe, um dem Werk durch die Koppelung mit einem berühmten Namen zu Ruhm zu verhelfen.[7]

Der Streit um Echtheit von Text und Reise braucht hier nicht weiter verfolgt zu werden; die obige kurze Beleuchtung der damit zusammenhängenden Problematik sollte lediglich verdeutlichen, daß die Risāla unter Vorbehalten zu betrachten ist.

Diese Forderung gilt vor allem im Hinblick auf die Zuverlässigkeit der geographischen Angaben, die für die Forschungen der Historischen Geographie wichtig werden. Für die Geographiegeschichte und die anfangs entwickelte Fragestellung dieser Arbeit ist dieses Problem untergeordneter Natur, weil es auf die Prüfung der Frage, ob hier eine wissenschaftliche Länderkunde vorliegt, keinen Einfluß hat.

Es ist notwendig, einen Blick auf den Anlaß der Reise zu werfen. Aus dem Text der Risāla geht hervor, daß Abū Dulaf am Hof von Naṣr b. Ahmad II. mit der Gesandtschaft eines chinesischen Fürsten zusammenkam,[8] die zwischen Naṣr und ihrem Auftraggeber eine Heirats-

---

1) Rohr-Sauer S. 55
2) ebd. S. 71
3) ebd. S. 71
4) ebd. S. 71
5) ebd. S. 56
6) ebd. S. 11
Marquart: Osteuropäische Streifzüge, S. 83 f.
7) nach Rohr-Sauer, S. 12
8) vgl. Rohr-Sauer, S. 40

angelegenheit aushandeln sollte. Nach Abwicklung dieses Geschäfts begab sich die Delegation auf den Rückweg nach China, und Abū Dulaf "(...) nahm die Gelegenheit wahr, mit ihnen nach China zu reisen, (...)"[1]. In einer anderen Übersetzung heißt es: "Ich hielt dies für eine passende Gelegenheit, das Land el-Sīn [China] (...) kennen zu lernen(...)".[2]

Beide Übersetzungen zeigen, daß sich der Anlaß der Reise für Abū Dulaf eher zufällig ergibt. Es bietet sich ihm die Möglichkeit einer großen Reise aufgrund politischer Umstände, auf die er selbst keinen Einfluß hat. Diesen Anstoß greift er sogleich auf. Sicherlich hätte er auch jede andere Gelegenheit wahrgenommen, denn er gehört sicherlich zu jenen wißbegierigen Abenteuernaturen, die für das 10. Jahrhundert geradezu charakteristisch sind. Selbst wenn die Risāla eine Fälschung darstellt, selbst wenn Abū Dulaf nicht in China und Indien gewesen sein sollte, so stellt er sich doch seinen Zeitgenossen mit der Risāla und dieser Motivation als glaubwürdig dar, weil derartige Reiseanlässe durchaus nichts Ungewöhnliches waren.[3] Mit Abū Dulaf lernen wir einen Reisenden kennen, der wohl kaum geographische, historische oder andere wissenschaftliche Ambitionen hatte, sondern der auf Geheiß seiner Dienstherren und zur Befriedigung seiner Wißbegier, seines Interesses an fremden Ländern hinauszog, wofür ihm jede sich bietende Gelegenheit recht war.[4]

II. Die Risāla von der Reise nach China und Indien

1. Die Einleitung

Der Bericht beginnt nicht - wie in der islamischen Literatur allgemein üblich - mit der Basmallah,[5] sondern mit einer kurzen Darstellung des Anlasses, aus dem Abū Dulaf die Risāla verfaßt hat: Seine Dienstherren haben ihn dazu animiert; er selbst äußert den Wunsch, seine Abhandlung möge allgemein gefallen.[6] Darauf folgt der übliche Lobpreis Gottes, in den zugleich das Programm der Risāla eingeflochten ist:

"Ich fange an nach dem Lobe Gottes und dem Preise seiner Propheten mit dem Bericht über die östlichen Wege und die Verschiedenheit ihrer Regierung und den Unterschied in ihrer Verwaltung und die Mannigfaltigkeit ihrer Sitten und die Häuser ihres Gottesdienstes und die Erhabenheit ihrer Könige und die Entschlüsse ihrer Verwalter und die Rangordnung derer, die unter ihnen den Befehl haben, denn die Kenntnis von diesen Sachen erweitert die Einsicht und ist für das Leben nötig. Gott, der Mächtige und Erhabene, hat die Aufmerksamen und Nachdenkenden besonders dafür (für das Reisen) auserwählt und die verständigen und einsichtsvollen Leute damit beauftragt, denn er - mächtig ist sein Name - hat gesagt: Haben sie nicht die Erde bereist und haben sie nicht gesehen, wie das Ende derer war, die vor ihnen lebten, die stärker als sie an Kraft waren und die Erde aufgegraben und sie in größerem Maße bebaut haben, als sie dieselbe bebaut haben?[7] Ihre Gesandten haben ihnen deutliche Zeichen gebracht, und Gott hat ihnen kein Unrecht getan, sondern sie haben sich selbst Unrecht getan. Er

1) vgl. Rohr-Sauer S. 17
2) Wüstenfeld: Des Abū Mis'ar Ben el-Mohelel Bericht über die türkischen Horden. In: Zschr. f. Vergleichende EK, 1. Jg., Bd. 2 (1842). S. 208
3) Sellheim: Gelehrte und Gelehrsamkeit, S. 64
4) Gerade eine solche Reise durch viele nicht-islamische Provinzen stellte ein großes Wagnis dar. Wenn auch die Reise in einer großen Gruppe eine gewisse Sicherheit bot, so konnten doch feindliche Angriffe von außen nicht ausgeschlossen werden. Ein weiterer Unsicherheitsfaktor war, daß wohl der größte Teil der Karawane aus Mitgliedern der chinesischen Gesandtschaft bestand, deren Reaktion in schwierigen Situationen kaum einschätzbar gewesen sein dürfte. Es gehörte schon eine außergewöhnliche Neugier und eine Portion Abenteuerlust dazu, eine solche Reise zu unternehmen.
5) vgl. S. 12
6) Rohr-Sauer S. 16
7) vgl. Sure 35, 44

hat es zum vorgeschriebenen Gebot gemacht, und die Beschäftigung mit dem, was von Spuren weit entfernt war, hat er unbedingt befohlen. (...) Ich habe um den kräftigsten Beistand (Gottes) gebetet und habe die Fehler gemieden, und er ist der Verwalter meiner Beglückung, indem er vor jenen bewahrt, und er ist der Mächtige und der Weise."[1]

Es ist lohnenswert, diese Einleitung in ihre Bestandteile zu zerlegen. Sie beginnt mit der Ankündigung dessen, was Abū Dulaf beschreiben will, also einer Art Programm, fährt dann fort mit einer allgemeinen, religiösen Begründung der Reisetätigkeit, mit dem Lobpreis Gottes und endet mit einer Bitte um göttlichen Beistand für das begonnene Werk.

Mit Ausnahme der programmatischen Äußerungen haben alle Teile einen engen Bezug zur Religion. Abū Dulaf hält damit am traditionellen Textmodell fest. Die Basmallah erscheint zwar nicht im wörtlichen Zitat, ist jedoch in modifizierter Form im Lobpreis Gottes enthalten. Ebenso normgerecht verhält sich Abū Dulaf, wenn er Gottes Beistand für die Bewältigung seiner Aufgabe anruft und ein Koranzitat einflechtet.[2][3] Gleichzeitig kann er sein Reiseunterfangen nachträglich rechtfertigen: Das Koranzitat belegt die Nützlichkeit von Reisen, die in diesem Zusammenhang als ein göttliches Gebot erscheinen. Es zeigt sich die enge Verflechtung zwischen Religion und profaner Welt - in diesem Fall repräsentiert durch Reisen -, die nicht nur die Geographie betrifft, sondern überhaupt charakteristisch ist für den mittelalterlichen arabischen Kulturraum.

Die Nützlichkeit von Reisen wird von Abū Dulaf mit der Zitierung der Koranstelle besonders unterstrichen: "Haben sie nicht die Erde bereist und haben sie nicht gesehen, wie das Ende derer war, die vor ihnen lebten..." - dieser Vers macht Reisen zu einem Instrument, das die menschliche Unzulänglichkeit erkennen läßt und den Blick des Reisenden auf die Allmacht Gottes lenkt. Reisen werden gesehen unter dem Aspekt der Nützlichkeit für Diesseits und Jenseits.[4] So ist es auch zu verstehen, daß Gott nicht jedermann, sondern nur die Einsichtsvollen, Verständigen und Nachdenkenden dafür auserwählt, denn nur diese sind in der Lage, die Nützlichkeit von Reisen zu erkennen und diese Erkenntnis weiterzugeben, weil sie über die entsprechenden intellektuellen und moralischen Fähigkeiten verfügen. Mit dieser Begründung seiner Reisetätigkeit braucht Abū Dulaf keine Kritik der ʿUlamā[5] zu fürchten, denn er steht im Einklang mit der Religion.

Die kurze Einleitung Abū Dulafs zu seinem Reisebericht weist in einigen essentiellen Punkten auf die Grundbedingungen islamischer Reiseliteratur allgemein hin. Die Einleitung dokumentiert die enge Verbundenheit zwischen der Religion und der profanen Welt: Durch das Festhalten an tradierten, durch die Koranwissenschaften vorgegebenen Formen (Textmodell), gibt sich der Schreiber als Mitglied der umma, der islamischen Gemeinschaft zu erkennen und zeigt sich im Einklang mit anerkannten Wertvorstellungen, die durch den Islam determiniert sind.

2. Die Reisebeschreibung

Bereits in der Einleitung skizziert Abū Dulaf kurz, was er im Reisebericht schildern

---

1) Rohr-Sauer S. 16 f.
2) Sure 35, 44
3) Kramers: La littérature géographique, S. 174
vgl. S.13 dieser Arbeit
4) vgl. S.14
5) vgl. S.10

will:

"(...) die östlichen Wege und die Verschiedenheit ihrer Regierung und den Unterschied in ihrer Verwaltung und die Mannigfaltigkeit ihrer Sitten und die Häuser ihres Gottesdienstes und die Erhabenheit ihrer Könige und die Entschlüsse ihrer Verwalter und die Rangordnung derer, die unter ihnen den Befehl haben (...)".[1]

Diese programmatische Zusammenstellung legt das Schwergewicht weniger auf "geographische" Phänomene, sie läßt vielmehr eine Darstellung der Verwaltung anderer Provinzen vom regierenden Herrscher bis zu den unteren Rängen erwarten. Auszuschließen ist auf jeden Fall eine rein geographische Darstellung, was sich schon aus der Motivation - allgemeine Neugier an fremden Ländern, die nicht weiter spezifiziert ist -, ergibt.

Der Reisebericht zerfällt nach der Einleitung in zwei Teile, sowohl was die Darstellungsweise als auch die Themenwahl angeht. Der erste Teil umfaßt das Itinerar von Buchara bis Kantschou (Sindābil) in China, das von Abū Dulaf als Ziel der Reise angegeben wird, da Kantschou der Sitz des chinesischen Herrschers war, dessen Delegation Abū Dulaf begleitete. Im zweiten Teil der Risāla schildert der Verfasser verschiedene Lokalitäten in Süd-Ost-Asien, wobei die Reihenfolge, wie schon eingangs vermerkt, kaum als glaubwürdig zu bezeichnen ist.

a. Der erste Teil der Reise - Aufbau und Inhalt

In diesem Teil zählt Abū Dulaf nacheinander elf türkische Stämme und vier feste Siedlungen auf, wobei er jedem Stamm oder Ort bestimmte Charakteristika zuordnet. Auffällig ist, daß kein fester Katalog von darzustellenden Erscheinungen beschrieben wird: Lediglich die Angabe über die Länge der dort verbrachten Zeit, die Sicherheitsverhältnisse bei den fremden Stämmen sowie Notizen über die Hauptnahrungsmittel der Bewohner können - von wenigen Ausnahmen abgesehen - als ständig wiederkehrende Fixpunkte der Darstellung bezeichnet werden; alle anderen Angaben variieren sowohl in Themenwahl und Reihenfolge als auch in der Breite der Darstellung. Um einen Eindruck von der Darstellungsweise zu vermitteln, sei eine für diesen Teil typische Schilderung zitiert:

"Dann gelangten wir zu einem Stamm, der at-Toġuzġuz heißt. Sie essen die Tiere, die geschlachtet und nicht geschlachtet worden sind.[2] Sie kleiden sich mit Baumwolle und Filz. Sie haben kein Haus des Gottesdienstes. Sie achten die Pferde sehr hoch und können sich gut auf ihnen festhalten. Sie haben einen Stein, der das Blut stillt, wenn er bei jemand angewandt wird, der ein Nasenbluten oder einen (anderen) Blutverlust hat. Sie feiern ein Fest, wenn ein Regenbogen erscheint. Ihr Gebet richtet sich nach dem Untergang der Sonne. Ihre Standarten sind schwarz. Wir reisten zwanzig Tage unter ihnen in großer Angst."[3]

Erster und letzter Satz bilden eine Art Grundgerüst, das bei den meisten beschriebenen Stämmen wiederkehrt. Die Darstellung beginnt mit der Nennung des Stammes und endet mit der Reisedauer und/oder dem dort empfundenen Sicherheitsgefühl, das Zwischenstück wird beliebig gefüllt mit Angaben, die Abū Dulaf für erwähnenswert hält. Die Beschreibungen präsentieren sich als punktuelle Einzelbeoabachtungen, die nicht nach einem bestimmten System oder in einer festgelegten Reihenfolge dargestellt werden; Abū Dulaf schreibt

---

1) Rohr-Sauer S. 16
2) d. h. sie essen auch unreines Fleisch nach islamischer Auffassung
3) Rohr-Sauer S. 22

das nieder, was ihm gerade einfällt.[1]

Abū Dulaf vermittelt anhand von sehr kurzen Einzelangaben eine Vorstellung von den besuchten Stämmen. Er trennt die einzelnen Stämme voneinander ab, indem er auch formal durch das oben beschriebene Grundgerüst eine Abgrenzung vornimmt. Die Einteilungskriterien sind dabei unterschiedlicher Art: Einmal werden Stämme, also politisch-ethnische Organisationen, beschrieben, ein anderes Mal stellt Abū Dulaf Ortschaften dar, die er undifferenziert etwa im Sinne von "Anhäufung von Menschen und Gebäuden" versteht. Dem liegt ein sehr einfaches Raumverständnis zugrunde: Es wird Abū Dulaf nicht bewußt, daß Stämme und Städte das Land in einer bestimmten Weise strukturieren, auch vermag er keinen Unterschied zwischen beiden räumlichen Organisationsformen zu erkennen. Er beschreibt gerade das, was er gesehen hat: Einmal war es eben ein Stamm, ein anderes Mal eine feste Siedlung - beides wird als gleichrangig aufgefaßt und keines in seiner Bedeutung für den Raum erfaßt.[2] Abū Dulaf gibt ganz naiv seine Beobachtungen und Informationen über fremde Länder wieder, eine geographische Absicht ist wohl kaum zu unterstellen.

Das zeigt sich nicht nur im Raumverständnis, sondern auch am Gliederungsprinzip des Reiseberichtes: Es wird eine Etappe nach der anderen beschrieben, maßgebend ist - mit den vorher gemachten Einschränkungen - die chronologische Reihenfolge der Reisestationen, die zufällig einmal einen Stamm, einmal eine Stadt hintereinander aufweist. Der Bericht des Abū Dulaf enthält keinen Ansatz eines geographischen Gliederungsprinzips, wie es z. B. bei seinen Zeitgenossen Iṣṭaḫrī und Ibn Hauqal erscheint. Die Abhandlung nach der Reihenfolge der besuchten Stationen zeigt eher eine Verwandtschaft zwischen Abū Dulaf und Ibn Faḍlān als Parallelen zu dem Zeitgenossen Iṣṭaḫrī: Den beiden ersteren ist kein speziell geographisches Interesse nachzuweisen, sie haben ein sehr viel allgemeineres, der Zeit durchaus adäquates Interesse an fremden Ländern, das eine speziell geographische oder gar wissenschaftliche Fragestellung nicht erfordert. Zwanzig Jahre nach der Reise des Ibn Fadlān zu den Wolga - Bulgaren ist die arabische Kultur immer noch offen für spannende und unterhaltende Berichte aus unbekannten Regionen, die nicht als fachorientierte, wissenschaftliche Abhandlungen verstanden werden.

Im Hinblick auf den Inhalt kann also eine systematische Abhandlung der Gegenstände nicht festgestellt werden; sie erwecken den Eindruck von Einzelbeobachtungen, die bei wechselnder Thematik und nicht festgelegter Reihenfolge variieren. Der Themenkatalog ist umfangreich, wobei zu prüfen bleibt, ob er sich mit dem Programm der Einleitung deckt.

Da Abū Dulaf im allgemeinen auf jedes Phänomen, jede Beobachtung nur einen einzigen Satz zur Beschreibung verwendet (vgl. das Zitat auf S. 36), kann man sich leicht anhand einer Auszählung einen Überblick über die vermittelten Inhalte und die Breite der Darstellung verschaffen. Die folgende Erhebung umfaßt alle Nennungen, die zwischen den Stationen al-Harkah[3] und al-Qulaib[4] erfolgen; Kantschou und die vorherigen Grenzstationen sind nicht typisch für diesen Teil der Risāla und werden daher nicht einbezogen.

---

1) Das genügte ja auch durchaus den damaligen Ansprüchen an literarische oder wissenschaftliche Werke, da auf eine methodische Gestaltung und Darstellungsweise, wie anfangs gezeigt, kein Wert gelegt wurde. Vgl. S. 12 f.
2) vgl. dagegen Hamdānī und die Balḫī-Schule, die ein sehr viel differenzierteres Raumverständnis besitzen.
3) Rohr-Sauer S. 18
4) Rohr-Sauer S. 26

Den größten Teil aller Nennungen nehmen die folgenden Phänomene in der angegebenen Reihenfolge ein:[1]

Beobachtungen	Zahl der Nennungen
1. Reisedauer	14
2. Nahrungsmittel	13
3. Sicherheitsverhältnisse für Reisende	10
4. Berichte über den König	9
5. besondere Sitten	9
6. Kleidung der Bewohner	8
7. Gotteshaus	7
8. magische Gegenstände	7
9. Tributpflicht	6
10. Vegetation	6
11. Charakter der Bewohner	6
	95

Nennungen insgesamt: 173
obiger Anteil: 54,9 %

Über die Hälfte dieses Teils der Risāla wird also von einem relativ kleinen Kreis von Themen bestimmt, oder anders ausgedrückt: Wenn es auch kein festes Schema, keine Systemtik gibt, nach der Abū Dulaf einen Stamm beschreibt, so setzt er doch Prioritäten in der Auswahl der darzustellenden Beobachtungen. Auffällig ist, daß sich Programm und Ausführung insofern unterscheiden, als laut Programm das Schwergewicht eher auf Organisations- und Verwaltungsfragen gelegt werden sollte[2], in der Ausführung jedoch andere Akzente gesetzt werden, wie die Prioritätenliste zeigt.

Alle übrigen Nennungen verteilen sich auf einen großen Kreis von Themen, die seltener erwähnt werden. So gibt Abū Dulaf außer den oben aufgeführten Beobachtungen noch die folgenden an, die weniger häufig erscheinen:
Physiognomie der Bewohner
Bauweise
Schrift und Sprache
Handelsbeziehungen

Kriegskunst
Feinde
Verbündete

Bodenschätze
Vegetation

Haartracht
Festlichkeiten
Heiratsbräuche
Sternkult und Magie
Tierkult
Tierhaltung und -produkte

---

1) Diese Tabelle nimmt keine Systematisierung vor, sondern erfaßt lediglich Einzelbeobachtungen nach der Zahl der Nennungen.

2) Vgl. S. 36

Götzendienst
Gebetsrichtung
religiöse Gruppierungen
Moral
Gesetze
Gerichtsbarkeit

So bietet dieser Teil der Risāla zwar eine große Vielfalt an dargestellten Themen, aber diese folgen ohne jede Anordnung und ohne eine systematische Konzeption aufeinander.[1] Da Abū Dulaf in seiner kurzen Risāla so viele Themen behandelt, bleibt kein Raum für eine vertiefte Behandlung, die aber auch wohl nicht beabsichtigt war - es wird eben oftmals eine Beobachtung nur mit einem einzigen Satz wiedergegeben, die nächste schließt sich auf die gleiche Weise an usf.; man erkennt die einfachste Form der Enzyklopädie, die charakteristisch für die islamische Literatur und Wissenschaft ist.[2]

b. Der zweite Teil der Reise

Der erste Teil der Risāla als ausführliches Itinerar mit kurzen, knappen Beschreibungen steht im Gegensatz zum zweiten, der sowohl im Hinblick auf die Darstellungsweise als auch in Bezug auf die Auswahl der Objekte Unterschiede aufweist.

Der Stadt Sindābil (=Kantschou), dem Endziel der Reise, schenkt Abū Dulaf besondere Aufmerksamkeit; neben dem üblichen Katalog schildert er ausführlich das Be- und Entwässerungssystem und die Anlage des Straßennetzes.[3] In einer kurzen Notiz stellt er seine Begegnung mit dem Fürsten von Kantschou dar, der in den Plan einwilligt, eine Tochter mit dem Sohn des Wesirs Naṣr b. Ahmad[4] zu vermählen[5][6]. Die Schilderung dieser Szene nimmt Abū Dulaf zum Anlaß, eine Legende über den Tod von Naṣr zu erzählen[7] - diese Geschichte ist länger als die gesamte Beschreibung der Stadt.

Es folgt die Beschreibung von weiteren Stätten in der folgenden Reihenfolge, die aus den angegebenen Gründen kaum dem Reiseverlauf entsprechen kann:

Kalah (heutiges Qadah oder Kra/Indien)
Pfefferland (Malabar)
Kampferberg mit den vier Städten:
  Qamārub (Assam)
  Qimarayan (Kmer)
  aṣ-Ṣanf (Tschampa/Hinterindien)
  aṣ-Ṣaimur (Chaul bei Bombay)
Ǧaǧulla
Kaschmir
Ṭābān (Afghanistan)
Mandura-Fatan (gegenüber von Ceylon an der indischen Küste)
al-Kūlam (Quilon, Provinz Travancore)
al-Multān (Punschab)
al-Manṣūrah (nordöstlich v. Hyderabad/Indien)
Baǧānīn (bei Dartal am Hindmand)
Šahr Dāwar (vermutlich die Stadt Dartal)
Taʿmīn
Ġaznīn
Siǧistān[8]

1) Die Reihenfolge der Themen in der zweiten Tabelle wurde von mir nach systematischen Gesichtspunkten zusammengestellt; in der Risāla liegt jedoch keine ähnliche Systematisierung vor.
2) Plessner: Wissenschaften im Islam, S. 15 - 17
3) Rohr-Sauer, S. 27
4) s. S. 33 f.
5) Rohr-Sauer S. 28
6) Dies ist eine der ganz wenigen Stellen der Risāla, an denen Abū Dulaf ein persönliches Erlebnis berichtet.
7) Dieser Bericht wurde vermutlich von einem späteren Kopisten der Risāla beigefügt; vgl. Rohr-Sauer S. 42
8) Rohr-Sauer S. 61 - 70

Charakteristisch für alle Beschreibungen ist es, daß neben den üblichen knappen Beobachtungen oftmals ein einzelnes Phänomen sehr detailliert geschildert wird, insbesondere die Vegetation erfährt eine starke Zuwendung, so der Pfefferbaum,[1] das Aloeholz,[2] der Bambus, [3] der Teakbaum,[4] der Kampfer,[5] die Myrobalane.[6] Neben der detaillierten Schilderung der Pflanzen fügt Abū Dulaf öfter eine Erklärung über Gewinnung, Verarbeitung und Transport an. Auch Bodenschätze rückt er ab und zu in den Mittelpunkt: Schwefel[7] und Zinn[8] erwecken sein Interesse, aber auch die Porzellanherstellung und die dafür notwendigen Grundstoffe.[9]

Durch diese Ausführungen zu den verschiedensten Phänomenen entsteht ein anderer Eindruck als im ersten Teil der Risāla; die vielen kurzen Notizen über Könige, Kleidung, Nahrung und Gotteshäuser etc. treten gegenüber der Beschreibung einzelner Objekte verschiedenster Art in den Hintergrund. Jedoch ist auch hier keine systematische Konzeption, kein Auswahlprinzip zu erkennen, nach dem Abū Dulaf besondere Prioritäten gesetzt haben könnte. Es fehlt weiterhin ein Anordnungsprinzip, nach dem sich der Stoff würde ordnen lassen. Die Auswahl der einzelnen Phänomene erscheint willkürlich und beliebig. Die einzelnen Angaben mögen kulturhistorisch durchaus wertvoll sein - im Gesamtzusammenhang der Risāla verleihen sie wegen ihrer konzeptionslosen, willkürlichen Zusammenstellung dem Reisebericht den Charakter einer Kuriositätensammlung.

Lose aneinandergereihte Kurznotizen wechseln also mit längeren Ausführungen zu einzelnen Erscheinungen, die Abū Dulaf für besonders erwähnenswert und manchmal auch wunderbar hält, z. T. auch mit legendenartigen Einschüben.[10] Oftmals bilden die einzelnen Informationen lose Assoziationsketten wie die folgende:

> "Bei ihnen gibt es den Stein (...), aus welchem die Dächer gemacht werden. Die Säulen ihrer Häuser sind Wirbelsäulen von toten Fischen. Sie essen aber keine Fische und schlachten nicht. Die Meisten von ihnen essen das Verdendete.[11]"

Hieran wird ganz deutlich, wie Abū Dulaf die Notizen aus verschiedenen Bereichen assoziativ aneinanderreiht und gerade so wiedergibt, wie sie ihm einfallen; ebenso wie im ersten Teil der Risāla wird kein Versuch gemacht, die Fülle des Materials thematisch und sachbezogen zu ordnen.

III. Abschließende Betrachtung

1. Die Risāla in der Zusammenschau

Die Einleitung zeigt sich als einzige längere zusammenhängende Ausführung der gesamten Risāla. Sowohl im ersten als auch im zweiten Teil des Reiseberichts hat das Werk einen stark enzyklopädischen Charakter, wobei durch das in der Einleitung vorgezeichnete Programm ein gewisser Rahmen in der Themenauswahl gegeben ist. Jedoch ist von der Priorität der tatsächlich behandelten Gegenstände her eine Verlagerung des Schwerpunktes von Verwaltungs- und Organisationsfragen (Einleitung) auf einen sehr

---

1) Rohr-Sauer S. 31
2) ebd. S. 31, S. 36
3) ebd. S. 34
4) ebd. S. 34
5) ebd. S. 36
6) ebd. S. 37
7) ebd. S. 34
8) ebd. S. 3o
9) ebd. S. 35
10) so z. B. "Haus der Magier", Rohr-Sauer S. 37
11) Rohr-Sauer S. 34/35

viel breiter gestreuten Themenkatalog (1. Teil) festzustellen; im zweiten Teil fallen längere Erläuterungen zu einzelnen Phänomenen auf, die willkürlich ausgewählt sind und den enzyklopädischen Charakter der Risāla unterstreichen.

Abū Dulaf nimmt äußerlich keine Einteilung der Risāla vor, auch legt er seinem Bericht kein systematisches Konzept zugrunde. Er wählt das einfachste aller Kompositionsprinzipien: den Bericht nach Stationen, die er besucht haben will. Von Abū Dulaf unerkannt bleibt die Möglichkeit, räumliche Strukturen als Gliederungsgrundlagen anzunehmen: Stadt und Stamm werden undifferenziert betrachtet und nicht in ihrer Bedeutung für eine mögliche Strukturierung der Landschaft erkannt, wie es sein Zeitgenosse Iṣṭaḫrī durchaus vermag[1] - geographische Denkweisen sind bei Abū Dulaf nicht einmal im Ansatz vorhanden.

Die knappen Ausführungen lassen einerseits auf Oberflächlichkeit und fehlende Tiefe schließen, andererseits verhindern sie ein Abschweifen und Fabulieren des Verfassers, wie es in der adab-Literatur durchaus üblich war.[2] Kürze und unpersönlicher Stil geben aber auch zu denken: Es finden sich kein poetischer Einschub, kein Gedicht, kaum ein Koranzitat, kaum ein persönliches Erlebnis im Reisebericht - Erscheinungen, die bei anderen ernstzunehmenden Literaten und Wissenschaftlern so gut wie niemals fehlen, auch nicht im Bereich der geographischen Literatur. So weist Muqaddasī ständig auf seine Erfahrungen hin,[3] Ibn Faḍlān berichtet von Erlebnissen, die ihn beeindruckt haben,[4] Hamdānī zitiert alte Gedichte zur Unterstützung seiner Aussagen,[5] - nichts dergleichen bei Abū Dulaf.

Die Glaubwürdigkeit eines Autors, gleichgültig welcher Richtung, hing aber im 10. Jahrhundert nicht zuletzt von jenen formalen Dingen ab, und Glaubwürdigkeit war gemäß der islamischen Tradition eines der Hauptkriterien, nach denen Gelehrte beurteilt wurden.[6] Wieso also enthält sich Abū Dulaf derartiger Formalia, insbesondere der Darstellung persönlicher Erlebnisse und der Poesie, wenn er doch selbst ein Poet gewesen sein soll? Vielleicht kann die Frage der Echtheit der Risāla von hier aus noch einmal überprüft werden: Entweder stimmt es nicht, daß Abū Dulaf ein Poet und Literat war, denn in diesem Fall hätte er wohl kaum auf eine literarischere Form verzichtet, oder die Risāla wurde durch zahlreiche Kopisten entscheidend verändert. Die Klärung dieser Fragen ist Aufgabe der Orientalistik.

Abū Dulaf beruft sich in seiner Risāla nicht auf frühere Reiseberichte, Bücher oder mündliche Informationen (letzteres bis auf wenige Ausnahmen); indirekt gibt er damit die geschilderten Objekte als von ihm persönlich Beobachtetes aus, ohne dies jedoch besonders zu betonen. Er zitiert also einerseits keine Quellen, obwohl ich vermute, daß zumindest die langen Erklärungen zu Einzelphänomenen auf andere Quellen zurückgehen, sofern sie tatsächlich von Abū Dulaf und nicht von einem Kopisten stammen. Andererseits bemüht er sich nicht, das Dargestellte als Ergebnis seiner persönlichen Beobachtung auszuweisen. Dies deutet darauf hin, daß die Risāla keinem wissenschaftlichen Zweck dienen sollte, sondern eher als Unterhaltungs- und Belehrungslektüre gedacht war: Der Verzicht auf die Zitierung älterer Autoritäten stellt sonst einen Bruch mit der Wissenschaftstradition des Mittelalters dar, in der gerade die Beru-

---

1) vgl. S. 66 f.
2) dazu der Artikel "adab" in der EI^2 Bd. 1 S. 175 (Gabrieli)
3) s. S. 88 ff.
4) s. S. 25 f.
5) s. S. 54
6) vgl. Plessner: Wissenschaften im Islam, S. 20

fung auf Autoritäten eines der wichtigsten wissenschaftlichen Hilfsmittel war.[1] Die andere Möglichkeit, der Hinweis auf die eigene Glaubwürdigkeit durch wiederholtes Bezeugen der persönlichen Erfahrung, wird von Abū Dulaf ebensowenig genutzt, so daß auch sie als Indiz für einen potentiellen wissenschaftlichen Anspruch der Risāla ausscheidet.

2. Die Frage nach der geographischen Relevanz des Werks

Welche Bedeutung haben nun die hier dargestellten Zusammenhänge für die Geographie, oder konkreter gefragt: Liegt bei Abū Dulaf, der zweifellos geographische Einzelfakten aus dem China und Indien seiner Zeit übermittelt, eine Länderkunde - eventuell in Ansätzen - vor, oder besitzt er sogar eine länderkundliche Konzeption? Ist es überhaupt gerechtfertigt, ihn den "Geographen" zuzuordnen, wie es die heutige Fachwelt allgemein tut?[2] Die in der Meschheder Handschrift[3] vorliegende Fassung der Risāla spricht, so meine ich, gegen eine positive Beantwortung dieser Fragen.

Sowohl der Anlaß der Reise als auch der Anstoß, darüber einen schriftlichen Bericht zu verfassen, lagen außerhalb jeder geographischen Motivation,[4] was natürlich nicht bedeuten muß, daß dem Verfasser nun von vornherein jegliches geographisches Interesse abzusprechen wäre. Doch zeigt die Risāla weder in der Konzeption noch in der Themenfolge und -darstellung das Bemühen um geographische Denkweisen, wie sie im 10. Jahrhundert, wie später noch gezeigt werden wird, durchaus möglich waren: So wird die Großkonzeption bestimmt durch die Reihenfolge der einzelnen Reisestationen, nicht durch politische, landschaftsbedingte o.ä. Raumstrukturen. Abū Dulaf erstellt keine länderkundliche Abhandlung mit einem vielfältigen Inventar für einzelne Räume, sondern einen Beobachtungsbericht, in dem das Berücksichtigung findet, was ihm im Gedächtnis haften geblieben ist oder was er sonst an zusätzlichen Informationen erhalten hat. Was die Fakten angeht, so bewegen sie sich in ihrer enzyklopädischen Bearbeitung durchaus im Rahmen der zeitgenössischen Literatur- und Wissenschaftsauffassung, jedoch mangelt es ihnen an der geographischen Ausrichtung und Systematisierung, wie sie bei Ibn Hauqal und Muqaddasī später vorhanden sind: So fehlen Angaben über Himmelsrichtungen, geographische Positionen, Grenzen zwischen den verschiedenen Ländern,[5] Ausdehnung der einzelnen Herrschaftsbereiche. Eine länderkundliche Konzeption vermag man nicht zu erkennen.

Die Risāla des Abū Dulaf kann zweifellos eine wertvolle Quelle für die Historische Geographie darstellen, denn die Einzelangaben sind - wie Rohr-Sauer überzeugend nachweist - unabhängig von der Echtheit der Risāla allgemein als zuverlässig zu bezeichnen.[6] Zweifellos kann die Risāla zur Rekonstruktion eines Bildes von den Zuständen und Verhältnissen der beschriebenen Gebiete im 10. Jahrhundert beitragen, sowohl im kulturhistorischen als auch im Bereich der Historischen Geographie.

Eine Geographiegeschichte aber, die nach länderkundlichen Konzepten und systematischen Ansätzen aufgrund einer Methode forscht, vermag keinen Gewinn aus der Risāla zu ziehen: Weder kann diese einen wissenschaftlichen Anspruch erheben, noch liegt ihr eine länderkundliche Konzeption zugrunde. Das einzig "geographische" Moment ist das allgemeine Interesse Abū Dulafs an fremden Ländern, das ihn u. a. auch geographisch relevante Erscheinungen darstellen läßt. Abū Dulaf ist ein Reisender ohne geographischen Anspruch, dies dokumentiert sich in Motivation, Intention und Konzeption der Risāla. Er kann nicht zur Entwicklung eines eigenständigen Länderkunde-Begriffs beitragen, der bislang noch im 10. Jahrhundert nicht vorhanden ist, weil Abū Dulaf weder mit den wissenschaftlichen

1) Plessner, S. 12; siehe S.12 dieser Arbeit
2) z. B. Beazley: The Dawn of Modern Geography, Bd. 1, S. 434.
3) vgl. S. 22
4) vgl. Sellheim: Gelehrte und Gelehrsamkeit, S. 71
5) Er erwähnt nur den Übergang an der chinesischen Grenze.
6) Auch Marquart hält die Einzelangaben im Großen und Ganzen für glaubwürdig, wenn er auch grundsätzliche Bedenken zur Echtheit der Risāla anmeldet: Vgl. sein Kapitel über den Reisebericht in: Osteuropäische und ostasiatische Streifzüge, S. 74 - 95

Hilfsmitteln seiner Zeit arbeitet noch eine Länderkundevorstellung entwickelt, die über das bloße Aufzählen von Einzelfakten hinausreicht; sein Werk ist eher für Informationszwecke konzipiert. Abū Dulaf als "traveller - geographer" zu bezeichnen,[1] halte ich deshalb für verfehlt. Die Risāla gehört zum Genre der Länderbeschreibung, die keine geographischen Zwecke verfolgt.

IV. Thesen zum Werk des Abū Dulaf

1. Die Reisetätigkeit wird von Abū Dulaf zwar allgemein als positiv bewertet, aber nicht in ihrer Bedeutung für länderkundliche Forschung erkannt und auch nicht auf diese bezogen. Die allgemeine Begründung erfolgt im Rahmen traditionell-religiöser Zusammenhänge (Einleitung), wo sie aber eher eine Legitimationsfunktion erfüllt. Die eigentliche Motivation Abū Dulafs ist bestimmt durch allgemeine Neugier und einen umfassenden Wissensdrang der Zeit. Die aufgrund politischer Umstände möglich gewordene Reise wird von Abū Dulaf zur Befriedigung dieser nicht durch wissenschaftliche Interessen motivierten Neugier genutzt, die sich nicht auf einzelne Wissensbereiche beschränkt.

2. Eine Folge dieses Ansatzes ist die chronologische Berichterstattung nach der Reihenfolge der angeblich besuchten Stationen, die zum Gliederungsprinzip der Risāla wird. Sie verdeutlicht das einfache Beobachtungsverständnis Abū Dulafs, das durch spezifisch geographische Denkkategorien nicht bestimmt ist: Es werden nicht räumliche, sondern zeitliche Gliederungsprinzipien zugrundegelegt, die eine länderkundliche Systematik nicht möglich machen.

3. Die Risāla ist, gemessen am Wissenschaftsbegriff der Zeit, keine wissenschaftliche Arbeit; sie ist gekennzeichnet durch den Verzicht auf unabdingbare formale Bestandteile, die jede als wissenschaftlich verstandene Arbeit erfüllen mußte.

4. Der Reisebericht kann nicht als geographisches oder länderkundliches Werk bezeichnet werden. Abū Dulaf versteht sich nicht als ein Geograph; vielmehr ist sein Ansatz von allgemeiner Neugier bestimmt und nicht durch die Bindung an eine besondere Disziplin gekennzeichnet. Enzyklopädischer Sammeleifer ohne klar erkennbare Prioritäten für ein bestimmtes Wissensgebiet läßt zwar auch für die Übermittlung geographischer Nachrichten Raum, aber diese erscheinen nicht in Bezug auf einen geographisch definierten Raum, sondern werden auf die aufeinanderfolgenden, einzelnen Reisestationen bezogen. Sie stehen ungeordnet neben anderen Fakten.

5. Ein außergeographischer Ansatzpunkt hat also hier das Fehlen einer länderkundlichen Systematik zur Folge. Er verhindert auch die Entwicklung geographischer Fragestellungen und einen methodischen Weg, der zu einem Konzept für eine eigenständige Länderkunde führen könnte. Die Risāla gehört in das Genre der Länderbeschreibung, die weder an ein bestimmtes Wissensgebiet noch an wissenschaftliche Normen gebunden ist und einzelne Fakten in loser Anordnung arrangiert, die zufällig auch geographische Relevanz besitzen können. Abū Dulaf vermittelt länderkundliche Nachrichten, ohne eine Vorstellung von Länderkunde zu haben und vermag deshalb die Möglichkeit zu einer Systematisierung nicht zu erkennen.

Betrachtet man rückblickend die Arbeiten von Ibn Faḍlān und Abū Dulaf, so muß man feststellen, daß beiden Arbeiten nicht nur eine länderkundliche Systematik fehlt. Es gelingt auch nicht die Entwicklung geographischer Fragestellungen und eines methodischen Weges, die gemeinsam zu einem Konzept für eine eigenständige länderkundliche

1) Nafis Ahmad: Muslim Contribution to Geography (1947), S. 23

Forschung führen könnten.

Während die Arbeit Ibn Faḍlān's von der Funktion, die er in der Gesandtschaft innehat, determiniert ist und deshalb entsprechende Prioritäten setzt, ist die Risāla des Abū Dulaf unabhängig von derartigen äußeren Zwängen. Dennoch haben beide Arbeiten etwas Grundsätzliches gemeinsam: Ihre Gliederung ist gebunden an die Reihenfolge der Reisestationen und nicht an räumliche Einteilungskriterien, was eine eigene länderkundliche Systematik unmöglich macht. Geographische Nachrichten erscheinen als durch zufällige Beobachtungen und flüchtige Eindrücke bedingt und werden nicht von anderen Fakten unterschieden. Es werden länderkundliche Nachrichten in nicht geographischen Kontexten vermittelt, da die Autoren eben keine Geographen sind, sondern Reisende mit unterschiedlichen, auf jeden Fall nicht speziell geographischen Motivationen. Sie entsprechen weit eher dem Typ des Entdeckers, der in unbekannte Gebiete reist und nach der Rückkehr alles, was er dort gesehen hat, zu Papier bringt, als dem Typ des Geographen, der reist, um sich gezielt Beobachtungen über Länder zu verschaffen, um mit ihrer Hilfe die Erscheinungsformen eines Gebietes geistig zu erschließen.[1] Zur geographischen Wissenschaft konnten Ibn Faḍlān und Abū Dulaf nicht mehr beitragen als Quellenmaterial in unsystematisierter Form, das in außergeographische Zusammenhänge eingebettet war - ihre Bedeutung für die Entwicklung der wissenschaftlichen Länderkunde oder auch nur für entsprechende erste Ansätze ist deshalb gering.

1) vgl. Beck: Entdeckungsgeschichte und geogr. Disziplinhistorie (1955), S. 203

Kapitel 4: DIE UNSELBSTÄNDIGE LÄNDERKUNDE

Die Mitte des 10. Jahrhunderts etwa von 940 bis 960 ist im Hinblick auf deskriptiv-geographische Schriften wohl die fruchtbarste Zeit jener Epoche gewesen, wobei die Vielfalt der Ansätze bemerkenswert ist. So arbeiten in diesem Zeitraum nicht nur Reisende wie Abū Dulaf, sondern auch solche mit speziell geographischen Interessen wie Iṣṭaḫrī und Ibn Hauqal sowie Gelehrte, die weniger die Geographie erforschen als sich gleichermaßen auf allen Wissensgebieten hervortun wollen.

Die Repräsentanten dieser letztgenannten Gruppe sind in allen klassischen arabischen Wissenschaften bewandert und verstehen sich ausdrücklich als Wissenschaftler. Trotz des Universalitätsanspruches, den sie für ihre Werke erheben, haben sie natürlich persönliche Neigungen und Interessen sowie Bindungen an bestimmte Disziplinen, die letztlich Schwerpunkt und Ausrichtung ihrer Werke bestimmen. Inwiefern sich Universalitätsanspruch und Forderung nach Wissenschaftlichkeit auf die Länderkunde ausgewirkt haben, soll im Folgenden an den Werken von Hamdanī und Mas'udī, zwei Gelehrten aus völlig unterschiedlichen Teilen des islamischen Reiches, untersucht werden.

A. Hamdānī (Werk um 940 n. Chr.)

I. Zu Person und Werk des Verfassers

Abū Muḥammad b. Aḥmad al-Hamdānī wurde in Sana im Jemen geboren; [1] sein Geburtsjahr ist nicht bekannt. Er geriet um 942/43 in politische Schwierigkeiten und verbrachte mehrere Jahre im Gefängnis, wo er vermutlich 945 auch starb. [2] Sein Werk, das heute nur noch unvollständig vorhanden ist sowie die Urteile seiner Zeitgenossen und Nachfahren zeichnen Hamdānī als außerordentlich vielseitig gebildeten Gelehrten aus. Außer dem "Kitāb Ṣifat ǧazīrat al-ʿarab", dem "Buch: die Beschreibung der arabischen Halbinsel", das hier zu untersuchen ist, [3] bestand seine Arbeit aus einer Enzyklopädie von zehn Bänden, dem sogenanten "Iklīl" (= Krone), in der er Abhandlungen über Geschichte und Genealogie Arabiens, [4] über Astronomie und Astrologie, Philosophie und Altertumskunde seiner Heimat vorlegte. [5] Darüberhinaus war Hamdānī als Philologe und Grammatiker bekannt. [6] Die heute noch vorhandenen wenigen Bände des "Iklīl" lassen darauf schließen, daß Hamdānī profunde Kenntnisse in allen klassischen Wissenschaften des arabischen Kulturraumes besaß, [7] die er vorwiegend verwendete, um seine engere Heimat, den Jemen, unter den verschiedensten Aspekten zu erforschen und darzustellen.

Im Mittelpunkt seines Interesses standen weniger die Wissenschaften um ihrer selbst willen als ein bestimmtes Land, von dem Hamdānī mit ihrer Hilfe ein Bild zu zeichnen versucht. In diesem Zusammenhang muß wohl auch seine geographische Arbeit, die "Beschreibung der arabischen Halbinsel", gesehen werden: Sie beleuchtet Hamdanīs Interessengegenstand aus einer weiteren, der geographischen Perspektive, wobei Hamdānī neben eigenen Beobachtungen, die er auf Reisen machte, auch fremde Informationen unterschiedlichster Art verarbeitete. [8]

---

1) Forrer: Südarabien nach al-Hamdānī's "Beschreibung der arabischen Halbinsel". Nendeln 1966, Repr. v. DMG Leipzig 1942. S. 3
Das Buch enthält eine Teilübersetzung der arabischen Ausgabe, die von Müller: Geographie der arabischen Halbinsel, Amsterdam 1968, Repr. v. Leiden 1884 - 1891, herausgegeben worden ist. Die vorliegende Untersuchung rekurriert auf die o. g. Übersetzung (Forrer) und die arabische Edition (Müller).
2) Löfgren in EI2 Bd. 3, "al-Hamdānī", S. 124. Vgl. auch Flügel: Die grammatischen Schulen der Araber. Nach den Quellen bearbeitet von G. Flügel. Leipzig 1862. Abhdl. der DMG Bd. II No. 4, S. 220; Brockelmann: GAL Bd. 1, S. 263
3) im Folgenden kurz "Ṣifat" genannt
4) Forrer S. 3; Kremer Kulturgeschichte Bd. 2, S. 421 f.
5) Flügel: Gram. Schulen, S. 221
6) Flügel rechnet ihn der "gemischten Schule" zu, die Elemente der beiden führenden Schulen in Basra und Kufa verband. Flügel: Gram. Schulen, S. 183
7) vgl. S. 13
8) Löfgren in: EI 2, Bd. 3 "al- Hamdānī", S. 174

II. Der Aufbau des "Kitāb Ṣifat ǧazīrat al-ʿarab"

Das Buch "Die Beschreibung der arabischen Halbinsel" besteht aus drei Teilen. Der Erste ist mathematisch-geographischen Charakters und setzt sich mit ptolemäischen Vorstellungen auseinander, der Zweite umfaßt die i. e. S. länderkundliche Darstellung vorwiegend Südarabiens - ihn gilt es genauer zu untersuchen -, und den dritten Teil bildet ein Gedicht, das in poetischer Form eine Landschaft in Südarabien schildert.

Die Zusammenstellung dieser drei Komponenten ist nur unter Berücksichtigung der geographisch-literarischen Tradition auf der arabischen Halbinsel verständlich. In präislamischer Zeit hatte sich dort eine Poesie entwickelt, die die Schönheit der Heimat des Dichters besang, in der Orte, Täler und Berge der ansässigen Stämme beschrieben wurden.[1] Diese Poesie hatte sich, obwohl vom offiziellen Islam nicht gern gesehen,[2] bis in die Zeit Hamdānīs herein erhalten; vor allem aber hielt man weiterhin an der Tradition fest, bekannte Lokalitäten wie Wadis und Berge, Wüsten und Burgen, außerdem auch Stämme und Stammeswanderungen, die engere Heimat also, in poetischer Form darzustellen. Die arabische Poesie wurde auf diese Weise zum Träger geographischer Informationen, und obwohl die dort gegebenen Daten nur allzu oft ungenau und unzuverlässig waren,[3] wurden die Poeten in Literatur und Wissenschaft als geographische Informationsträger anerkannt. In späterer Zeit befaßten sich dann Philologen und Grammatiker mit den alten Gedichten: Sie bemühten sich um die Lokalisierung der Ortschaften, kümmerten sich aber besonders um die richtige Aussprache der Namen, die in den Gedichten in Kurzformen oder in verstümmelter Form vorhanden waren und ohne deren Kenntnis die alte Poesie unverständlich geblieben wäre. Die mittelalterliche arabische Philologie stützte sich also zum großen Teil auf die altarabische und islamische Poesie der arabischen Halbinsel, die wichtiges und anerkanntes Quellenmaterial darstellte.

So gehen die Ursprünge der Geographie auf der arabischen Halbinsel nicht auf geographische, sondern auf philologische Interessen i. w. S. zurück.[4] Die frühen geographischen Informationen entstammten der Feder des Poeten, Grammatikers, Philologen, nicht des geographischen Gelehrten. Auch Hamdānī steht in dieser Tradition: Er gehört der Gruppe der Grammatiker an[5] und hat sich der Geographie der arabischen Halbinsel eher aus der Tradition des Philologen heraus zugewandt als aus spezifisch geographischem Interesse, wie sich später noch zeigen wird.

So erklärt sich die Aufnahme der Urǧūza[6] in Hamdānīs geographische Arbeit als dritter Teil des Buches. Die Urǧūza ist ein Gedicht, das in 127 Strophen die Landschaft an einer alten Pilgerstraße beschreibt[7][8] - Hamdānī stellt neben seine eigenen länderkundlichen Darstellungen eine poetische Quelle geographischer Nachrichten, ohne deren Richtigkeit in Zweifel zu ziehen.[9] Die Poesie ist für ihn eine unverzichtbare und ebenso wertvolle

1) Kramers: La littérature géographique, S. 183 f.
2) Goldziher: Das arabische Stämmewesen und der Islam. Muh. Studien I, Halle 1889 - 1890. Repr. in Hildesheim 1961, S. 51
3) Sprenger: Versuch einer Kritik von Hamdânis Beschreibung der arabischen Halbinsel... In: ZDMG Bd. 45 (1891), S. 392 f. Kramers: Science in Islamic Civilization, S. 99
4) Sprenger: Versuch einer Kritik, S. 393
5) Flügel: Gram. Schulen, S. 220
6) Gedicht in einem bestimmten Metrum, nämlich im Raǧaz - Metrum, wovon sich auch der Name erklärt.
7) Müller S. 235 - 279 (arabischer Text)
8) Sprenger: Versuch einer Kritik, S. 391
9) ebd. S. 394

Quelle wie seine eigenen Recherchen und diesen gleichwertig - ein Zeichen für sein ungebrochenes Verhältnis zur literarischen und wissenschaftlichen Tradition seiner Heimat.

In ähnlicher Weise traditionsdeterminiert präsentiert sich Hamdānīs länderkundlicher Teil, der gegenüber den beiden anderen Teilen der ausführlichste ist und auf dem das Schwergewicht der Darstellung liegt.[1] Diese "Beschreibung der arabischen Halbinsel" legt die Priorität auf den Jemen, die Heimat des Verfassers, worunter Hamdānī den gesamten südlichen Teil der Halbinsel von Meer zu Meer versteht,[2] dessen nördlichster Punkt etwa Ras al-Hadd ist; mittlerer und insbesondere nördlicher Teil werden nicht so ausführlich dargestellt. Im Vergleich zu allen andern länderkundlichen Abhandlungen und Länderbeschreibungen wählt Hamdānī damit ein sehr kleines Untersuchungsgebiet. Nicht das islamische Reich, nicht einmal alle Teile der arabischen Halbinsel finden gleichermaßen Hamdānīs Interesse, vielmehr liegt die Priorität in erster Linie auf dem ihm persönlich vertrauten und bekannten engeren Lebensraum.

Die Beschränkung auf einen kleinen Raum ist wiederum eine Folge der poetischen Tradition, die vor allem in der geographischen Lage dieses Raumes ihren Ursprung hat. Die südlichen Teile der Halbinsel - Jemen und Hadramaut - lebten trotz zahlreicher Handelsbeziehungen weitgehend isoliert vom großen Weltgeschehen: im Westen, Süden und Osten bildete das Meer eine natürliche Barriere, nach Norden wurde der Weg durch Wüsten erschwert.[3] Zudem bestanden nur schwierige Verbindungswege zwischen dem wüstenähnlichen Küstenstreifen der Tihama und dem fruchtbaren Hochland, in dem der Siedlungsschwerpunkt lag, so daß die am dichtesten besiedelten Gebiete im Vergleich zur Küste wenig Informationen erhielten, die über den Seeweg in die jemenitischen Küstenstädte eindrangen.

Gewissermaßen als sichtbares Zeichen dieser Isolation ist die Beschränkung der arabischen Poesie auf kleine Räume zu betrachten, die die engere Heimat des Dichters und die bekannten örtlichen Verhältnisse beschrieb. Die Präferenz des Jemen bei Hamdānī ist ein deutlicher Hinweis auf seine Verbundenheit mit der poetischen Tradition: Nicht aus Lokalpatriotismus[4] oder partikularistischen Bestrebungen legt er das Schwergewicht auf den Jemen, sondern weil er durch seine Ausbildung und Erziehung als Philologe und Grammatiker in der literarischen Tradition seiner Heimat steht, die seit Jahrhunderten eine auf lokale Gegebenheiten beschränkte Poesie hervorgebracht hatte. Nicht nur die Urǧūza als am leichtesten greifbares Rudiment der poetischen Tradition kennzeichnet den literarischen Ansatzpunkt Hamdānīs, sondern auch die thematische Beschränkung auf einen relativ kleinen Raum. Diese beiden Teile seines Buches - Urǧūza und Länderbeschreibung - erweisen sich in der hier dargestellten Weise als determiniert von den literarischen Traditionen der arabischen Halbinsel.[5]

Der erste Teil des Buches ist in einem anderen Zusammenhang zu sehen. Er besteht aus sechs Kapiteln mathematisch-geographischen Charakters, in denen Hamdānī sich mit dem Almagest des Ptolemäus auseinandersetzt. Er versucht eine Einordnung der arabischen

1) Nur dieser Teil wurde von Forrer in wesentlichen Auszügen übersetzt; die Urǧūza und der mathematisch-geographische Teil sind bei ihm nicht berücksichtigt, aber im Hinblick auf die Ausführungen des 2. Teils nicht von Wichtigkeit.
2) Sprenger: Versuch einer Kritik, S. 391
3) vgl. Behn: Grundzüge der Bodenplastik und ihr Einfluß auf Klima und Lebewelt (Jemen). Diss., Marburg 1910, S. 11
4) Pareja: Islamologie, S. 881
5) Die Beschränkung auf die ar. Halbinsel ist auch im Zusammenhang des arabisch-persischen Streites um die geistige Vorherrschaft zu sehen (šuʿūbiyya). S. dazu Pareja: Islamologie, S. 871; Watt: Isl. Surveys 6, S. 83 f.

Halbinsel in das ptolemäische Klima- und Gradsystem,[1] übernimmt - verfälschte - ptolemäische Theorien über die Lage und die Einteilung des Landes[2] und zeigt die Unterschiede in den verschiedenen Klimazonen auf.[3] Er beschränkt sich hier also nicht allein auf die arabische Halbinsel, sondern skizziert mit den Klimaten einen größeren Raum. Dennoch ist der Versuch unverkennbar, vor allem die arabische Halbinsel mit mathematischen Kategorien einzuordnen. Eine derartige Einordnung des darzustellenden Raumes in ein mathematisch-geographisches System ist neuartig für die deskriptive Geographie des 10. Jahrhunderts. Hamdānīs Vorgänger und Zeitgenosse Abū Dulaf und Ibn Faḍlān verstanden ihre Aufgabe in der bloßen Wiedergabe dessen, was sie auf ihren Reisen beobachtet und gesammelt hatten, und von daher lag eine mathematische Einordnung des bereisten Raumes oder gar die Zitierung von geographischen Autoritäten außerhalb ihres Horizonts. Der Universalgelehrte Hamdānī aber, dem allgemeine Theorien über Klimazonen und Gradnetze bekannt sind, knüpft vor seiner eigenen Länderbeschreibung mit Worten zunächst an die durch Ptolemäus vorgegebene mathematisch-geographische Tradition an und verdeutlicht so eine Verbindung zu griechischem Gedankengut, die im ganzen islamischen Kulturkreis bestand, sich bisher in der Länderdarstellung des 10. Jahrhunderts aber nicht niedergeschlagen hatte. Der zweite, länderkundliche Teil i. e. S. in Hamdānīs Buch zeigt sich bis auf eine Ausnahme zwar von ptolemäischen Einflüssen weitgehend frei, auch weicht dort Hamdānīs Methode völlig von der des Ptolemäus ab, da er die Darstellung mit Worten, nicht mit Karten und Zahlen wählt, aber die Lokalisierung der arabischen Halbinsel auf der Grundlage der mathematischen Geographie scheint zumindest unverzichtbarer äußerer Rahmen für Hamdānī zu sein, der seine Bildung und Gelehrsamkeit demonstriert.[4]

Mit der Berufung auf Ptolemäus ist gleichzeitig ein Hinweis auf den möglichen Anspruch des Buches gegeben: Ptolemäus galt als geographische Autorität, und das Bemühen um fachlich qualifizierte Autoritäten war notwendiger Bestandteil jeder wissenschaftlichen Arbeit.[5] Die Zitierung des Ptolemäus stellt ein erstes Indiz dafür dar, daß Hamdānī mit seinem Buch mehr als nur einen literarischen Anspruch erheben wollte.

So finden sich in der Anlage des "Ṣifat" Einflüsse unterschiedlicher Art. Sie wird einerseits bestimmt durch die besondere Situation der Geographie auf der arabischen Halbinsel, die ihre Wurzeln in der Poesie hatte und von daher noch zu Hamdānīs Zeiten bestimmte Traditionen pflegte wie z. B. die Beschränkung auf kleine Räume und die Verwendung der Poesie als Quellenmaterial. Der Rekurs auf Ptolemäus weist dagegen auf die alte Verbindung der arabischen Geographie mit griechischem Gedankengut hin, das sich <u>in jener Form</u> erstmalig im 10. Jahrhundert niederschlägt.

III. Die länderkundliche Konzeption des mittleren Teils: "Der Bericht von der arabischen Halbinsel"[6]

"Der Anfang des Berichts über die Eigenschaften der Bewohner von Arabien ist in den Bericht über die Eigenschaften aller [Menschen] aufgenommen. Es bleibt noch der Bericht übrig über die Wohnplätze dieser Halbinsel, ihrer Wege, Wasserplätze, Berge, Weiden und Wādīs und der Beziehung jedes Ortes davon zu seinen Bewohnern und seinem Besit-

---

1) vgl. Sprenger: Versuch einer Kritik, S. 388
2) Müller (arabischer Text) S. 10 - 26
3) ebd. S. 26 - 44
4) vgl. Stichwort "Baṭlamiyūs" in EI^2 (Plessner) S. 1100 f.
5) s. S. 17 f.
6) Hamdānī gibt explizit zu verstehen, daß mit dem länderkundlichen Teil etwas völlig Neues beginnt. Er nennt das gesamte Buch: "Beschreibung der arabischen Halbinsel", macht dann nach dem mathematischen Teil eine Zäsur, indem er die Länderkunde mit der Überschrift beginnt: "Ṣifat maʿmūri-l-arḍi wa hūwa kitābu ṣifat ǧazīrati-l- ʿarabi", d. h. "Bericht von der bewohnten Erde, das ist das Buch: Der Bericht von der arabischen Halbinsel" (Müller S. 46). Von daher ist es gerechtfertigt, erst hier den Beginn des länderkundlichen und für diese Arbeit hauptsächlich relevanten Teils zu sehen.

zer in Kürze, sowie darüber, in wieviele Teile diese Halbinsel eingeteilt wird an städtischem Land, Provinzland, Gebiet von Fürsten, Wüstenland und Beduinenland, (...)".[1]

Mit diesen Worten beginnt Hamdānī seine länderkundliche Darstellung der arabischen Halbinsel, womit er gleichzeitig eine Art Programm entwirft: Das Schwergewicht soll zum einen auf der Schilderung der Physiognomie der Halbinsel liegen und zum anderen auf den Besitzverhältnissen, d. h. auf der politischen Einteilung des Landes.

Zu Beginn erklärt Hamdānī anhand verschiedener Quellen die Lage, die natürliche und politische Raumeinteilung. Am Anfang steht ein Ḥadīṯ,[2] das die Landesaufteilung nach Stämmen in vergangenen Zeiten beschreibt;[3] es schließt sich die Darstellung der Begrenzung der Halbinsel durch Meere und Flüsse an, gefolgt von der durch die natürliche Physiognomie gewonnenen Einteilung des Landes in fünf Teile, die in der altarabischen Poesie überliefert werden: Tihāma (Küstenebene), Ḥiǧāz, Neǧd, ʿArūḍ und Jemen, deren Grenzen und Lage beschrieben werden.[4] Später stellt Hamdānī eine weitere Unterteilungsmöglichkeit vor, die speziell bei den Bewohnern des Jemen bekannt sei: Danach sind zunächst nur zwei Teile zu unterscheiden, nämlich Jemen, das ist der südliche Teil der Halbinsel, und aš-Šām (Syrien) als nördlicher Teil.[5] Diese sind jedoch durch Gebirge und Wüsten weiter gegliedert, so daß Hamdānī außer den genannten Gebieten noch folgende Räume nennt: Ḥiǧāz, Sarāt,[6] ʿArūḍ,[7] Irak und Šiḥr, Neǧd und Tihāma.

Hamdānī erläutert nicht, welche Einteilung er selbst für die richtige hält, so daß zu Beginn seiner Ausführungen nicht klar zu erkennen ist, welche Aufteilung er selbst zugrundelegt. Eine weitere Schwierigkeit stellen die Begriffe dar, die Hamdānī wählt: "Tihāma" heißt "Küstenebene", besitzt also Gültigkeit für jede beliebige Küstenebene; andererseits wird mit diesem Terminus auch eine spezielle Landschaft, nämlich die jemenitische Küstenebene etwa bis Ǧizzān, bezeichnet. In ähnlicher Weise doppeldeutig sind auch die Begriffe "Naǧd", "Ǧauf" und "Ḥiǧāz", so daß wohl nur Hamdānīs Zeitgenossen, die selbst auf der arabischen Halbinsel ansässig waren, sich ohne Mühe in dieser Akkumulation von Namen und Begriffen zurechtfinden konnten.

Bemerkenswert ist die große Ausdehnung, die dem Jemen in einer der von Hamdānī zitierten Einteilungen zugemessen wird und die Hamdānī selbst später beibehält.

> "Was hinter Taṯlīṯ und seiner Umgebung liegt, bis nach Ṣanʿāʾ hin und sein umliegendes Gebiet bis nach Ḥaḍramaut und aš - Šiḥr und ʿOman und was daran grenzt, ist el- Jemen. Und darin gibt es Tiefebenen[8] und Hochland;[9] el- Jemen umfaßt dies alles".[10]

Nach dieser Definition versteht Hamdānī den gesamten südlichen Teil der arabischen Halbinsel als "Jemen" etwa von Ras al- Hadd im Osten bis etwas nördlich von Ǧizzān im Westen,[11] wobei er bei der inhaltlichen Darstellung nicht festlegt, aufgrund welcher Kriterien eine solche Gliederung erfolgt: Das Gebiet stellt weder einen zusammenhängenden natürlichen Raum dar, noch kann es als politische Einheit betrachtet werden.

---

1) Forrer S. 24
2) über die Bedeutung des Ḥadīṯ vgl. S. 11
3) Forrer S. 25 f.
4) ebd. S. 27 f.
5) ebd. S. 33
6) Darunter versteht H. das Gebirge parallel zur Süd- und Westküste der Halbinsel.
7) Das ist der vom Sarāt her nach Nordosten abfallende Teil.
8) tihāma; Müller S. 48
9) naǧd; ebd.
10) Zitat nach Forrer S. 29
11) vgl. Sprenger: Versuch einer Kritik, S. 390

Nach der Darstellung der Einteilungsmöglichkeiten und der Beschreibung des Meeres, das den Jemen umfließt, nennt Hamdānī die Inseln,[1] wobei er keine feste Thematik einhält: Einmal nennt er den Namen der Insel, ein anderes Mal erwähnt er außerdem eine Besonderheit oder fügt eine längere Beschreibung an; ein Schema liegt dem nicht zugrunde.[2]

Nach dieser allgemeinen Einführung in die räumlichen Verhältnisse der arabischen Halbinsel wendet Hamdānī sich der Beschreibung des Jemen zu. Obwohl er vorher die Einteilung des Jemen in verschiedene, reliefbedingte Räume dargestellt hat, hält sich Hamdānī nicht an eine Beschreibung nach natürlichen räumlichen Einheiten. Er behandelt nicht aufeinanderfolgend z. B. die Tihāma, dann den Sarāt, dann den Nağd usw., sondern charakterisiert und nennt zunächst die jemenitischen Städte in Tihāma, Nağd und Hochebene.[3] Im Anschluß daran beschreibt er das jemenitische Gebirge, den Sarāt, seine Wadis, Lokalitäten und Besonderheiten,[4] um anschließend die kleineren Gebiete im südlichen Jemen darzustellen. Im Kapitel über die "Tihāma von Jemen",[5] das sich nun anschließt, beschreibt Hamdānī nicht nur das in der Überschrift angegebene Gebiet, sondern auch Teile von ʿArūd, Baḥrein und Nağd,[6] obwohl diesen später eigene Kapitel gewidmet werden.[7] Nach der Darstellung der nördlichen Teile der arabischen Halbinsel, u. a. auch der Teildarstellung von Irak und Syrien,[8] kehrt Hamdānī wieder zum Jemen zurück und beschreibt dessen "Wunder", die "im Lande nichts Ähnliches haben",[9] worunter alle in seinen Augen bemerkenswerten Erscheinungen zusammengefaßt werden.

Die Kapitel behandeln also nicht eine Landschaft, d. h. eine naturräumliche, politische, administrative o. ä. Einheit nach der anderen, wie es Iṣṭaḫrī und Ibn Hauqal fast zur gleichen Zeit tun.[10] Vielmehr zeichnet sich der Versuch einer systematischen Darstellung ab, in der bestimmte zusammengehörige Themen zusammengefaßt und in einem Kapitel zur Darstellung gebracht werden. So beschreibt Hamdānī die Städte des Jemen, die Gebirge mit ihren Wadis und ihre Besonderheiten jeweils in getrennten Kapiteln. In einem späteren Kapitel gibt er Auskunft über die Wohnsitze der Stämme, ihre Lage und Bewässerung, in einem weiteren Abschnitt behandelt er die Verkehrswege im Jemen. Hamdānī bemüht sich also um eine systematische Darstellung, was auch auf den ersten Blick gelungen scheint: In den genannten Kapiteln hält er an den durch die Überschriften gekennzeichneten Inhalten fest, d. h. er schweift nur sehr selten von der fixierten Thematik ab. So behandelt er z. B. im Kapitel über die Wadis des jemenitischen Sarāts[1] nur eben jene Wadis; er stellt die verschiedenen Tal- und Flußsysteme dar, zeigt die Wasserscheiden des Gebirges auf, nennt Quellen, Mündungsgebiete, bewässerte Ländereien u. ä.;[2] Dazu hält er eine strenge Süd-Nord - Richtung in der Beschreibung ein und bespricht erst die Gebiete östlich, dann diejenigen westlich von der Wasserscheide des Gebirges, so daß in systematischer und übersichtlicher Form ein detailliertes Bild jener Region gezeichnet wird.

Eine solche systematische Darstellung im Kleinen hält Hamdānī bis auf wenige Ausnahmen in allen Kapiteln durch, wenn auch oft sehr viel mehr als in der Überschrift angegeben

---

1) Forrer S. 37 f.
2) Dieser erste Teil erinnert an die von der Balḫī-Schule eingehaltene Reihenfolge der Kapitel: Gesamtüberblick - Grenzen - Meere - Inseln - Einzellandschaften. Vgl. dazu S. 68 ff. und 97 ff.
3) Müller S. 51 - 67; 3 Kapitel
4) ebd. S. 67 - 81; 3 Kapitel
5) ebd. S. 119 - 155
6) Beginn Müller S. 126
7) Müller S. 171 - 173, 159 - 169
8) ebd. S. 176 - 190
9) ebd. S. 190 - 235
10) vgl. S.71 ff.
11) Forrer S. 80 - 97; Müller S. 71 - 87
12) Wiedemann: Naturschilderungen bei al-Hamdānī. In: Beiträge zur Kenntnis des Orients VII (1909), S. 18

beschrieben wird; stets aber faßt er gleichartige Phänomene - wie z. B. Berge, Wohnstätten, Besonderheiten - zu Gruppen zusammen und stellt sie en bloque dar.[1] Dieser Teil des Buches gibt, da die Angaben zudem vollständig, reichhaltig und zuverlässig sind,[2] eine sehr umfassende Übersicht über die arabische Halbinsel und besonders über den Jemen und macht Hamdānīs länderkundliche Arbeit noch heute zu einer wertvollen Quelle der Kulturgeschichte und der Historischen Geographie.

Die Gesamtkonzeption kann jedoch nicht als systematisch bezeichnet werden, wenn auch die Systematisierung von Städten und Gebirgen des Jemen zu Beginn dieses Buchteils eine durchgängige Systematik erwarten läßt. Hamdānī gelingt es in der Folge nicht, dieses Konzept beizubehalten. So handelt er im Anschluß an die Gebirge des Jemen plötzlich verschiedene jemenitische Einzellandschaften - den Ǧauf, Ḥaḍramaut, Sarw Himjar, Balad Hamdān u. v. a. - ab; d. h. nicht mehr systematisierte Themen und auf einen größeren Raum bezogene Erscheinungen wie Städte, Flüsse usw. werden als Gliederungsprinzipien des "Ṣifat" - wie zu Anfang - beibehalten, sondern einzelne Räume erfüllen nun eine Gliederungsfunktion, so daß ein Wechsel von einer thematischen Systematisierung zu einer räumlichen Gliederung erfolgt. Die in der Folge beschriebenen Räume unterliegen außerdem verschiedenen Abgrenzungskriterien: Der Ǧauf ist eine aufgrund physiogeographischer Bedingungen abgegrenzte, natürliche Raumeinheit, Balad Hamdān dagegen bezeichnet das Gebiet eines Stammes, also eine politische Raumeinheit; mögliche Unterschiede in der Betrachtungsweise werden von Hamdānī nicht erkannt. So vermischt er in der Folge die verschiedenen Einteilungsmöglichkeiten miteinander; der Raum erscheint bei ihm zwar in vielfach gegliederter Form, aber die Art der Gliederung wird von Hamdānī nicht erkannt.[3]

In den genannten Kapiteln weicht Hamdānī also von einer Systematisierung nach Phänomenen, wie es in den ersten sechs Kapiteln geschah, ab. Er unterteilt nun die arabische Halbinsel in Landschaften, gliedert diese in kleinere Räume auf und nennt und beschreibt dann Städte, Wadis, Wohnsitze, Burgen, Verkehrswege und Besitzverhältnisse[4] dieser Kleinräume, ohne eine bestimmte Reihenfolge in der Darstellung der Phänomene einzuhalten. So wird z. B. der Südjemen in Miḫlāfe, d. h. Bezirke der Stämme, aufgeteilt,[5] die dann jeweils in ihren Erscheinungsformen (Wadis, Wohnsitze etc.) beschrieben werden.

Dieser Ansatzpunkt der räumlichen Gliederung erweist sich als übersichtlicher als ein allein thematisch systematisierender, weil er neben einer detaillierten und ins Einzelne gehenden räumlichen Gliederung auch die Möglichkeit der Darstellung nach geordneten Sachgruppen zuläßt. So beschreibt Hamdānī z. B. im Kapitel "Die Tihāma des Jemen"[6] zahlreiche wichtige Erscheinungen, die jeweils zu thematischen Gruppen zusammengefaßt werden, z. B.:

- berühmte Berge
- Orte, an denen eine bestimmte Holzart gedeiht
- berühmte Schlösser und Ruinen
- Berge, die Moscheen auf ihren Gipfeln tragen
- verschiedene Bergformen
- Berge, die Bewässerungsanlagen besitzen
- Berge, die in den alten Dichtungen gerühmt werden

Sowohl der allein durchgeführte, auf einer räumlichen Gliederung beruhende Ansatz als auch eine konsequent befolgte thematische Systematisierung hätten, wären sie von Hamdānī jeweils getrennt eingesetzt worden, ein Werk von bestechender Klarheit hervorbringen können. Eine Durchführung beider Ansätze nacheinander hätte das "Ṣifat" durchaus dem Werk von Muqaddasī[7] vergleichbar gemacht. Aber Hamdānī vermischt diese beiden Ansatzpunkte miteinander. So wird gerade diese Mischung zwischen versuchter thematischer Systematisierung und räumlicher Gliederung zum Kennzeichen dieser Arbeit. Der Ansicht,

1) so z. B. im Kapitel:"Was vom Ǧabal as-Sarāt im Jemen liegt",(Forrer S. 62 - 79, Müller S. 67 - 71): Er nennt von Süden nach Norden alle Gebirgsteile.
2) vgl. Kramers:La littérature géographique, S. 186; Sprenger: Versuch einer Kritik, S. 367
3) vgl. die Konzeption von Muqaddasī S. 111 ff.
4) s. z. B. das Kapitel über Sarw Madḥiǧ, Forrer S. 139 - 154
5) Forrer: S. 158 - 183
6) Forrer S. 49 - 54; 208 - 248; Müller S. 119 - 155
7) vgl. S. 100 - 102

Hamdānī habe eine systematische Länderkunde geschrieben,[1] kann ich mich, obwohl ich vielen einzelnen Kapiteln eine systematische Konzeption zuerkennen kann, deshalb nicht anschließen.

IV. Die Einbeziehung der Tradition

1. Die Verwendung traditioneller Hilfsmittel

Wenn man, wie es m. E. richtig ist, davon ausgeht, daß Hamdānī sein "Ṣifat" von Beginn an als dreiteilig konzipiert hat, beginnend mit einer mathematisch-geographischen Einführung auf der Grundlage des Ptolemäus und endend mit der Urǧūza, so präsentiert sich das Buch im Sinne der islamischen Tradition als geschlossene formale Einheit. Hamdānī stellt[2] die Basmallah[3] voran und läßt seinen letzten Abschnitt im Anschluß an die Urǧūza mit den Worten beginnen:

> "Die Urǧūza beschließt das Buch [von] der arabischen Halbinsel und ich beende es [nun] vollständig. Lob sei Gott, dem Herrn der Welten und gesegnet sei Muḥammad, das Siegel der Propheten (...)"[4]

Anfang und Ende des "Ṣifat" halten sich damit an die literarische Norm der mittelalterlichen islamischen Literatur, die eine enge Anlehnung an ein formales Textmodell vorsah.[5] Für Hamdānī als belesenen Gelehrten ist die Einhaltung der traditionellen Textform daher selbstverständlich. Seine Ansprüche reichen aber über die Befriedigung einer literarischen Norm hinaus; die Art seiner Argumentation, die Verwendung von Quellen und seine Beweisführung weisen darauf hin, daß er sein Buch als wissenschaftliche Arbeit verstanden haben will, denn in diesem Bereich arbeitet Hamdānī mit vielen Mitteln, die dem mittelalterlichen islamischen Gelehrten zur Verfügung stehen.

---

1) Ein besonderes Problem stellt die Anordnung mancher Kapitel dar. So wird der Jemen an verschiedenen Stellen des Buches, u. a. am Anfang und Schluß, beschrieben, was zweifellos eine Auswirkung des Systematisierungsversuches ist. Forrer hat in seiner Übersetzung die offensichtlich zusammengehörigen Teile nacheinander arrangiert, so daß z. B. die Darstellung des Jemen als zusammenhängend erscheint. Das aber entspricht nicht der Anordnung der arabischen Ausgabe. Mag auch Forrers Zusammenschnitt dem heutigen Leser die Lektüre sehr erleichtern, so stellt sich doch die Frage, ob ein solches Verfahren prinzipiell erlaubt sein darf: Nach der Anordnung des Textes bei Forrer erhält das "Ṣifat" eine allein auf räumliche Einheiten gegründete Konzeption, die mit der Balḫī-Schule vergleichbar ist. Die Vermengung beider dargestellter Ansätze, wie sie für das "Ṣifat" kennzeichnend ist, kann vom Leser nicht erkannt werden. Noch aus einem anderen Grund erscheint mir eine solche Änderung der ursprünglichen Reihenfolge der Textabschnitte als gefährlich: Außer den Orientalisten haben sicherlich die Geographen ein Interesse an Forrers Übersetzung, denen aber meist die notwendigen Sprachkenntnisse fehlen, um die Übersetzung mit dem Original vergleichen zu können. Allein auf die Übersetzung angewiesen aber entsteht ein falscher Eindruck von Hamdānīs Werk. Forrer gibt zwar die Seitenzahlen der arabischen Ausgabe am Rande seiner Übersetzung an; eine Rekonstruktion der ursprünglichen Anordnung erscheint aber schwierig, abgesehen davon, daß durch die vorgenommene Umstellung die beschriebenen Mängel sowie andere Fragen nicht als Probleme sichtbar und infolgedessen nicht gezielt untersucht werden können.

2) nach der Müllerschen arabischen Ausgabe S. 1

3) s. S. 13

4) Müller S. 279, eigene Übersetzung

5) vgl. S. 13

Ein erstes Indiz dafür ist die Zitierung eines Ḥadīṯ zu Beginn des länderkundlichen Teils. Bevor Hamdānī die Einteilung der arabischen Halbinsel nach dem Stand des Wissens zu seiner Zeit beschreibt, führt er ein Ḥadīṯ an, das von der präislamischen Besiedlung und politischen Einteilung der Halbinsel berichtet.[1][2] Vor jeder weiteren räumlichen Gliederung nach eigener Anschauung, anderen Augenzeugenberichten oder ähnlichen Quellen steht also die durch das Ḥadīṯ vorgegebene Landesaufteilung.

Es wird deutlich, welch wichtige und grundlegende Rolle Hamdānī dem Ḥadīṯ als Quelle beimißt: Den religiösen Autoritäten, auf deren Zeugnis das Ḥadīṯ zurückgeht, wird unter allen möglichen Quellen der höchste Wahrheitsanspruch und die größte Beweiskraft zugestanden, auch in wissenschaftlicher Hinsicht. Mit der Zitierung des Ḥadīṯ zu Beginn der Länderkunde zeigt sich die Verwurzelung Hamdānīs in der Wissenschaftsauffassung seiner Zeit, der er durch das Voranstellen des Ḥadīṯ Rechnung trägt.

Ein weiteres Zeichen für Wissenschaftlichkeit ist im islamischen mittelalterlichen Wissenschaftsbetrieb, wie dargestellt, der Rekurs auf qualifizierte, anerkannte Fachautoritäten. Hamdānī bedient sich dieses Instruments gleich zu Beginn des Buches, wenn er den gesamten ersten Teil in Anlehnung an die geographische Autorität des Ptolemäus gestaltet. Im zweiten, länderkundlichen Teil läßt sich ein solcher Rekurs auf Ptolemäus nicht nachweisen. Zwar nennt Hamdānī bei der Beschreibung der Pilgerstraße zwischen Sana und Mekka[3] auch die geographische Position der Orte auf mathematisch-astronomischer Basis, aber er beruft sich nicht ausdrücklich auf den griechischen Geographen.[4]

Auch die Zitierung anderer berühmter geographischer Autoritäten, wie sie z. B. Iṣṭaḫrī zu gleicher Zeit nennt, kann bei Hamdānī nicht nachgewiesen werden: Keiner der bekannten älteren Geographen - wie z. B. Qudāma, Ibn Ḫurdāḏbih, Ibn al-Faqīh - wird von Hamdānī namentlich erwähnt. Dennoch kann das "Ṣifat" als wissenschaftliche Abhandlung nach den Normen der damaligen Zeit betrachtet werden, denn es bietet andere Autoritäten geographischer Information an, die freilich nur auf der arabischen Halbinsel zu so großer Bedeutung gelangt waren: die Poeten.[5]

2. Die Bedeutung der Poesie im "Ṣifat"

Wie bereits früher expliziert, besaß die arabische Halbinsel eine lange poetische Tradition,[6] die in einem besonderen Verhältnis zur Geographie stand. Die Urǧūza am Schluß des "Ṣifat ǧazīrat al-ʿarab" gibt Aufschluß über das hohe Ansehen, das die Poesie als geographisches Quellenmaterial genoß. Diesen Umstand berücksichtigt Hamdānī auch in seinem länderkundlichen Teil: An unzähligen Stellen belegt er seine eigenen Beobachtungen oder Recherchen über einen Ort oder einen Landesteil mithilfe eines Dichterwortes, das den geschilderten Sachverhalt oder den beschriebenen Ort erwähnt wie im folgenden Beispiel:

---

1) zur Definition des "Ḥadīṯ" s. S. 11
2) Forrer S. 25 f.
3) Forrer S. 235 - 239
4) Sprenger: Versuch einer Kritik, S. 369. Sprenger weist darauf hin, daß die Polhöhe mithilfe eines Gnomons und anhand der damaligen Windrose bestimmt worden sei. Der Ansatzpunkt ist im Ursprung also durchaus noch ptolemäisch, aber die Araber hatten ihn schon seit längerer Zeit in der mathematischen Geographie rezipiert. Vgl. S. 17 ff.
5) Es sei noch einmal daran erinnert, daß die Poesie zu den arabischen Wissenschaften gerechnet wurde, also ausdrücklich als Wissenschaft verstanden wurde. Plessner: Wissenschaften im Islam, S. 16. Vgl. S. 13 f.
6) vgl. S. 66

"Aṯāfit, auch Aṯāfih[1] genannt, aber öfter mit t vorkommend. ar-Ra'īs al-Kubārī, ein Bewohner von Aṯāfit, sagte mir: In der Heidenzeit wurde es Durnā genannt. Dies meint al-Aʿšā mit den Worten:

Ich sagte zu der Zecherrunde in Durnā, als sie schon betrunken waren:
Seht [den Blitz] !
Allein, wie kann der betrunkene Zecher sehen.

Es kam oft vor, daß er dort Traubenlese hielt; er besaß dort eine Weinpresse und preßte darin die Trauben, welche ihm die Leute von Atafit reichlich spendeten. In seiner Qasīda al-Bā'ijja heißt es:[2]

"Ich liebe Aṯāfit zur Zeit der Weinlese, wo die Trauben gepflückt,
Zur Zeit, wo sie gepreßt werden.

Seine Bewohner sind Āl Ḏī Kubār und Wādaʿa."[3][4]

Diese Ausführungen finden sich im Kapitel über die Stadt Sana,[5] in dem auch viele andere Städte und Dörfer im Hochland beschrieben werden. Hamdānī gibt hier vier Informationen über die Stadt Aṯāfit: ihre Lage, ihren Namen in islamischer und präislamischer Zeit, den Anbau von Wein, ihre Bewohner. Zwei dieser Informationen werden belegt mithilfe von Zitaten aus alten Gedichten, die damit die Stelle der üblichen geographischen Autoritäten einnehmen. Ebenso verhält es sich im folgenden Beispiel:

"ʿAndal. Eine große Stadt, den Ṣadaf gehörig. Imru-l-Qais b. Ḥuǧr sagte darüber, als die Ṣadaf es besucht hatten:

Wie wenn ich nicht einst mich in Dammūn vergnügt
Und eines Tages den Überfällen in ʿAndal beigewohnt hätte.

ʿAndal, Ḫaudūn, Haddūn, Dammūn sind Städte der Ṣadaf in Ḥaḍramaut."[6]

Hamdānī übernimmt also nicht nur mit der Urǧūza als letzten Teil des "Ṣifat" ein Stück literarischer Tradition der arabischen Halbinsel, vielmehr wird diese auch im länderkundlichen Teil wirksam, wo die eigenen Ermittlungen mithilfe der poetischen Quellen bestätigt und abgesichert werden. Die Poesie wird so zum Instrument der Verifikation eigener Ermittlungen und bewußt eingesetzt: Hamdānī verfährt mit der Poesie wie mit fachlichen geographischen Autoritäten, was von der wissenschaftlichen Tradition der Halbinsel anerkannt ist.[7] Von daher dokumentieren die poetischen Einschübe den wissenschaftlichen Anspruch von Hamdānīs Buch.[8]

Bemerkenswert ist die unterschiedliche Stellung der Poesie im zweiten bzw. dritten Teil des Buchs: Im zweiten, länderkundlichen Teil gewinnt sie an vermehrter Bedeutung, da sie als Beleg und Beweis eigener Recherchen des Autors verwendet wird und nimmt somit gegenüber den anderen Informationen eine höhere Stellung ein. Die Urǧūza dagegen hat

---

1) Das ist ein Dorf zwischen Raida und Haiwan; Forrer S. 60, Fußnote 4
2) Qasīda = Gedicht
3) Āl Ḏī Kubār und Wādaʿa sind Stammesangehörige.
4) Zitat nach Forrer S. 60 f.
5) Müller S. 55 - 67
6) Forrer S. 129
7) Sprenger: Versuch einer Kritik, S. 393 f.
8) An dieser Stelle zeigt sich deutlich, daß Geographiegeschichte sinnvoll nur unter Einbeziehung der geistigen und kulturellen Hintergründe einer Epoche betrieben werden kann. Untersuchte man das "Ṣifat" auf den "geographischen Gehalt", nähme man eine Wertung allein aus heutiger Sicht vor. Die poetischen Einschübe, die Gedichtzitate und vor allem die Urǧūza täte man aus einer solchen Perspektive als irrelevant ab. Für das 10. Jahrhundert aber bedeuten sie den Nachweis der Wissenschaftlichkeit!

wohl weniger eine Verifikationsfunktion, sondern übermittelt als gleichberechtigte Quelle neben Ptolemäus und Hamdānī selbst geographische Nachrichten. So ist die Poesie je nachdem, welche Funktion sie einnimmt und in welchem Zusammenhang sie eingesetzt wird - als Quelle oder als Verifikationsmittel - einmal den übrigen Informationen gleichwertig, ein anderes Mal übergeordnet.[1)]

V. Zusammenschau

Die zentrale Rolle der Poesie im "Ṣifat ǧazīrat al-ʿarab" dokumentiert die Abhängigkeit Hamdānīs vom bestehenden Wissenschaftssystem, das die Vorstellung einer selbständigen Länderkunde nicht ermöglichte. Die Kriterien für Wissenschaftlichkeit beschränkten sich auf bestimmte Formalia und die Beweisführung; die Gestaltung der Inhalte, d. h. die Themenanordnung, Systematisierung, Verarbeitung, bleibt dem Autor solange selbst überlassen, wie es keine fachspezifische Systematik gibt, und eben jene fehlt noch zu Hamdānīs Zeit.

Vor diesem Hintergrund und im Vergleich zu den Länderbeschreibungen des Ibn Faḍlān und Abū Dulaf stellt seine Arbeit insofern einen Fortschritt dar, als Hamdānī versucht hat, eine gewisse Ordnung in ein räumliches Gebilde zu bringen, das von der Poesie jahrhundertelang nach den Gesetzen der Poesie beschrieben worden war, was eine thematische Systematisierung oder gar eine detaillierte Raumgliederung verhinderte.

Aber es liegt nicht in Hamdānīs Absicht, eine fachspezifische geographische Systematik zu entwickeln. Hamdānī versucht vielmehr in "Ṣifat" und "Iklīl", ein vollständiges und umfassendes Bild der arabischen Halbinsel zu zeichnen. Im "Ṣifat" werden dazu die damals bekannten geographischen Quellen herangezogen, die Hamdānīs eigene Beobachtungen und Informationen ergänzen. Die Entwicklung einer eigenständigen länderkundlichen Systematik und des Begriffs der Länderkunde als einer neuen wissenschaftlichen Disziplin lag wohl kaum im Interesse des Verfassers, wie die Analyse der Darstellung belegt: Hamdānī orientiert sich am traditionellen arabischen Wissenschaftsbegriff und geht nicht über die Kategorien des Wissenschaftssystems hinaus, in dem Länderkunde nicht vorhanden war. So bleibt das "Ṣifat", weil in ihm trotz verschiedener neuartiger Ansätze keine grundlegende Reflexion des bisherigen Vorgehens erfolgt, an ältere Vorbilder gebunden, die Hamdānī bei Ptolemäus und in der arabischen Poesie findet. Eine Systematisierung der Inhalte nach einem räumlichen Gliederungsprinzip, das konsequent durchgeführt wird, kann, da vom Wissenschaftsverständnis nicht notwendig gefordert,[2)] nicht geleistet werden und rückt auch gar nicht in Hamdānīs Bewußtsein; ohne eine solche Reflexion der Voraussetzungen ist aber, wie das Beispiel Muqaddasīs zeigt, die Vorstellung einer eigenständigen Disziplin nicht möglich.[3)]

Der zweite, länderkundliche Teil i. e. S. im "Ṣifat" ist zwar als Länderkunde im definierten Sinne zu bezeichnen, da geographisches Material im Hinblick auf einen bestimmten Raum verarbeitet wird. Hamdānī bringt verschiedene räumliche Erscheinungen zur Darstellung, aber er bedient sich dabei der traditionellen Quellen, Methoden und Hilfsmittel, die insbesondere aus dem Bereich der Poesie stammen, zu der er als ausgebildeter Philologe und Grammatiker eine besonders enge Bindung besitzt. Auf diese Weise muß die Länderkunde zwangsläufig in Abhängigkeit von der Poesie geschehen, die Quelle und Beweis zugleich darstellt. Damit finden sich für die Entwicklung der Länderkunde durch

1) vgl. das Verifikationsverfahren bei Muqaddasī!
2) vgl. S. 18
3) vgl. die Ausführungen zu Muqaddasīs wissenschaftstheoretischen Überlegungen

die Erarbeitung einer fachspezifischen Systematik lediglich Ansätze, keine vollständigen Überlegungen und keine Konzeption.

Dennoch hat Hamdānī für seine Zeit und seinen Lebensraum etwas Neuartiges geleistet. Während zur gleichen Zeit Iṣṭaḫrī auf die Vorlage des Balḫī bei der Abfassung seiner Länderkunde zurückgreifen kann, schreibt Hamdānī in der relativen Abgeschiedenheit des Jemen und ohne Kenntnis der Balḫī-Schule ein wissenschaftliches Buch, das alle anerkannten geographischen Informationsmöglichkeiten ausschöpft und die Quellen als unterschiedlich erkennt: So steht der mathematisch-geographische Teil in der Auseinandersetzung mit Ptolemäus als geschlossene Einheit am Anfang; die eigenen Ermittlungen Hamdānīs bilden ebenfalls als länderkundlicher mittlerer Teil ein geschlossenes Ganzes, das auch formal von Hamdānī gegenüber den anderen Teilen abgegrenzt wird (neuer Titel), wobei die Poesie notwendiger wissenschaftlicher formaler Bestandteil ist. Die Urǧūza am Ende des Buches ist ein Beispiel für die Art von "Länderkunde", wie sie als Poesie jahrhundertelang betrieben wurde.

Damit faßt Hamdānī in einem einzigen Buch alle geographischen Ansätze zusammen, die zu seiner Zeit und in seinem Lande bekannt waren, aber bisher nur in einzelnen Teilen existierten: Wohl war vielen Gelehrten das ptolemäische System bekannt, wohl kannten sie die arabische Poesie, aber die Zusammenstellung dieser traditionellen Ansätze mit den eigenen, in die gleiche Richtung zielenden Untersuchungen im Hinblick auf einen bestimmten Raum ist neuartig.

Die drei Teile des "Ṣifat" müssen, wenn die Leistung Hamdānīs beurteilt werden soll, deshalb im Zusammenhang gesehen werden. Eine isolierte Betrachtung des i. e. S. länderkundlichen Teils erbringt zwar ein reichhaltiges Quellenmaterial, aber die Abhängigkeit von älteren Quellen ist allein aus diesem Textteil nicht unmittelbar einsichtig. Im übrigen bilden die drei Textkomponenten auch eine formale Einheit: Die Basmallah vor dem mathematisch-geographischen Teil - und nicht vor dem länderkundlichen - sowie die Abschlußformel nach der Urǧūza weisen auf die Zusammengehörigkeit der drei Textteile hin.[1)]

Unter diesen Aspekten ist das "Ṣifat" eine bemerkenswerte Erscheinung im 10. Jahrhundert: Es vereinigt mathematische Geographie, eine adaptierte Fremdwissenschaft, mit der Poesie, einer genuin arabischen Wissenschaft,[2)] die gemeinsam zur Darstellung eines bestimmten Raumes als Quellen herangezogen werden. Hierin sehe ich die Sonderstellung Hamdānīs: Er zieht geographische Quellen und Methoden aus den unterschiedlichsten Wissenschaften zur Realisierung der länderkundlichen Darstellung eines Raumes heran. Nicht nur die Fülle der Angaben, nicht ihre Exaktheit zeichnen die Arbeit Hamdānīs gegenüber den anderen im 10. Jahrhundert aus,[3)] sondern die Tatsache, daß er Länderkunde betrieb, indem er arabische und nicht-arabische Wissenschaften miteinander kombinierte. Daß sich das arabische Element dann letztlich sehr viel stärker durchsetzt als das griechische, ist auf die Ausbildung des Philologen Hamdānī, dem der Umgang mit poetischem Quellen-

1) Unter diesen Aspekten erscheint mir die Annahme, das "Ṣifat" stelle möglicherweise ein Fragment dar (vgl. Forrer S. 4 f.) als sehr unwahrscheinlich im Hinblick auf seine Konzeption, die in dieser formalen Gestaltung durchaus endgültigen Charakter trägt.
2) Zur Einteilung des Wissenschaftssystems und der Stellung der Poesie s. S. 13 f.
3) vgl. Forrer S. 5: Er beurteilt den Wert des "Ṣifat" wie Sprenger nach Fülle und Exaktheit der Angaben. Dies ist zweifellos ein wichtiges Kriterium für die Historische Geographie, in geographiehistorischer Perspektive spielt dies nur eine untergeordnete Rolle. Vgl. Einleitung S. 7 f.

material weitaus vertrauter gewesen sein dürfte als mit mathematisch-astronomischen Unterlagen, zurückzuführen.

VI. Thesen zum Werk des Hamdānī

1. Das "Ṣifat ǧazīrat al-ʿarab" ist eine wissenschaftliche Arbeit, die die üblichen wissenschaftlichen Hilfsmittel verwendet, sich insbesondere auf geographische Autoritäten beruft. Kennzeichnend ist dabei die Vereinigung von Quellen aus unterschiedlichen Bereichen. Sie entstammen zum einen den "ʿulūm al-awāʾil" (Ptolemäus-Rekurs) und zum anderen den "ʿulūm al-ʿarab" (Poesie),[1] wobei mit der Poesie auf eine besonders typische arabische Wissenschaft zurückgegriffen wird.

2. Aufgrund seiner Ausbildung als Historiker und Philologe liegt der Ansatzpunkt Hamdānīs weniger im geographischen als im historischen oder poetologischen Bereich:
   - die Poesie erfüllt eine Doppelfunktion als Quellenmaterial und Verifikationsinstrument eigener Aussagen von Hamdānī;
   - die Beschränkung auf überschaubare Kleinregionen ist eine Folgeerscheinung vor allem der literarischen Tradition auf der arabischen Halbinsel.

3. Traditionsgebundenheit zeigt Hamdānī auch im Hinblick auf seine Länderkundevorstellung: Sie ist primär gebunden an traditionelle Vorbilder (Ptolemäus, Poesie), eine Reflexion der inhaltlichen Systematisierung findet nicht statt. Ansätze hierzu sind zwar vorhanden, werden aber nicht konsequent durchgeführt, so daß in der Folge zwei unterschiedliche Raumteilungsprinzipien miteinander vermengt werden, wobei keines der Gliederungsprinzipien als solches erkannt zu sein scheint. Trotzdem kann Hamdānī ein wesentlich differenzierteres Raumverständnis als Abū Dulaf und Ibn Faḍlān nicht abgesprochen werden, denn er legt räumliche Strukturen und nicht zeitliche Abläufe der Gliederung zugrunde.

4. Das "Ṣifat" stellt die erste wissenschaftliche Abhandlung mit klar abgegrenztem länderkundlichen Inhalt im 10. Jahrhundert dar. Dennoch wird hier Länderkunde nicht als selbständige Wissenschaft, sondern ausgehend von der Poesie betrieben, die als Quellenmaterial und Beweismittel fungiert. Die Entwicklung einer systematischen länderkundlichen Konzeption ist nicht intendiert - die deskriptive Geographie wird nun, obwohl aus dem Bereich des rein Literarischen zur Wissenschaftlichkeit erhoben, in Abhängigkeit von anderen Disziplinen betrieben.

B. <u>Masʿūdī</u> (Werk 943 - 947)

I. Die Ausgangslage

Von allen hier untersuchten Autoren des 10. Jahrhunderts ist Masʿūdī der in der Forschung am besten bekannte und ausgeschöpfte Schriftsteller. Seine mehr als dreißigjährige Reisetätigkeit, seine Universalität, die Qualität seiner Einzeldarstellungen - insbesondere die Recherchen zur Geschichte der Kalifen - und nicht zuletzt die Tatsache, daß von seinen zahlreichen Büchern heute ein recht großer Teil erhalten ist, haben die Historiker und Geographen schon frühzeitig zur Erforschung von Masʿūdīs Ar-

---

1) s. S. 13

beiten angeregt.[1] In den fünfziger und sechziger Jahren des 2o. Jahrhunderts befaßte sich insbesondere Maqbul Ahmad in zahlreichen Veröffentlichungen,[2] wobei speziell die Mas'ūdī-Gedächtnisausgabe zu nennen ist,[3] mit den Mas'ūdī-Skripten und unterzog sie auch im Hinblick auf geographische Fragestellungen einer Prüfung.

So stellt sich in der vorliegenden Untersuchung die Frage nach der Existenz einer länderkundlichen Konzeption nicht mehr, da sie als gelöst betrachtet werden kann. In Übereinstimmung mit zahlreichen anderen Mas'ūdī-Forschern betont Maqbul Ahmad den universal-wissenschaftlichen Ansatz Mas'ūdīs, der eine systematische Allgemeingeographie oder gar eine spezielle länderkundliche Konzeption für Mas'ūdī offenbar nicht notwendig machte. Die stark historische Ausrichtung der "Murūǧ" zeigt im übrigen, daß Mas'ūdī andere als geographische Prioritäten setzte.[4][5] Meine eigenen Untersuchungen haben im Hinblick auf diese bereits bekannten Positionen nichts Neues ergeben, so daß ich hier in erster Linie auf das schon vorhandene Schrifttum zu Mas'ūdī verweisen muß, da eine Reproduktion bereits bekannter Ergebnisse nicht der Aufgabe der Arbeit entsprechen würde.

Trotzdem kann ich nicht darauf verzichten, zumindest kurz auf Mas'ūdī einzugehen, denn ein im Hinblick auf die Fragestellung dieser Untersuchung wichtiger Nachweis ist von der bisherigen Mas'ūdī-Forschung nicht erbracht worden. So existiert zwar in der Literatur ein allgemeiner Konsens, daß Mas'ūdī weder eine systematische Allgemeingeographie noch eine systematische Länderkunde betrieben habe, jedoch fehlt für die letzte These der Nachweis, mag sie auch schon beim ersten Lesen evident sein. Es fehlt bislang eine Untersuchung des Stellenwertes, den Mas'ūdī länderkundlichen Nachrichten zumißt; dieser läßt sich mithilfe der Kontexte ermitteln, in denen Länderkundliches berichtet wird, denn diese Kontexte vermögen Auskunft über Wertigkeit und Funktion von länderkundlichen Nachrichten zu geben und lassen auf diese Weise Mas'ūdīs Einstellung zur Länderkunde erkennen. Diese Lücke in der Mas ūdī-Forschung gilt es hier zu füllen.

II. Zu Person und Werk des Verfassers

1. Biographie und Quellen

Abū-l-Ḥassan 'Alī b. al-Ḥusain al-Mas'ūdī wurde zu Baghdad geboren; sein Geburtsdatum ist unbekannt,[6] er starb im Jahr 956 in Ägypten.[7] Im zweiten Jahrzehnt des 10. Jahr-

---

1) vgl. die Übersetzung der "Murūǧ aḏ-ḏahab" und das "Kitāb at-tanbih" durch Barbier de Meynard in den Jahren 1861 - 1877; die Notizen bei Reinaud: Introduction à la Géographie d'Abū-l-Fidā, S. LXV - LXVII; Lelewel: Géographie du moyen âge, Bd. 1, Brüssel 1852, S. 39; Storbeck: Die Berichte der arabischen Geographen. In: Mitt. d. Seminars f. orientalische Sprachen 17, Berlin 1914, S. 188
2) vgl. Literaturverzeichnis
3) Maqbul Ahmad/Rahman A.: Al-Mas'ūdī Millenary Commemoration Volume. Muslim University Aligarh/India, 196o.
4) Maqbul Ahmad: Al-Mas'ūdīs Contributions to Medieval Arab Geography. In: IC 27,2 (1954), S. 63 f.
ders.: Travels of Abū-l-Ḥasan Alī b. al-Ḥusayn al-Mas'ūdī, In: IC 28 (1954), S. 509
Shafi: Al-Mas'ūdī as a Geographer. MCV, S. 72
Blachère/Darmaun: Extraits, S. 9/10; S. 202
5) Sarton feiert Mas'ūdī begeistert als einen der größten Reisenden und Geographen aller Zeiten, ohne Kriterien für eine solche Einschätzung zu nennen. Er nennt Mas'ūdīs Werk eine "Enzyklopädie arrangiert in geographischer Anordnung", eine Auffassung, die ich nicht teilen kann: Die "Murūǧ" sind klar durch eine historische Systematik determiniert, in der einzelne geographische Kapitel nur Ergänzungsfunktion haben (vgl. später); wenn die "Murūǧ" eine Zusammenfassung der anderen Werke Mas'ūdīs sein sollen, wie er oft zu verstehen gibt, erscheint es mir als unwahrscheinlich, daß den übrigen Schriften eine geographische Systematik zugrundegelegen hat.
6) Maqbul Ahmad: Al-Mas'ūdīs Contributions, S. 61
7) ebd. S. 62

hunderts begann er, gebildet in allen damaligen Wissenschaften und überaus gelehrt,[1] eine langjährige Reisetätigkeit - er verbrachte mehr als dreißig Jahre seines Lebens auf Reisen -,[2] die ihn durch zahlreiche islamische Provinzen führte und ihm Kontakte mit vielen fremden Völkern brachte.[3] Seine Erfahrungen, Beobachtungen und Erkenntnisse brachte er in mehr als fünfzig Büchern zu Papier, wovon heute noch zehn erhalten sind, bekannt unter den Titeln "Die Goldwiesen und die Minen der wertvollen Steine" im Folgenden kurz als "Murūğ" nach dem arabischen Titel genannt,[4] und "Das Buch der Revision" ("Tanbih"),[5] in dem Masʿūdī Ergänzungen und Berichtigungen zu den "Murūğ" machte.[6] Beide Werke tragen - entsprechend der Universalität Masʿūdīs - universalen Charakter mit wissenschaftlichem und literarischem Anspruch, wobei die inhaltlichen Prioritäten im Bereich der Geschichte liegen, der Masʿūdī sehr verbunden war, wie er an verschiedenen Stellen zu erkennen gibt.[7] Das Werk der "Murūğ" stellt einen Auszug, eine Art Quintessenz und Zusammenfassung anderer Arbeiten Masʿūdīs dar, die heute nicht mehr existieren;[8] ihre Aufzählung und Charakterisierung in den "Murūğ" lassen jedoch erkennen, daß der Autor eine i. e. S. geographische Weltbeschreibung verfaßt[9] und auch in einem anderen Buch[10] seine Reisen beschrieben und zusammengestellt haben muß;[11] auch diese Schriften sind verloren gegangen, so daß heute nur noch die beiden Werke, die anfangs genannt wurden, erhalten sind und beurteilt werden können.

2. Der Ansatzpunkt Masʿūdīs

Die "Murūğ" sind zwischen 943 und 947[12] entstanden.[13] Sie enthalten neben wenigen, vom Titel her geographischen Kapiteln, eine Geschichte der Völker und Reiche, ihrer Könige, Religionen und Genealogien, wobei das Schwergewicht auf der Darstellung des islamischen Reiches in historischer Perspektive liegt (Geschichte der Kalifen). Jedoch enthalten fast alle Kapitel neben anderen auch geographische Aussagen:

> "So ist die Summe der Kapitel, die in diesem Buche enthalten sind [Anm.: Masʿūdī hat zuvor eine Kapitelübersicht gegeben]. Aber man findet außerdem in jedem dieser Kapitel verschiedene Arten von wissenschaftlichen [Angaben] und religiösen oder historischen Traditionen, die im Titel nicht angezeigt sind."[14]

---

1) Reinaud: Introduction, S. LXV
2) ebd.
3) vgl. dazu M.'s Reiseperioden bei M. Ahmad: Travels of al-Masʿūdī, S. 511 - 521
4) Ganzer arabischer Titel: "Murūğ ad-dahab wa maʿādin al-ğawāhīr" (Ausgabe B. de Meynard)
5) ganzer Titel: "Kitāb at-tanbih wa-l-išrāf"
6) Die vorliegende Untersuchung basiert auf der französischen Übersetzung und arabischen Edition von Barbier de Meynard: Les prairies d'or. Collection d'ouvrages orientaux publiée par la Société Asiatique, Paris 1861 - 77, 9 Bde.; sowie der verbesserten französischen Ausgabe bei Pellat: Bd. 1 - 3, Paris 1962 - 1971, die in der gleichen Reihe erschienen ist.
vgl. Blachère/Darmaun: Extraits, S. 2o4
7) Pellat § 7 Bd. 1; Meynard Bd. 9 S. 78
zur Universalität vgl. Meynard Bd. 9, S. 80: Begründung mithilfe des Korans!
8) Pellat Bd. 1, § 16
9) im "Kitāb ahbār az-zamān; s. Pellat Bd. 1, § 1
10) im "Kitāb al-qadāya wa-l-tağārib"; Maqbul A. in: EI^2 S. 580, "Djughrāfiyā"
11) Maqbul A: Travels of al-Masʿūdī, S. 509
12) Showket: Arab Geography, S. 132
13) Nach Reinaud: Introduction générale, S. LXVII, wurden die "Murūğ" 943 redigiert, einige Jahre später neu aufgelegt und verbessert; die letzte Edition sei heute verschollen.
14) nach Pellat Bd. 1, § 33

Darstellungsart und Methode Mas'ūdīs sind charakteristisch für das Wissenschaftsverständnis im mittelalterlichen islamischen Kulturraum. Formal erfüllen die "Murūǧ" alle wissenschaftlichen und literarischen Ansprüche der Zeit: Mas'ūdī beginnt mit der Basmallah sowie dem Lobpreis Gottes und Muḥammads und beendet sein Werk ebenso traditionell-formal mit Unterwerfungs- und Lobesformeln. Koran[1] und Ḥadīṯ[2] fungieren als oberste Autoritäten in allen Zusammenhängen, fachlich anerkannte Autoritäten wie die alten griechischen Autoren werden ebenso herangezogen wie historische[3] oder poetische[4] Quellen.

Inhaltlich präsentieren sich die "Murūǧ", gemessen an heutigen Anforderungen, als scheinbares Durcheinander, das aus dem damaligen enzyklopädischen Begriff von "Wissen" resultiert.[5] Zwar lassen sich in der Großkonzeption gewisse thematische Blöcke erkennen - so beschreibt Mas'ūdī z. B. die Geschichte der Kalifen in zusammenhängenden Kapiteln, ebenso die der Völker oder die Großräume der Welt -, aber die einzelnen Kapitel selbst enthalten eine Vielzahl von mehr oder minder lose assoziierten Einzelangaben, die oftmals weit vom eigentlichen Thema wegführen,[6] und die auch nur selten eine systematische Strukturierung im Detail erkennen lassen.

Sammeleifer auf allen Gebieten kennzeichnet die "Murūǧ"; ein Wissenschaftsbegriff, der Systematik und Konzentration impliziert, ist nicht vorhanden und ja auch zur damaligen Zeit nicht verlangt. Die Einhaltung eines formalen Textmodells und eines traditionellen Beweisverfahrens einerseits sowie die Sammlung von Nachrichten, Beobachtungen und Erkenntnissen andererseits kennzeichnen Mas'ūdīs Werk.[7] So ist Mas'ūdī von der Darstellungsweise her von allen hier untersuchten Autoren derjenige, der dem Idealtyp des mittelalterlichen islamischen Gelehrten am nächsten kommt. Vor diesem Hintergrund erklärt sich das Fehlen einer allgemein-geographischen oder länderkundlichen Systematik - sie war nicht erforderlich und von den wissenschaftstheoretischen Voraussetzungen her im Grunde nahezu unmöglich.[8]

III. Das Fehlen einer länderkundlichen Konzeption

1. Die Einstellung zur Reisetätigkeit

Es wurde bereits darauf hingewiesen, daß für Mas'ūdīs wissenschaftliche Arbeit seine weiten Reisen von zentraler Bedeutung waren.[9] Nichts läge also näher als anzunehmen,

---

1) vgl. als Beispiele: Pellat Bd. 1, Kapitel 3. Bd. 2, § 773, 777 u. v. a.
2) Pellat Bd. 3, § 2085 - 2104. Vgl. auch A. Rahman: Al-Mas'ūdī and Contemporary Science. MCV S. 49
3) Pellat Bd. 2, § 774. Bd. 1, § 336 - 347
4) Pellat Bd. 1, § 49, 397, 638. Bd. 2, § 758, 759, 768
5) vgl. S. 18
6) Blachère/Darmaun: Extraits, S. 204
7) Unschwer ist dieser Wissenschaftsbegriff auf die islamische Frühzeit zurückzuführen, in der Sammler Traditionen und Sprüche des Propheten sammelten. Die Auffassung, die Altvorderen wären der Wahrheit ein Stück näher gewesen als die Lebenden, da sie zeitlich näher zu Muḥammad standen, trug ein Übriges dazu bei, daß Wissen zwar gesammelt, aber nicht geordnet wurde.
8) Es sei noch einmal daran erinnert, daß kein arabisches Wort für "Geographia" existierte. "Mathematische Geographie" und "Deskriptive Geographie" zerfielen in eine Vielzahl von Einzelsparten, die so speziell auf ein vom Autor dargestelltes Thema zugeschnitten waren, daß man kaum von "Disziplinen" sprechen kann. Die Leistung Muqaddasīs erscheint vor diesem Hintergrund und im Vergleich zu Mas'ūdī aus heutiger Sicht als überragend.
9) s. Minorsky: Géographes et voyageurs musulmans. In: BSR 24 (1951), S. 28

daß sich bei dieser langjährigen Beschäftigung auch eine für die Länderkunde fruchtbare Auswertung ergeben hätte, etwa in Form einer Länderkunde wie z. B. der Balḫī-Schule. [1] Aber während die Vertreter jener Schule Reisen zum Zwecke der Geographie betrieben, verfolgte Mas'ūdī damit ein anderes Ziel:

> "Wir sind zum Teil veranlaßt gewesen, die Werke [Anm.: gemeint sind die Arbeiten, die M. in den "Murūǧ" angeblich exzerpiert] über die universelle Geschichte zu verfassen und die alten Traditionen in Bezug auf die Propheten, die Könige und ihre Herrschaft, die Völker und ihren Platz auf der Erde, zu sammeln, aus dem Wunsch heraus, dem Weg zu folgen, der von den Gelehrten und Weisen vorgezeichnet ist, und die Geschichte der Welt würdig, in einer wissenschaftlichen Form, geordnet und solide, fortzusetzen.(...) Aber die erleuchtesten und scharfsinnigsten Geister haben manchmal darin [in ihren Werken] interessante Ursachen vergessen. Es verwandte ein jeder von ihnen seine Mühen auf ein spezielles Thema; jedes Land (...) bietet Wunder, auf die seine Einwohner ihre Kenntnisse beschränken [können], aber der Schriftsteller, der seine Heimat nicht verlassen hat und sich mit den Traditionen, die sich auf seine Heimat beziehen [und] die zu ihm gelangen konnten, zufrieden gibt, kann nicht mit dem Reisenden verglichen werden, der sein Leben der Durchquerung der Länder verschrieben (...) hat."[2]

Reisen werden hier nicht mehr wie bei Ibn Faḍlān als notwendige politische Gegebenheiten, nicht mehr wie bei Abū Dulaf als Abenteuer und Mittel zur Befriedigung einer allgemeinen Neugier verstanden, sondern hier äußert ein Wissenschaftler die Ansicht, Reisen seien ein taugliches Mittel für die Verifikation wissenschaftlicher Auffassungen. Aber nicht der geographische Horizont, wie es Ibn Hauqal und Muqaddasī verlangen, sondern der historische soll mithilfe der Reisen erweitert werden; auch hier zeigt sich die Annäherung Mas'ūdīs an den Idealtypus des damaligen Gelehrten - die historische Wissenschaft entstand ursprünglich aus dem Bemühen, die frühislamischen Zustände zu erforschen und für die Gegenwart wiederzugewinnen.[3] Bei Mas'ūdīs historischem Interesse werden die Ursprünge der islamischen Sammelleidenschaft wieder nachvollziehbar, und einmal mehr wird deutlich, daß bei einem solchen Ansatz eine selbständige Länderkunde nicht zur eigenständigen Aufgabe des Forschers werden kann, obwohl die Reisen einen guten Ausgangspunkt bieten.[4] Die Einstellung zur Reisetätigkeit, die bei jedem geographisch Tätigen des islamischen Mittelalters von Bedeutung ist, schließt bei Mas'ūdī von Anfang an ein speziell länderkundliches Interesse aus und gibt so eine erste Erklärung für das Fehlen einer länderkundlichen Konzeption.

2. Typen länderkundlicher Darstellung

Das Fehlen einer länderkundlichen Konzeption konnte hier erklärt werden durch Hinweis auf den universalwissenschaftlichen Ansatz Mas'ūdīs, der auch in der bisherigen Mas'ūdī-Forschung betont wurde,[5] und einer bisher nicht erkannten außergeographischen Begrün-

---

1) vgl. S.66 f.
2) nach Pellat Bd. 1, § 7
3) vgl. S.12 Fußnote 8
4) Hier stellt sich natürlich die Frage, ob Mas'ūdī nicht in den verlorengegangenen Schriften andere Prioritäten gesetzt hat. Seine Andeutungen schließen eine länderkundliche Abhandlung nicht aus (s. S. 59). M. E. ist Mas'ūdīs Ansatz in den "Murūǧ" aber so eindeutig universal, wobei das Schwergewicht auf der Geschichte liegt, daß mir die Entwicklung einer eigenständigen länderkundlichen Systematik an anderer Stelle unwahrscheinlich vorkommt. Methode und inhaltliche Gestaltung der "Murūǧ" sind so eindeutig von den traditionellen Wissenschaftsbildern bestimmt, daß die Annahme, Mas'ūdī hätte in einem anderen Werk eine bis dato nicht als selbständig im Bewußtsein der Zeit verankerte Länderkunde bzw. Länderbeschreibung neu definieren wollen, sehr hypothetisch erscheint.
5) Maqbul A., zitierte Werke; Blachère/Darmaun: Extraits, S. 203

dung der Reisetätigkeit. Die Resultate, die unter Einbeziehung der wissenschaftsgeschichtlichen Situation jener Zeit ermittelt werden konnten, lassen sich im Text der "Murūǧ" an verschiedenen Typen länderkundlicher Darstellung nachweisen, die allesamt zwar geographisch relevante Nachrichten übermitteln, aber eingebettet sind in außergeographische Kontexte.

Typ 1

- Kleine länderkundliche Notizen in außergeographischen Kontexten.

  Diese Kleinform länderkundlicher Nachrichten findet sich an zahlreichen Stellen; fast jede historische Abhandlung enthält hier und da kurze Bemerkungen, die man der deskriptiven Geographie zuordnen kann.[1] In vielen Fällen erscheinen diese Notizen in den folgenden Zusammenhängen:

  - als eines von vielen Gesprächsthemen z. B. zwischen einem Kalifen und einem Besucher; hier werden Interesse und Gelehrsamkeit des Kalifen durch die Wiedergabe von seinen Gesprächen charakterisiert. Länderkundliche Nachrichten erscheinen als eine Möglichkeit der Unterhaltung oder Belehrung,[2] dieser Typ ist hauptsächlich in der Geschichte der Kalifen[3] repräsentiert.
  - als Anhang oder Ergänzung zu einer historischen Abhandlung. Ein Beispiel ist die Darstellung des Jemen:[4] Er wird ausführlich im Hinblick auf die Etymologie des Namens, seine Bewohner, die Genealogie und die Geschichte der Könige unter einem rein historischen Blickwinkel untersucht. Völlig übergangs- und zusammenhanglos nennt Masʿūdī im letzten dieser Kapitel einige Daten über Größe, Entfernungen, Begrenzungen des Landes mitten in einem historischen Zusammenhang.[5]

Typ 2

- Historisch - länderkundliche Mischform.

  Dieser Darstellungstyp kennzeichnet die Geschichte eines Landes mithilfe von zahlreichen länderkundlichen Fakten. Sehr deutlich wird der Universalitätsanspruch Masʿūdīs: Er sammelt aus allen möglichen Gebieten Informationen über ein Land, die dann unsortiert oder nur assoziativ aneinandergereiht werden. Zum Beispiel wird bei der Beschäftigung mit Ägypten der Nil[6] als beherrschendes landschaftsgestaltendes Element erkannt und deshalb ausführlich dargestellt, aber nicht unter geographischen Aspekten: Es wechseln Angaben über Quelle, Ursprung, Lauf und Wasserstand[7] mit historischen Daten über den Bau von alten Schleusen und Kanälen,[8] Geschichten über die Besuche berühmter Herrscher,[9] die Beschreibung der Fauna,[10] die Ausdehnung vergangener Herrschaftsbereiche[11] etc. Es findet eine Vermischung von Nachrichten aus verschiedenen Bereichen statt, wobei das historische Element eindeutig dominiert: Die länderkundlichen Nachrichten dienen als Ergänzung der historischen Berichte.

---

1) Beispiel: Pellat Bd. 1, § 510, 538; Bd. 2, § 1188, 898
2) Meynard Bd. 6 S. 261 - 287: Im Kapitel über den Kalifen Mūsā al-Hādī findet sich ein Gespräch mit einem Ibn Dāb, der den Kalifen mit den unterschiedlichsten Berichten und Nachrichten unterhält, u. a. auch mit länderkundlichen. So informiert dieser z. B. über die Städte Basra und Kufa.
ebd. S. 275
3) Meynard, Bände 5 - 9
4) Pellat Bd. 2, § 991 - 1035
5) ebd. § 1034
6) ebd. § 773 - 826
7) ebd. § 777, 778
8) ebd. § 781 - 783
9) ebd. § 787
10) ebd. § 804
11) ebd. § 806

Typ 3

- Länderkundlicher Ansatz ohne Weiterführung.
An verschiedenen Stellen in den "Murūǧ" beschäftigt sich Mas'ūdī mit einer großräumigen Gliederung der Erde in Gewässer und Länder.[1] Hierbei zeichnet sich der Versuch ab, Zusammengehöriges an einer Stelle des Buches zusammenzufassen. So handelt Mas'ūdī in mehreren aufeinanderfolgenden Kapiteln Meere und Flüsse der Welt in ihrer großräumigen Verteilung ab. Er beschreibt z. B. die Ausdehnung der Meere und nennt angrenzende Länder und Völker. Wenn er sich auch nicht immer streng an die durch den Titel vorgegebene Thematik hält und bisweilen Legenden, Historien oder auch allgemeine Theorien über bestimmte Phänomene[2] miteinbezieht, so sind diese Kapitel über die Meere doch als systematisch und im damaligen Sinn als länderkundlich zu bezeichnen. Eine ähnliche systematische Anordnung von länderkundlichen Zusammenhängen findet sich in einem späteren Kapitel der "Murūǧ",[3] in dem Mas'ūdī eine Einteilung der bewohnten Erde in verschiedene Klimazonen gibt, die kurz beschrieben werden im Hinblick auf Klima, Boden und Bevölkerung. Es finden sich also durchaus Ansätze länderkundlicher Darstellung in den "Murūǧ", aber diese werden weder an einer einzigen Stelle des Werks zusammengefaßt noch über erste vage Ansätze hinaus fortgeführt. So schließen sich an die Darstellung der Klimate nicht etwa die Monographien der genannten Länder an, sondern Mas'ūdī greift ohne Begründung und recht willkürlich den Jemen heraus, der nun rein historisch und von einem völlig anderen Ansatzpunkt aus dargestellt wird.[4] Die länderkundlichen Teile bleiben trotz der Ansätze zu einer eigenständigen Konzeption zerrissen - sie bilden auf diese Weise als länderkundliches Stückwerk lediglich Ergänzungen zu den historischen Ausführungen,[5] zumal ihnen historische Kapitel vorausgehen und folgen.

Alle diese Darstellungstypen haben gemeinsam, daß Länderkundliches als Einzelinformation und nicht innerhalb einer eigenen Systematik gegeben wird; denn gleichgültig, wie umfangreich eine länderkundliche Darstellung in den "Murūǧ" auch sein mag: letztlich steht sie immer eingebettet in einen historischen Kontext, der die Gesamtanlage der "Murūǧ" bestimmt und sich auch in den Kleinformen durchsetzt. Die Entwicklung einer länderkundlichen Konzeption ist unter diesen Umständen nicht möglich - die Typen länderkundlicher Darstellung belegen die alte These von der unsystematisierten Geographie bei Mas'ūdī.

---

1) Kapitel 8 - 14, 16, 40, 62
2) z. B. Bd. 1 (Pellat), § 301: Der Komplex der allgemeinen Geographie bei Mas'ūdī, der hier nicht behandelt werden kann, präsentiert in den Details erstaunliche Kenntnisse Mas'ūdīs, die oft wegen ihres spekulativen und hypothetischen Charakters weit über seine Zeit hinausreichen. Es sei nur an Mas'ūdīs Evolutionstheorie erinnert, von der sich im "Tanbih" Rudimente finden. Trotz der oft nahezu genialen Schlußfolgerungen bleiben auch die allgemein-geographischen Beobachtungen wie die länderkundlichen unsystematisiert.
Maqbul A. in: EI 2 "Djughrāfiyā", S. 581
3) Pellat Bd. 2, Kapitel 15, § 973 - 992
4) Pellat Bd. 2, Kapitel 15, § 993
5) vgl. Maqbul A. in: EI 2, "Djughrāfiyā", S. 580

IV. Thesen zum Werk von Masʿūdī

1. Masʿūdīs Ansatz ist von einem Wissenschaftsbild gekennzeichnet, das von einem enzyklopädischen Begriff von "Wissen" und der zu erstrebenden Universalität des Gelehrten, seiner Kenntnis und Vermittlung aller Wissensgebiete ausgeht. Masʿūdīs eigene Interessen legen jedoch innerhalb dieses Universalitätsanspruches einen Schwerpunkt auf historische Zusammenhänge, die auch die Systematik der "Murūǧ" bestimmen und der Bildung eines selbständigen länderkundlichen Ansatzes, der aufgrund von Masʿūdīs Reisen und seiner Kenntnis der länderkundlichen Literatur seiner Zeit möglich gewesen wäre, entgegenwirken.

2. Die Reisetätigkeit, damals von vielen Geographen als notwendige Voraussetzung länderkundlicher Betätigung anerkannt, wird von Masʿūdī zur Verifizierung insbesondere historischer Sachverhalte herangezogen (Sammlung von Geschichten, Quellen und Traditionen, die in der Heimat unbekannt sind). Daß Reisen auch im Hinblick auf länderkundliche Beobachtungen erforderlich sind, erscheint allein im Zusammenhang mit Überlegungen über die Nützlichkeit von Reisen für die Wissenschaft allgemein; eine speziell geographische Motivation ist nicht nachzuweisen.

3. Die zahlreichen länderkundlichen Nachrichten erscheinen in unsystematisierter Form. Die verschiedenen länderkundlichen Darstellungstypen zeigen in allen Kontexten eine Einbettung in historische Zusammenhänge, die das dominierende Element darstellen. Ansätze zu einer länderkundlichen Systematik sind an mehreren Stellen in den "Murūǧ" zwar vorhanden, werden aber weder zusammengefaßt noch über vage Anfänge hinausgeführt - Länderkunde wird nicht als Disziplin mit dem Anspruch auf Eigenständigkeit aufgefaßt, sondern erfüllt eine Doppelfunktion: Zum einen dienen länderkundliche Nachrichten der Erfüllung des Universalitätsanspruches - ebenso wie medizinische, religiöse, astronomische und ähnliche Notizen; zum andern faßt Masʿūdī sie als Bestandteile von historischen Zusammenhängen, wie die verschiedenen Typen gezeigt haben.

4. Masʿūdī scheidet somit aus dem Kreis derer aus, die zur Bildung einer systematischen und eigenständigen Länderkunde beigetragen haben. Er mag im Hinblick auf die Entwicklung einzelner allgemeiner geographischer Theorien Anerkennenswertes geleistet haben - für die Länderkunde besitzt er keine Bedeutung, und eine Gleichstellung Masʿūdīs mit Muqaddasī, wie sie gelegentlich vorgenommen wird, geht von einem entdeckungsgeschichtlichen Verständnis geographiegeschichtlicher Forschung aus.

Sowohl Masʿūdī als auch Hamdānī sind Universalgelehrte mit dem Anspruch, in ihren Werken universale Wissenschaft zu betreiben. Ihre Ausbildung, die durch eine enge Bindung an die ʿulūm al-ʿarab, die arabischen Wissenschaften gekennzeichnet ist, setzt innerhalb der Vielfalt der Wissenschaften bestimmte Prioritäten, die bei Masʿūdī im Bereich der Geschichte, bei Hamdānī in der engen Verbundenheit zur poetischen Tradition - im Bereich der Philologie also - bestehen. Länderkunde kann in diesem Zusammenhang, obwohl - am damaligen Wissenschaftsbegriff gemessen - durchaus wissenschaftlich betrieben, keine Entwicklung zu einer eigenständigen Disziplin erfahren, denn sie unterliegt der Bindung an bereits vorhandene Wissenschaftsbilder. Eine Reflexion über Forschungsmethoden und -inhalte findet nicht statt, weil die Wissenschaftsvorstellung jener Zeit das nicht erfordert. Damit aber ist der Weg für die Erkenntnis der selbständigen länderkundlichen Disziplin versperrt: Jede länderkundliche Arbeit orientiert sich nun zwangsläufig an denjenigen Wissenschaften, deren Inhalte weitgehend festliegen und mit denen bereits ein bestimmtes Wissenschaftsbild verknüpft ist, wie im Falle der Geschichte und der Poesie. Die Folge ist entweder die völlige Unterordnung länderkundlicher Zusammenhänge unter eine andere Wissenschaft (Masʿūdī), oder der im Ansatz steckengebliebene Versuch einer länderkundlichen Abhandlung nach räumlichen Gliederungsprinzipien (Hamdānī) - in beiden Fällen wird Länderkunde in Abhängigkeit von anderen Disziplinen betrieben, deren Methoden und Inhalte jeden länderkundlichen Ansatz dominieren.

Kapitel 5: DER WEG ZU EINER EIGENSTÄNDIGEN WISSENSCHAFTLICHEN LÄNDERKUNDE

Die länderkundlichen Ansätze im 10. Jahrhundert haben es bisher nicht vermocht, eine Länderkunde zu entwickeln, die sich als eigenständige Disziplin begreifen kann - entweder versucht man Länderkunde als zwanglose Aneinanderreihung von Merkwürdigkeiten fremder Länder unter Einsatz rein literarischer Mittel zu betreiben, oder die Länderkunde wird als bloße Übermittlung von geographischen Kurznotizen in disziplin-fremden Kontexten verstanden und damit, wenn auch wissenschaftlich, in Abhängigkeit von anderen Wissenschaften durchgeführt. Diese Vorstellung von der mittelalterlichen arabischen Länderkunde hat sich in der Fachliteratur der Moderne allzuleicht als einzig gültige einprägen können, weil sie dem damaligen Wissenschaftsbegriff, charakterisiert durch enzyklopädischen Sammeleifer unter Setzung "geisteswissenschaftlicher" Prioritäten, am nächsten kommt.

Immer wieder stößt man auf die These, eine Vorstellung von dem, was Geographie sei, habe bei keinem arabischen mittelalterlichen Forscher existiert, und stillschweigend ist oft die These impliziert, daß sich eine wissenschaftliche Länderkunde als eigenständige Disziplin nicht entwickeln konnte. Diese Annahme entspricht nicht den Tatsachen. Trotz der sich aus Tradition und Wissenschaftsverständnis ergebenden schwierigen Bedingungen, die in den vorangegangenen Kapiteln dargestellt wurden, hat es neben der literarischen Länderbeschreibung und der von anderen Disziplinen abhängigen Länderkunde eine selbständige wissenschaftliche Länderkunde gegeben, wie im Folgenden gezeigt wird.

A. Ibn Hauqal (Werk um 980 n. Chr.)

I. Zur Person

Mit der Gestalt des Ibn Hauqal begegnen wir einem Geographen, der in einer genau beschreibbaren geographischen Tradition steht und als Endglied einer Kette bezeichnet werden kann.

Wie Ibn Hauqal berichtet,[1] interessierte er sich schon in seiner Jugend stark für fremde Länder.[2] Aus mündlichen Quellen bezog er die ersten Informationen, anhand von schriftlichen Quellen, den damals bekannten und berühmten geographischen Abhandlungen des Ǧaihānī, des Ibn Ḫurdāḏbih und des Qudāma b. Ǧa'far, erweiterte Ibn Hauqal nach eigenen Angaben seine geographischen Kenntnisse und brach schließlich selbst im Jahr 942 aus Baghdad auf, um "die Lage der Städte, die Situation der Metropolen, die Grenzen der Provinzen und Regionen näher kennenzulernen."[3] Seine Reisen führten ihn sowohl in seine nähere Umgebung, etwa nach Mesopotamien,[4] als auch kreuz und quer durch die islamischen Länder: Nordafrika (947), Spanien (948) und Sizilien (973) besuchte Ibn Hauqal ebenso wie Ägypten und den Vorderen Orient; auch entlegenere Provin-

1) Neben der Übersetzung des "Kitāb ṣūrat al-arḍ" durch Gaston Wiet ins Französische wurde der arabische Text in der Edition der BGA Bd. II, 2 Bde., 2. Aufl. Leiden 1938/39, hrs. von Kramers, benutzt. Alle eigenen Übersetzungen beziehen sich auf diese arabische Ausgabe.
2) Wiet; Configuration de la terre. 2 Bde., Beyrouth/Paris 1964. S. 321 f.
3) ebd. S. 322
4) Einleitung, Wiet: Configuration, S. XI - XIII

zen schreckten ihn nicht: Das Kaspische Meer (955), Transoxanien, die wilden Stämme der Chazaren und Türken lagen ebenso im Bereich seines Interesses.

Während seiner Wanderungen begegnete er Abū Ishāq al- Fārisī, bekannt unter dem Namen al-Iṣṭaḫrī, der ebenso wie Ibn Hauqal mit der Sammlung geographischer Informationen beschäftigt war.[1] Die beiden Gelehrten tauschten ihre Erfahrungen aus; Iṣṭaḫrī präsentierte dem interessierten Ibn Hauqal ein Werk, das den Titel "Buch der Straßen und Länder" tragen sollte[2] und bat ihn schließlich, es aufgrund seiner eigenen Beobachtungen und Erfahrungen zu korrigieren.

Bis zu diesem Punkt herrscht Klarheit über die Kontakte der beiden Geographen, was jedoch nicht auf die Manuskripte zutrifft: Die Arbeiten Iṣṭaḫrīs und Ibn Hauqals erschienen vermutlich schon im 10. Jahrhundert unter verschiedenen Namen und in verschiedenen Ausgaben.[3] Ibn Hauqals "Kitāb ṣūrat al-arḍ", "Das Buch von der Darstellung der Erde", ähnelt in Systematik, Aufbau[4] und mancher Einzelheit der Iṣṭaḫrī-Ausgabe, ist aber weitaus detaillierter - man darf vermuten, daß Ibn Hauqal den Iṣṭaḫrī-Text als Vorlage benutzte, die er um etliches erweiterte.

Das "Kitāb al-masālik wa-l-mamālik" des Iṣṭaḫrī ist nun aber ebenfalls keine völlige Neuschöpfung, vielmehr rekurriert es auf ein Werk des persischen Gelehrten al-Balḫī.[5] Es gilt als wahrscheinlich, daß Iṣṭaḫrī das Werk des Balḫī gründlich überarbeitete und es dann unter seinem eigenen Namen veröffentlichte. Abū Zayd b. Sahl al-Balḫī (850 - 934) gibt daher den Namen für die geographische Richtung, mit der die genannten Autoren - und darüber hinaus oft auch Muqaddasī - bezeichnet werden: Balḫī - Schule.[6]

Alle drei Autoren standen also in engen, wenn auch nicht völlig geklärten Beziehungen zueinander, wobei Ibn Hauqal als letztem "Korrektor" die Rolle desjenigen zufiel, der das von Balḫī begonnene Werk zur Vollendung führte.[7] Kennzeichnend ist, daß bestimmte, von Balḫī entwickelte Grundsätze für die Anlage der Bücher von Iṣṭaḫrī und Ibn Hauqal unverändert übernommen wurden, nämlich die Beschreibung allein der islamischen Länder, die Anfertigung von Karten für jedes Land. Ebenso charakteristisch ist die Übernahme von vielen geographischen Ideen des Korans[8] und die Beibehaltung einiger traditioneller iranisch-geographischer Vorstellungen.[9] [10]

---

1) Wiet s. 322
2) arabischer Titel: "Kitāb al-masālik wa - l-mamālik"
3) Miquel in EI 2, "Ibn Hawḳal", S. 787
Blachère/Darmaun: Extraits, S. 135 f.
Reinaud: Introduction générale, S. LXXXIII
de Goeje: Die Istakhrī - Balkhī Frage. In: ZDMG Bd. 25 (1871), S. 51 f.
4) vgl. Reinaud: Introduction générale, S. LXXXIV
5) Schoy: The Geography of the Moslems. Geogr. Rev. Bd. 14 (1924), S. 260
Mžik: Das "Buch der Abbildungen der Länder". In: Mitt. Geogr. Ges. Wien Bd. 62 (1919), S. 145
de Goeje: Istakhrī - Balkhī Frage, S. 57
6) vgl. Maqbul A. in: EI 2, "Djughrāfiya", S. 579 - 582
7) Über die Ausnahme-Rolle von Muqaddasī s. S. 112
8) vgl. Maqbul A.: Geographical Materials in the Qur-ân. In: BIIS Bd. 6/7. S. 13 - 19
9) Zu diesen speziellen Fragen siehe Kramers: L'influence de la tradition iranienne dans la géographie arabe. AnOr. Bd. 1, S. 147 - 156
10) zu Balḫī s. "al-Balkhī" in EI 2 Bd. 1 S. 1003 (M. Dunlop). Seine Vorlage, die heute verschollen ist, trug den Titel: Ṣuwar al-aqālīm oder: Taqwīm al-buldān.

II. Das Buch "Die Darstellung der Erde" - "Kitāb ṣūrat al-arḍ"

Ibn Hauqals Buch besteht aus einem Textteil und 23 Karten. Im Gegensatz zur Balḫī-Ausgabe, in der das Schwergewicht auf dem Kartenteil liegt, dominiert in Ibn Hauqals Version eindeutig der Text, der auch ohne Karten verständlich wäre.

Das Buch beginnt mit einem einleitenden Kapitel, in dem Ibn Hauqal ein kurzes Programm entwirft sowie die Motive für die Beschäftigung mit der Geographie und die Zielsetzung seiner Arbeit erläutert. Das zweite Kapitel enthält eine kurze Weltbeschreibung und Erklärungen zum Kartenteil: Ibn Hauqal hat jede Provinz auf einer Karte skizziert, und im Textteil soll eine Provinz nach der anderen dargestellt werden. Der Hauptteil den Buches besteht aus 22 Kapiteln, in denen jedesder auf den Karten erfaßten Provinzen beschrieben wird.[1] Im Abschlußkapitel setzt sich Ibn Hauqal mit geographischen Vorstellungen und Theorien auseinander, die er auf Ptolemäus zurückführt und die sicher zu seiner Zeit gut bekannt waren.

1. Die Systematik

a. Aufbau

Ibn Hauqal setzt sich nicht mit der gesamten Welt auseinander, sondern - wie seine Vorgänger in der Balḫī-Schule - nur mit dem islamisch regierten Teil, der sich in seiner Zeit immerhin von den Wüstengebieten der Sahara bis in die kasachische Steppe erstreckte. Die Erde präsentiert sich für ihn nicht als Einheit, sondern sie zerfällt von vornherein in zwei Teile: den "dār al-islām", den islamischen Herrschaftsbereich, und den "dār al-ḥarb", wörtlich: "das Gebiet des Krieges", das alle nicht-islamischen Gebiete der Welt umfaßt.[2]

Diese ursprünglich dem religiös-politischen Bereich entstammende Einteilung geht davon aus, daß die Welt in zwei große Blöcke zerfalle, unterschieden allein durch ihre Religionszugehörigkeit. Alles, was außerhalb des "dār al-islām" lag, war für den Muslim im allgemeinen uninteressant, weil die Beschäftigung mit nicht-islamischen Ländern keinen Nutzen im Sinne der islamischen Nützlichkeitsvorstellung brachte,[3] so daß die Balḫī-Schule die Beschäftigung mit nicht-islamischen Gebieten erst gar nicht für lohnenswert hält.[4] Ibn Hauqal, der Tradition der Balḫī-Schule verhaftet, trifft eine wichtige sachliche Entscheidung, nämlich die Auswahl der Länder, unter traditionell-religiösen Vorzeichen; für ihn ist diese Entscheidung so selbstverständlich, daß er sie nicht einmal begründet.[5]

---

1) Reinaud: Introduction générale, S. LXXXI
2) Kramers: La littérature géographique, S. 178
3) vgl. S. 14
4) vgl. Muqaddasī: Er liefert eine entsprechende Erklärung. s. S. 96 f.
5) Reinaud: Introduction générale, S. LXXXIII

Ibn Hauqal unterteilt den "dār al-islām" in folgende Regionen:[1]

arabische Halbinsel
Maghrib
Spanien
Sizilien
Ägypten
Syrien
Mittelmeer
Mesopotamien
Irak
Ḫūzistān
Persien (Fārs)
Kirman
Sind
Armenien , Azerbeidschan, Arran
Ǧibāl
Dailam, Tabāristān
Kaspisches Meer
Steppe von Ḫurāsān und Fārs
Siǧistān
Ḫurāsān
Transoxanien

Ausdrücklich wählt Ibn Hauqal eine andere Klimaeinteilung als die damals gebräuchliche in sieben Klimate, weil er darüber, wie er sagt, keine zuverlässigen Unterlagen besitzt.[2] Er unterteilt stattdessen, wie die Reihenfolge der Provinzen zeigt, das islamische Reich nach verschiedenen Kriterien:[3] So erfaßt er einmal die Provinzen, also Verwaltungseinheiten auf politischer Basis, aber auch physiogeographisch bedingte, natur-räumliche Einheiten - Indischer Ozean, Mittelmeer, Kaspi-See und das Steppengebiet zwischen Persien und Hurāsān werden in gesonderten Kapiteln beschrieben und als naturräumliche Einheiten aufgefaßt, obwohl Ibn Hauqal für die Gesamtkonzeption seiner Arbeit eigentlich eine einheitliche Einteilung nach administrativ bedingten Raumeinheiten vorgesehen hat:

> "Ich habe die Länder des Islams voneinander getrennt: Region um Region,[4] Bezirk um Bezirk,[5] Distrikt um Distrikt,[6] (für) jeden Verwaltungsbezirk." [7] [8]

Schon in der Großkonzeption werden also zwei unterschiedliche Raumteilungskriterien deutlich, einmal ein administrativ-politisches, aufgrund dessen die Provinzen als Verwaltungseinheiten erscheinen, und einmal eines, das von der natürlichen Gestalt der Räume ausgeht.

Die Reihenfolge der Provinzen und Landschaften ist zum Teil traditionell-religiös

1) vgl. Iṣṭaḫrī: Kitāb al-masālik wa - l - mamālik: Er legt die gleiche, auf Balḫī rekurrierende Einteilung zugrunde. Neu bei Ibn Hauqal ist, daß dieser Spanien und Sizilien je ein eigenes Kapitel widmet, obwohl er beides - wie Iṣṭaḫrī - zum Maghrib zählt; andererseits bezeichnet er sie im Kapitel über Sizilien als unabhängige Provinzen; Wiet S. 130
2) Wiet S. 2
3) Ibn Hauqal übernimmt nicht die Konzeption der sieben Klimate wie S. Razia Jafri fälschlich meint in: Description of India in the Works of al-Iṣṭakhrī, Ibn Hauqal ... In: BIIS Bd. 5 (1961), S. 5
4) iqlīm; Kramers: Kitāb ṣūrat al arḍ, S. 5/6
5) suqʿa; ebd.
6) kūrā; ebd.
7) ʿamal; ebd.
8) Zitat nach Kramers, Kitāb ṣūrat al-arḍ, S. 5 ff.

determiniert, zum Teil auch aus praktischen Erwägungen heraus gewählt. Nach der Einleitung und der Weltbeschreibung beginnt die eigentliche länderkundliche Darstellung mit der Beschreibung der arabischen Halbinsel, weil diese nach Ibn Hauqals Ansicht als das religiöse Zentrum des "dār al-islām" angesehen werden muß, denn dort war der Islam enstanden, dort lebte Muḥammad.[1] Der Indische Ozean[2] umschließt den größten Teil Arabiens, deshalb hält es Ibn Hauqal für konsequent, wenn er ihn anschließend beschreibt.[3]

Es schließen sich die Mittelmeerländer an, wobei von Westen nach Osten vorgegangen wird, und das Mittelmeer selbst als geographische Einheit beschließt die Darstellung dieses Teils des islamischen Reiches. Es folgen die Provinzen, die keine Küsten am Mittelmeer besitzen, wobei Ibn Hauqal von den dem Mittelmeer am nächsten gelegenen nach Osten vorgeht und im letzten Drittel des Buches die nördlichen Provinzen beschreibt.

Die einzelnen Kapitel sind nun weniger systematisch konzipiert als der äußere Aufbau erwarten läßt. Jedes Kapitel besteht aus drei Teilen: einer kurzen Beschreibung der geographischen Lage der Provinzen, die gleichzeitig eine Hilfe zum Verständnis der beigefügten Karte ist, der kartographischen Darstellung der Provinz und einem Textteil.

Der erste Teil ist durchweg in allen Kapiteln gleichartig konzipiert: Darin definiert Ibn Hauqal den geographischen Standort einer Provinz oder Landschaft, wobei der Verzicht auf eine exakte geographisch-mathematische Bestimmung die Abkehr von Ptolemäus dokumentiert.[4] Ibn Hauqal beschreibt die Lage der Provinzen, indem er die Nachbarprovinzen nennt, manchmal auch unter Angabe der Himmelsrichtung:

> "L'Iraq s'ètend en longeur de Takrit à Abbadan, ville situèe au bord de la mer de Perse. La largeur va de Qasidiya à Hulwan, en passant par Kufa et Bagdad. A hauteur de Bassorah, sa largeur va de Bassorah aux approches de Djubba. Le voyageur qui fait le tour de ses frontières, depuis Takrit, dans l'est, passe aux limites de (...), puis aux limites de (...). (...) Cette frontière, depuis Takrit jusqu'à la mer affecte la forme d'un arc. Elle se dirige ensuite vers l'ouest au-delà de Bassorah..."[5]

Im Anschluß an diesen ersten Überblick, der nur selten mehr Information als die geographische Einordnung der Provinz oder Landschaft in das islamische Reich bietet, präsentiert Ibn Hauqal jeweils eine Karte. Obwohl er nach seinen eigenen Worten eine Einteilung der Erde in 360 Grad nach Ptolemäus kennt und sie für angemessen hält, ist keine Zeichnung mit einem Gradnetz ausgestattet.[6] So ist gerade die Ausführung der kartographischen Darstellungen ein wesentliches Indiz für einen von Ptolemäus völlig unabhängigen Ansatz der Balḫī-Schule. Der Verzicht auf das Gradnetz hat eine starke Verzerrung der Größenverhältnisse zur Folge, auf die aber wohl ohnehin kein besonderer Wert gelegt wurde, denn die Signaturen für große, mittlere und kleine Städte un-

---

1) Wiet S. 6
2) Bei der Balḫī-Schule und Muqaddasī als "baḥr al-fārs", als "Persisches Meer" bezeichnet, was auf eine iranische Tradition zurückgeht. Jafri Razia: Description of India, S. 5
3) Wiet S. 6
4) vgl. S. 16
5) Wiet S. 225
6) Wiet S. 501

terscheiden sich nicht[1] oder nur selten, und alle Formen für bestimmte geographische Erscheinungen treten in einer stark idealisierten Fassung auf: Inseln werden als Kreise, Dreiecke oder Halbkreise dargestellt, die der tatsächlichen Physiognomie keinesfalls gerecht werden.[2] Die Entfernung der einzelnen Städte voneinander ist oft so gleichmäßig dargestellt, daß man den Eindruck gewinnt, die Karten seien eher nach geometrischen oder ästhetischen Gesichtspunkten als aufgrund der tatsächlichen Verhältnisse erstellt.[3] [4]

Ein weiteres Charakteristikum ist außerdem, daß die Ausrichtung der Karten nach den Himmelsrichtungen genau entgegen der heute üblichen Norm erfolgt: Süden liegt am oberen Kartenrand, Norden am unteren.[5] Alle diese Darstellungsweisen gehen auf Balḫī zurück, der den Nachfolgern in der Hauptsache Karten hinterließ, die diese dann weiterentwickelten. Vergleicht man die Karten von Iṣṭaḫrī, Ibn Hauqal und auch Muqaddasī, der ebenfalls in der kartographischen Tradition der Balḫī-Schule steht, miteinander, ist die gemeinsame Grundkonzeption unverkennbar, obwohl jeder Geograph eine Veränderung oder auch eine Weiterentwicklung bewirkte. Einem Vergleich mit ptolemäischen Karten oder denen des Idrisī halten die Darstellungen der Balḫī-Schule jedoch nicht stand.

Den dritten Teil eines jeden Kapitels bilden die Detailausführungen zu den Karten: Ibn Hauqal erwähnt und beschreibt Städte, Flüsse, Wüsten, Gebirge, Dörfer sowie zahlreiche anthropogeographische Erscheinungen, auf die er das Schwergewicht der Detailausführungen legt. Zwar sind viele Kapitel in sich von der Konzeption her systematisch angelegt, doch gelingt es Ibn Hauqal nicht, einen für alle Kapitel einheitlichen Katalog der darzustellenden Erscheinungen und eine grundlegende, für alle Kapitel gültige Gesamtsystematik zu entwickeln, wie im Folgenden gezeigt wird.

b. Einteilungs- und Gliederungsprinzipien

Wie bereits festgestellt, begreift Ibn Hauqal die Provinzen ursprünglich als administrative Einheiten, deren Gesamtheit das islamische Reich ergibt.[6] Der Raum wird also zunächst betrachtet als gegliedert nach politisch-administrativen Prinzipien; dieses Gliederungsprinzip hält Ibn Hauqal jedoch nicht konsequent durch. So ordnet er zwar den großen Städten die ihnen administrativ zugehörigen kleineren zu und läßt administrative Zusammenhänge zwischen Städten, Distrikten und Provinzen erkennen, so daß eine Strukturierung des Raumes aufgrund der politischen und verwaltungsbedingten Zusammenhänge deutlich werden könnte. Dies wird jedoch verhindert, weil Ibn Hauqal gleichzeitig

---

1) vgl. den kartographischen Anhang und dort Ibn Hauqals Karte vom Mittelmeer
2) vgl. Karte von Muqaddasī
3) vgl. Karte von Iṣṭaḫrī
4) K. Miller vertritt die Ansicht, daß die Karten möglicherweise zu pädagogischen Zwecken verwendet worden seien: Neben der starken, einprägsamen Schematisierung hält er das Fehlen vieler diakritischer Punkte bei der Beschriftung für Indizien dieser Theorie. Miller: Mappae Arabicae, S. 14 - 16
5) Im kartographischen Anhang wurden die Karten dem heutigen Gebrauch angepaßt.
6) Kramers: Kitāb ṣūrat al-arḍ, S. 5 f.

auch physisch-geographische Phänomene wie Seen, Meere, Gebirge, Flüsse etc. als räumliche Einheiten beschreibt und somit einem zweiten Raumgliederungsprinzip - dem der natürlichen Landschaft - Geltung verschafft, das sich nur selten mit dem ersten verträgt. Z. B. werden einige Städte zweimal genannt, einmal in ihrer Zugehörigkeit zu einer Provinz, ein zweites Mal etwa als Anlieger an einem Gewässer. Ibn Hauqal vermeidet es zwar, Städte in solchen Fällen mehrere Male ausführlich zu beschreiben, aber es entsteht doch eine gewisse Verwirrung hinsichtlich der Zuordnung einer Stadt zu einer Provinz.

So gibt Ibn Hauqal z. B. im Kapitel über Ägypten zunächst ein ausführliches Itinerar des Nils und seiner Nebenarme,[1] wobei er die Anlieger-Städte aufzählt und oft auch kurz beschreibt. Auch Seen, Oasen und Gebirge werden in dieser Weise dargestellt. Ibn Hauqal orientiert sich also zunächst an der natürlichen Landschaft Ägyptens, die gleichzeitig zum Gliederungsprinzip des Kapitels wird. Die Gestalt des Nils führt zu einer Unterteilung des Landes aufgrund der natürlichen Landschaft, die mit der Darstellung anderer, verwandter Einheiten (Berge, Flüsse) organisch hätte fortgesetzt werden können. Innerhalb dieses geographischen Raumteilungsprinzips nimmt Ibn Hauqal jedoch eine weitere Einteilung nach administrativen Gesichtspunkten vor: So nennt er z. B. die Distrikte Fayoum,[2] Oberägypten[3] und Ǧifār[4] und stellt sie - innerhalb des Systems der natürlichen Raumeinheiten - als Verwaltungseinheiten dar, indem er sie und die abhängigen oder benachbarten kleineren Städte beschreibt. Da sich die Verwaltungseinheiten nicht mit der durch den Nil vorgegebenen natürlichen Landschaft decken, kommt es zu einem ständigen Wechsel zwischen beiden Einteilungsprinzipien, der eine klare Zuordnung der beschriebenen Orte zu einer bestimmten Landschaft oder Provinz nur schwer möglich macht: die Darstellung erscheint konfus.

Sobald Ibn Hauqal beide Einteilungsprinzipien voneinander trennt, präsentiert sich der Text als klar gegliederte, übersichtliche Darstellung wie im Kapitel über Fārs.[5] Er unterteilt die Provinz zu Beginn in Regionen, denen er sogleich die zugehörigen Städte beifügt,[6] die er kurz charakterisiert. Später beschreibt er die Besonderheiten von Fārs: Er gibt eine Liste der befestigten Städte,[7] zählt die bekanntesten religiösen Stätten auf, behandelt schließlich auch Wasserläufe, Seen und Flüsse,[8] diese jedoch getrennt von den administrativen Einheiten als landschaftsbedingte Einheiten. Sodann wendet er sich der ausführlichen Darstellung der Distrikte zu,[9] wobei er nicht vom administrativen Gliederungsprinzip abweicht. Auf diese Weise werden die beiden unterschiedlichen Einteilungsmöglichkeiten streng voneinander getrennt, die Zuordnung eines Ortes zu einer Provinz oder einer naturräumlichen Einheit ist eindeutig.

Während einige Kapitel auf diese Weise in systematischer Form einen guten Überblick

---

1) Wiet S. 136 - 143
2) ebd. S. 157
3) ebd. S. 156
4) ebd. S. 155
5) ebd. S. 259
6) ebd. S. 263 - 266
7) ebd. S. 268 - 270
8) ebd. S. 270 - 273
9) ebd. S. 273 - 278

über eine Provinz oder eine Landschaft zu geben vermögen,[1] präsentieren sich andere dagegen wie ein ungeordnetes Kompendium einzelner Beobachtungen.[2] Wo immer der physisch-geographische Ansatz vom administrativen klar getrennt erscheint, erhält die Beschreibung ein klares Konzept, das aus dem Wechselspiel der beiden Einteilungsprinzipien entsteht. Sobald beide Ansätze vermengt werden, entsteht ein verwirrendes Durcheinander, in dem die Einzelaussagen nur noch mit Mühe in dem größeren räumlichen Zusammenhang, zu dem sie gehören, gesehen werden können.

Die Konzeption des Textteils ist also auf zwei Grundschemata, die die räumliche Gliederung betreffen, zurückzuführen, von deren methodischer Bewältigung die Qualität der einzelnen Kapitel abhängt. Jedoch vermag Ibn Hauqal weder die Verschiedenheit der beiden Ansätze noch die genannten Zusammenhänge zu erkennen. Wie aus einer Bemerkung im letzten Kapitel des Buches hervorgeht, hält er es im Grunde nicht für wichtig, nach welchen Gesichtspunkten das islamische Reich zu unterteilen sei:

> "Man braucht keine große Aufmerksamkeit darauf zu verwenden, ob die Distrikte zusammengehören oder voneinander getrennt sind, das geschieht nur der Klarheit willen, und um die Städte und die sie umgebenden Gewässer herauszuheben (...)".[3]

Ibn Hauqals Interessen liegen eindeutig auf anderen als methodischen Fragen. Primär interessieren ihn die Länder und Provinzen des islamischen Imperiums als Objekte, die seinen geographischen Wissensdurst befriedigen können. Für die schriftliche Abfassung seiner Beobachtungen legt er die Länderkonzeption des Iṣṭaḫrī zugrunde, weitere Überlegungen zur systematischen und methodischen Gestaltung werden - ganz im Rahmen der Wissenschaftstradition - für nebensächlich gehalten, weil Ibn Hauqal in erster Linie die Fülle des Faktenmaterials, die Wiedergabe seiner Beobachtungen interessiert und nicht ein allgemeiner Aspekt methodisch-theoretischer Art. Ibn Hauqal ist zweifellos ein Reisender mit rein geographischen Ambitionen, aber er hat trotz seiner guten Kenntnis der geographischen Literatur seiner Zeit im Grunde keine festen Vorstellungen, wie man von geographischem Interesse zu systematischer und wissenschaftlicher Arbeit im Bereich der deskriptiven Geographie gelangen kann - dies dokumentiert sich an dem fehlenden Interesse für methodische Probleme.

Dennoch ist seine Arbeit eine wichtige Etappe auf dem Weg zu einer eigenständigen Länderkunde. Wenn Ibn Hauqal die beiden räumlichen Grundschemata auch eher im Hinblick auf den Leser und dessen Bedürfnis nach Klarheit der Darstellung verwendet, so üben sie doch eine strukturierende Wirkung innerhalb des Werkes aus. Eine mit Hamdānī im Ansatz begonnene Raumaufteilung findet hier eine Fortsetzung, obwohl Hamdānī dem Ibn Hauqal keine methodische Vorlage war: Das islamische Reich wird von Ibn Hauqal nicht mehr als Versammlungsort vieler einzelner, unzusammenhängender Beobachtungen gesehen, sondern - zumindest intuitiv - als gegliedert nach natürlichen Landschaften und politisch-administrativen Räumen, und diese Untergliederung wird zum formgebenden Gliederungsprinzip für die Konzeption des Buches. Nicht mehr die chronologische Reihenfolge des Reiseverlaufs[4] wird zur Grundlage gemacht, vielmehr geht Ibn Hauqal zumindest ansatzweise von geographisch relevanten Raumeinheiten aus, was ein wichtiger Schritt auf dem Weg zu länderkundlichen Betrachtungsweisen ist.

---

1) z. B. Syrien, Mesopotamien, Fārs, Kirman, Armenien
2) z. B. Ägypten, Transoxanien
3) Kramers: Kitāb ṣūrat al-arḍ, S. 475. Eigene Übersetzung
4) vgl. Ibn Fadlān und Abū Dulaf

c. Themenkatalog

Ibn Hauqal erhebt für sein Buch nicht den Anspruch der Vollständigkeit. Er erklärt an zahlreichen Stellen, eine vollständige Aufzählung aller Phänomene sei aus verschiedenen Gründen nicht vorgesehen.[1] Ausdrücklich erklärt er auch, daß über manche Provinz schon so viel geschrieben worden sei, daß er sich auf ein Minimum beschränken wolle, um Wiederholungen zu vermeiden.[2] So enthalten die Berichte zu den verschiedenen Provinzen sowohl qualitativ als auch quantitativ unterschiedliche Nachrichten.

Besonders erwähnenswert ist in diesem Zusammenhang das Kapitel über Sizilien, das mehr als Charakterstudie der Bewohner denn als länderkundlicher Beitrag aufgefaßt werden muß, denn der Hauptteil besteht aus einem Bericht über Dummheit und Ignoranz der Einwohner, durchsetzt mit zahlreichen Geschichten und bunten Personenschilderungen - die geographische Aussage ist gering, was Ibn Hauqal im übrigen selbst erkennt, denn er verweist auf ein anderes von ihm verfaßtes Buch über Sizilien, das dem Leser gründlichere Informationen bieten könne.[3]

Dagegen enthält seine Darstellung Syriens alles für seine Zeit Interessante, was auch noch im heutigen Sinn als geographisch relevant bezeichnet werden kann. Nach der geographischen Lage, beschrieben mit Hilfe der angrenzenden Provinzen,[4] erläutert er die administrative Großgliederung; daran anschließend nennt er die Gebirge,[5] wonach er sich der Detailschilderung der einzelnen Distrikte zuwendet. Der Themenkatalog ist nicht festgelegt, sondern differiert von Ort zu Ort. Im genannten Kapitel liegt das Schwergewicht auf Geschichte, Religion, Befestigungsanlagen und finanzieller Situation der Distrikte. Es schließt sich ein Itinerar[6] mit den Hauptstraßen Syriens an, und den Schluß bildet ein Hinweis auf die augenblickliche politische Lage in der Provinz.[7]

Die einzelnen Kapitel sind weder systematisch noch thematisch völlig gleichartig konzipiert, obwohl sie mit wenigen Ausnahmen[8] alle die folgenden Bestandteile enthalten: allgemeine Aussagen, bezogen auf die ganze Provinz oder Landschaft; Abhandlung der natürlichen landschaftlichen Gegebenheiten; Itinerarien. Diese Teile - mit Ausnahme der stets am Kapitelanfang genannten Grenzen der Provinz oder Landschaft - erscheinen nicht immer in fester Reihenfolge,[9] sondern werden manchmal gegeneinander ausgetauscht oder gar miteinander vermischt.[10] Generell ist festzustellen, daß den Teilen, bei denen naturräumliche und administrative Einheiten getrennt erscheinen, ein gleichartiger systematischer Aufbau zugrundeliegt, während sich in den anderen Kapiteln eine andere als die oben genannte Reihenfolge findet.

---

1) Wiet S. 13; z. B. will er nicht alle Meeresarme aufzählen, weil sie zu zahlreich, einige zu unbedeutend seien.
2) z. B. bei Sizilien, Wiet S. 130. Irak, Wiet S. 239
3) Wiet S. 130
4) vgl. S. 70
5) die er zum Anlaß nimmt, um über alle Gebirge im dār al-islām zu berichten - auch die Großkonzeption ist also nicht ganz geschlossen, eine Abhandlung im Rahmen der Erddarstellung wäre angemessener gewesen.
6) Wiet S. 183 f.
7) Wiet S. 186
8) Sizilien, Spanien
9) vgl. etwa Syrien (Wiet S. 163 - 186) und Ǧibāl (S. 349 - 364)
10) s. Abschnitt "Einteilungs- und Gliederungsprinzipien" dieses Kapitels, S. 71

Das Spektrum der dargestellten Objekte ist groß, und die Prioritäten werden von Distrikt zu Distrikt, von Ort zu Ort, unterschiedlich gesetzt: Klima und Vegetation, Wasserversorgung und Bauweise, Befestigung, militärische und finanzielle Situation, Bodenschätze und Handelsprodukte, Export und Import, religiöse und politische Verhältnisse sind für Ibn Hauqal ebenso interessant wie die Charaktereigenschaften der Bewohner, Religion und Lebensweise. Jedoch wird von Fall zu Fall eine andere Auswahl getroffen im Hinblick darauf, was schließlich für nennenswert gehalten wird, so daß z. B. zwei Städte u. U. gar nicht miteinander vergleichbar sind, weil Ibn Hauqal bei der Darstellung der einen Stadt andere Prioritäten setzt als bei der Darstellung der anderen. Es existiert kein fester Katalog von geographischen Fragestellungen, nach dem Ibn Hauqal jeden Ort oder Distrikt untersuchen würde.

Trotzdem wird erkennbar, wo er Prioritäten setzt: Die finanzielle Situation einer Stadt, ihre Befestigungsanlagen, ihre religiösen Belange, ihre Herrschaftsverhältnisse und die handwerkliche und agrarische Produktion dominieren klar gegenüber anderen Faktoren.[1] Als neuartig kann diese Prioritätenliste im Vergleich zu früheren Autoren, etwa Abū Dulaf, kaum bezeichnet werden; aber die Darstellung ist umfangreicher, der Katalog der Objekte umfassender geworden. Das, was Ibn Hauqal gegenüber seinen Vorgängern auszeichnet, ist jedoch nicht die Auswahl und das Arrangement der Themen, sondern die Anordnung der Kapitel, rekurrierend auf die Balḫī-Schule, und die Einführung zweier Möglichkeiten, den Großraum des islamischen Reiches als gegliedert zu erkennen.

2. Der Ansatzpunkt

a. Die geographische Motivation

Eine Reihe von Umständen in Ibn Hauqals Leben lassen seine geographische Tätigkeit nicht als bloßen Zufall - wie bei Abū Dulaf - erscheinen, sondern deuten auf eine gezielt angestrebte geographische Betätigung hin.

Als erste Etappe ist ein Zeitraum zu erwähnen, den Ibn Hauqal selbst als seine Jugend bezeichnet. Schon in diesem frühen Lebensabschnitt verspürte er die Neigung, "Reiseberichte zu lesen, sich mit den Lebensarten und den verschiedenen Eigenheiten zu beschäftigen, die die Länder voneinander unterscheiden".[2] Diese jugendliche Begeisterung für alles, was außerhalb seiner Heimat lag, war der Beginn einer ernsthaften Beschäftigung mit der Geographie:

> "Als ich älter geworden war, habe ich in berühmten und geschätzten Werken, in respektablen und berühmten Büchern nachgeschlagen. Aber ich habe kein befriedigendes Werk über die Itinerarien gefunden, das mich zu einer entsprechenden Darstellung [d. h. wie die unbefriedigenden Vorlagen] veranlaßt hätte. Das sind die Gründe, die mich zur Abfassung dieses Buches bewogen haben und dazu, darin eine Vielfalt an Beobachtungen und Angaben niederzulegen. Eine Hilfe dabei waren ununterbrochene Reisen (...) mit dem lebhaften Wunsch, das Ziel, das ich mir gesteckt hatte [die Schaffung eines befriedigenden Werkes], zu erreichen."[3]

1) vgl. Muqaddasī: er setzt die gleichen Prioritäten
2) Wiet S. 2
3) Wiet S. 2 f.

Ibn Hauqals Interessen an fremden Ländern war also keineswegs oberflächlich, sondern im Gegenteil so groß, daß er sich, sobald ihm dies möglich war, anhand von anerkannten schriftlichen Quellen weiter informierte. Wie er an anderer Stelle berichtet, gehörten zu seinen wichtigsten Quellen die Itinerarienbücher und Länderkompendien von Ibn Ḫurdādbih, Qudāma und Ǧaihānī,[1] die er während seiner Reisen stets mit sich führte und die einen so starken Einfluß auf ihn ausübten, daß er über der Beschäftigung mit der Geographie vergaß, "andere nützliche Wissenschaften"[2] auszuüben. Aber wenn sie ihm auch entscheidende Anstöße zu geben vermochten, so fand Ibn Hauqal die Art der Darstellung nicht ganz befriedigend, und der wohl wichtigste Zeitpunkt für seine geographische Tätigkeit war zweifellos erst das Zusammentreffen mit Iṣṭaḫrī, in dessen "Kitāb al-masālik wa - l- mamālik" Ibn Hauqal eine Systematik vorfand, die seinen eigenen Vorstellungen am weitestgehenden entsprach und ihm dennoch genug Raum ließ, seine persönlichen, auf langen Wanderungen gesammelten und aus Büchern angelesenen Informationen einzubringen.

Ibn Hauqals geographische Betätigung verfolgte also eine konsequente Richtung, die von ersten Kontakten mit länderkundlichen Informationen hin zu einer gezielten Wissenserweiterung anhand von schriftlichen Quellen führte, welche jedoch nicht kritiklos von ihm adaptiert wurden, sondern vielmehr dazu beitrugen, daß er sich eine eigene, wenn auch nicht weiter explizierte Geographievorstellung zurechtlegte, die schließlich im "Kitāb ṣūrat al-arḍ" ihren Ausdruck fand.

Ein solcher Weg ist in der Reihe der bisher untersuchten Autoren neuartig: Die Länderkunde vor Iṣṭaḫrī und Ibn Hauqal bestand - wie gezeigt - entweder aus mehr oder minder zufällig angesammeltem und keineswegs unter geographischen Aspekten angeordnetem Material oder hatte die Funktion einer Hilfswissenschaft für die Geschichte oder die Philologie; es fehlte ein arabisches Wort für das griechische "Geographia", ganz zu schweigen von einer einheitlichen, wissenschaftlichen Geographievorstellung. In dieser Situation unternimmt Ibn Hauqal den Versuch, eine Länderkunde aufgrund von methodischen Aspekten zu schreiben, die bisher nicht oder nur z. T. aufgestellt und erfüllt worden waren: Quellenstudium - Quellenkritik - Beobachtung (Reisen) - dies alles findet seinen Niederschlag in der Konzeption des "Kitāb ṣūrat al-arḍ"; dieser systematische Ansatz wurde zwar nicht von Ibn Hauqal entwickelt, sondern von Iṣṭaḫrī übernommen,[3] dem Ibn Hauqal zufällig begegnete. Seine Überarbeitung von Iṣṭaḫrīs Werk ist jedoch kein Zufallsprodukt und nicht aus der Laune eines Augenblicks entstanden, sondern bildet den Endpunkt einer langjährigen geographischen Betätigung, die von Ibn Hauqal ausdrücklich mit dem Ziel verfolgt wurde, sein Wissen von fremden Ländern zu erweitern.[4]

Länderkunde wird damit als eigenständiger, von anderen Disziplinen unabhängiger Wissensbereich begriffen, der es wert ist, daß man ihn zum alleinigen Forschungsgegenstand erklärt. An Ibn Hauqal zeigt sich, daß die heute verbreitete These, die Geo-

---

1) Wiet S. 322
2) ebd. S. 322
3) Über die Rolle Balḫīs im Hinblick auf die Entwicklung der Textteile bei den Nachfahren dieser Schule s. S. 112
4) Wiet S. 2

graphie des islamischen Mittelalters könne nicht in den Grenzen einer Fachwissenschaft verstanden werden, als Pauschalurteil nicht haltbar ist. Die folgende Meinung findet sich sinngemäß bei vielen Forschern der arabischen Geographie, wird aber durch Ibn Hauqal widerlegt:

> "But it must be understood that the notion of geography as we know it emerged very slowly in Islam, and the works we group under this heading belong to genres whose limits go beyond those of geography."[1]

Ebensowenig läßt sich Ibn Hauqal als Universalgelehrter bezeichnen, wie es gern bei den mittelalterlichen arabischen Reiseschriftstellern geschieht,[2] um deren fehlende Geographievorstellung zu überdecken, so z. B. bei As-Sayyad:

> "(...) clear limits amongst different branches of humanities do not exist except in the narrow minds of some writers."[3]

Wie Ibn Hauqal zeigt, bedurfte es gerade eines Autors, der sich allein auf die deskriptive Geographie konzentrierte, damit diese endlich als selbständig begriffen werden konnte; erst in diesem Augenblick vermag sie sich aus der Umklammerung durch die Geschichte und Philologie (Mas'ūdī, Hamdānī) und der Zuordnung zur bloßen Unterhaltungsliteratur (Abū Dulaf) zu befreien. Voraussetzung dafür waren "geographers by career",[4] deren erklärtes Ziel die Erforschung und Beschreibung des islamischen Reiches war und denen zweifellos die Vertreter der Balḫī-Schule als wichtigste Vertreter zuzurechnen sind.

Eine andere These erweist sich ebenfalls als korrekturbedürftig, nämlich die, daß in der muslimischen Geschichte niemals Forschungsreisen unternommen worden seien mit dem ausdrücklichen Ziel, das geographische Wissen zu mehren.[5] Die Epoche, in der Exploration lediglich eine Folgeerscheinung der Expansion war,[6] endet im 10. Jahrhundert spätestens mit der Balḫī-Schule, deren Vertreter Reisen in ihrer Bedeutung als Forschungsinstrument der Geographie erkannt haben. Zweifellos lebten im 10. Jahrhundert in der Mehrzahl solche Männer, die sich aus anderen Gründen auf Reisen begaben, was auch für die Kreise der "Geographen" zutrifft, man denke nur an Ibn Faḍlān, Abū Dulaf und Mas'ūdī. Doch entspricht es nicht den Tatsachen, wenn man die außergeographischen Motivationen jener Reisender als allgemeingültig für alle Geographen des 1o. Jahrhunderts annimmt, denn am Beispiel Ibn Hauqals zeigt sich, daß es spezifisch geographiebezogene Reisen gegeben hat, die durchaus als Forschungsreisen begriffen werden müssen.

b. Der methodische Ansatz

Ibn Hauqal bezog - wie er selbst berichtet - seine Informationen hauptsächlich von

---

1) Sauvaget: Introduction to the History of the Muslim East. 2. Aufl. Los Angelos 1965 S. 37
2) z. B. As-Sayyad: Some Arab Contributions to Geography. Beirut 1971, S. 3
3) ebd. S. 4
4) ebd. S. 3
5) Carra de Vaux: Les penseurs de l'Islam Bd. 2, S. 41
6) ebd.

Reisenden, die die Länder, die ihn interessierten, besucht hatten.[1] Aber er war niemals leichtgläubig und vertraute dem Bericht eines einzigen Informanten, denn anhand von schriftlichen Quellen hatte sich Ibn Hauqal eine eigene Vorstellung von dem betreffenden Land gebildet, und oft kollidierten seine Informationen mit denen der Reisenden. Aus diesem Grunde bemühte er sich um weitere Berichte, verglich sie miteinander und stellte Unterschiede und Gemeinsamkeiten heraus. Er versuchte also, anhand von Vergleichen ein wahrheitsgemäßes Bild von einem Land zu erhalten, aber - wie er sagt - "die Zeugnisse unterschieden sich und die Positionen waren gegensätzlich."[2] Aus dieser in seinen Augen schlechten Informationslage erwächst der Wunsch, "die Lage der Städte, die Situation der Metropolen, die Grenzen der Provinzen und der Regionen näher zu erfahren"[3] - die eigene Beobachtung wird also zum wichtigen Maßstab für die Richtigkeit der Informationen. Allerdings erkennt Ibn Hauqal weder die Bedeutung der Beobachtung allgemein für die Geographie noch den oben dargestellten Zusammenhang, denn in seinem Buch erscheinen seine persönlichen Reiseerfahrungen und -beobachtungen eher beiläufig und beschränken sich oft auf Nebensächlichkeiten.

Ebenso unreflektiert im Blick auf die Auswirkungen auf die Wissenschaftsentwicklung ist Ibn Hauqals Verhältnis zu seinen anderen Informationsquellen. Zwar unterscheidet er zwischen mündlichen und schriftlichen Berichten, die er zur Materialsammlung benutzt hat, jedoch geschieht dies auch eher beiläufig, ohne daß der methodische Aspekt dieser Maßnahme erkannt wird.[4] Ibn Hauqal hält zwar grundsätzlich die Fremdinformation für unbefriedigend und fühlt sich in seinem Drang, eigene Beobachtungen anzustellen, bestärkt, aber er vermag nicht zu erkennen, daß die Unterscheidung zwischen fremder und eigener Information zur Entwicklung einer neuartigen Länderkunde- und Wissenschaftsvorstellung beitragen könnte.

An diesem Punkt wird der allein praktische Ansatz des "Kitāb ṣūrat al-arḍ" deutlich. Ibn Hauqal will im Grunde nicht die geographische Wissenschaft fördern, sondern einfach auf übersichtliche Weise die Provinzen des islamischen Reiches beschreiben, die ihn schon seit seiner Jugend interessiert haben. So gibt er keine wissenschaftstheoretische Begründung seiner Arbeit, ein Hinweis auf eine klare Vorstellung von dem, wie Länderkunde zu betreiben sei, existiert nicht. Dennoch sind gewisse Ansätze nicht zu übersehen: Er kritisiert die bestehenden geographischen Arbeiten, ebenso seine anderen Informationsquellen, äußert sich zur Art der Materialsammlung, und, da er die Beobachtung für wichtig hält, unternimmt er Forschungsreisen im Rahmen seiner Möglichkeiten. Es gelingt ihm jedoch nicht, alle Überlegungen zu kombinieren und schließlich das Bild einer länderkundlichen Disziplin nach seinen Vorstellungen zu entwerfen.

Das allgemeine Theorie-Defizit in der mittelalterlichen arabischen Länderkunde findet also auch bei Ibn Hauqal seinen Niederschlag: Immer noch ist es nicht gelungen, ein wissenschaftstheoretisches Gedankengerüst zu errichten, mit dessen Hilfe die deskriptive Geographie zu einem eigenen Selbstverständnis finden könnte. Immer noch existieren viele verschiedene, nicht voneinander abgegrenzte Geographievorstellungen. Trotzdem darf die Leistung Ibn Hauqals nicht verkannt werden: In einem Zeitalter, in dem nicht einmal ein arabisches Wort für die geographische Disziplin existierte, ist sein Werk aus heutiger Sicht ein beachtlicher Schritt auf dem Weg zur Entwicklung eines

1) Wiet S. 322
2) ebd.
3) ebd.
4) Hier liegt einer der gravierenden Unterschiede zu Muqaddasī; vgl. dazu später

wissenschaftlichen Länderkunde-Begriffs aufgrund seiner Systematik, seiner Raumteilungsprinzipien und seines methodischen Ansatzes, wenn auch noch die theoretische Absicherung fehlt, wenn auch die Bedeutung der methodischen Voraussetzungen nicht erkannt wird. Es hat sich eine Wende von einer oberflächlichen Länderbeschreibung ohne geographischen Anspruch und Ansatz hin zur bewußt praktizierten, als eigenständig erkannten Länderkunde vollzogen, wenn Ibn Hauqal auch noch nicht in der Lage ist, seinen Länderkundebegriff wissenschaftstheoretisch zu bestimmen.

3. Das Verhältnis zur Tradition

a. Beweisverfahren und Untersuchungsmethoden

Wenn sich auf eine Frage zur Klärung eines geographischen Phänomens aus der Sicht Ibn Hauqals mehrere Lösungen anbieten, wenn es gilt, eine Theorie, eine Aussage glaubwürdig darzustellen, greift Ibn Hauqal auf drei traditionelle Beweisverfahren zurück.

Einmal beruft er sich auf frühere Autoritäten, die sowohl aus dem geographischen wie aus dem literarischen Fach stammen können, wenn sie nur dazu dienen, eine Aussage zu verifizieren oder zu falsifizieren. So werden z. B. Ǧahīḏ,[1] Iṣṭaḫrī[2] und Ptolemäus[3] als geographische Autoritäten gelegentlich zitiert, aber auch Chronisten und Geschichtsschreiber finden als Quellen Berücksichtigung.[4] Eine andere Möglichkeit besteht darin, daß Ibn Hauqal seinen Informanten nicht nennt, aber zu verstehen gibt, daß die gegebene Information nicht von ihm selbst ermittelt worden sei.[5]

Mit der Zitierung älterer Autoritäten bewegt sich Ibn Hauqal ganz im Rahmen der wissenschaftlichen Tradition seiner Zeit. Der einzelne Gelehrte war nicht mächtig genug, von sich aus eine neue These als wahr darzustellen, wenn sie nicht durch ältere Autoritäten verifiziert werden konnte. Die Tradition, Basis des Wissenschaftsbegriffs, wurde in jedem Fall höher eingeschätzt als eine "subjektive" neue Erkenntnis. Ibn Hauqal trägt diesem Umstand Rechnung, wenn er die traditionellen methodischen Mittel für seine Arbeit anwendet.

Die Verwurzelung in der islamischen Wissenschaftstradition zeigt sich auch an einem anderen Punkt. Ibn Hauqal nennt oftmals nach der Art der Überliefererketten in den Koranwissenschaften (isnād) auch für profane Zusammenhänge - etwa rein geographische Nachrichten - einen isnād, wie im folgenden Beispiel:

> "Ich habe - unter der Federführung von Abū Nimr al-Warāq - in den Berichten des Abū Ḥusein al-Ḥāsibī [folgendes gefunden]: Er sagte: Es wurde überliefert von Abū Hāsim, dem Kadi, [daß] er sagte: Abū-l-Ḥassan b. al-Mudabbir berichtete: Wenn Ägypten..."[6]

1) Wiet S. 363
2) Wiet S. 322 f., S. 31
3) Wiet S. 501 ff., 147, 12
4) z. B. Wiet S. 133, 190, 366
5) zu diesem gesammten Themenkreis s. den Aufsatz von Plessner: Wissenschaften im Islam a. a. O.
6) Kramers: Kitāb ṣūrat al-arḍ S. 135, eigene Übersetzung

Das bedeutet: Einige seiner Nachrichten entsprechen in ihrem Aufbau exakt dem Aufbau eines Ḥadīṯ - sie bestehen aus Überliefererkette (isnād) und Mitteilung (matn). Ibn Hauqal rezipiert die traditionellen Hilfsmittel der islamischen Wissenschaft, um seine Aussagen glaubwürdig und wahrhaftig erscheinen zu lassen. Damit entspricht er völlig dem Wissenschaftsbild seiner Zeit, und es zeigt sich, daß die Ansprüche, die er an seine Arbeit stellt, über die literarische Erbauung oder die bloße Vermittlung von einzelnen Informationen hinausreichen, auch wenn er dies nicht expliziert.

Im tradtionell-religiösen Kontext zu sehen ist auch das zweite methodische Mittel zum Beweis von Richtigkeit oder Fehlerhaftigkeit einer These: das Koranzitat, das manchmal herangezogen wird, etwa um die strittige Frage zu klären, wieviele Meere es auf der Erde gibt,[1] aber auch, um einer Aussage Nachdruck zu verleihen oder sie auszuschmücken. Gleichzeitig ist die Verwendung von Koranzitaten natürlich auch formal ein Zeichen für die Traditionsgebundenheit des "Kitāb ṣūrat al-arḍ" und im Zusammenhang mit den anderen formalen Ansprüchen zu sehen, denen Ibn Hauqal gerecht wird. Am Einsatz des Koranzitats wird aber bei Ibn Hauqal gleichzeitig die Erstarrung dieses Instruments zur bloßen Form deutlich: Der größte Teil der Zitate entfällt auf unbedeutendere Zusammenhänge und Nebenerscheinungen und ist tatsächlich nur von geringem Einfluß auf die Beweisführung der Arbeit, die im wesentlichen von geographischen Autoritäten abgedeckt wird.[2]

Die Treue zu den traditionellen methodischen Medien führt Ibn Hauqal aber keineswegs zur Selbstverleugnung. Wo seine persönliche Beobachtung ihn etwas anderes gelehrt hat als die Autoritäten, bringt er dies - auch im Widerspruch zu ihnen - deutlich zum Ausdruck. Die Beobachtung gewinnt an Bedeutung, jedoch ohne daß sie klar als eigenständiges Mittel zur Gewinnung von Informationen erkannt würde. So widerspricht Ibn Hauqal z. B. energisch einer allgemeinen Theorie, die Landmassen der Erde glichen in ihrer bildlichen Darstellung der Gestalt eines Vogels[3] und weist anhand seiner eigenen Beobachtung nach, daß diese Theorie höchstens auf einen Teil der islamischen Provinzen zutreffen könne. An anderer Stelle[4] widerlegt er einige - wie der meint: falsche - Vorstellungen von der Ausdehnung der Erdoberfläche, die er auf Ptolemäus zurückführt, und auch die Lage des Kaspi-Sees nach ptolemäischer Auffassung wird von ihm nicht unwidersprochen hingenommen,[5] da er auf seinen Reisen Abweichendes festgestellt hat. Jedoch erkennt Ibn Hauqal auch in diesem Zusammenhang nicht die Bedeutung der Beobachtung als bewußt eingesetztes methodisches Mittel, und obwohl er oft auf die eigene Beobachtung verweist, präsentiert sich das "Kitāb ṣūrat al-arḍ" ebenso wie vom Formalen auch vom Methodischen her als stark bestimmt von der Tradition.

b. Das Verhältnis zur Geschichte

Das "Kitāb ṣūrat al-arḍ" ist durchsetzt mit zahlreichen Bemerkungen aus dem Bereich der religiösen und profanen Historie, oft auch mit längeren Abhandlungen zur speziellen Geschichte einer Stadt oder eines Stammes.[6] Manche Stadt, wie z. B. Isfahan,[7] wird gar eher durch ihre Geschichte als durch die geographischen Erscheinungsformen

1) Wiet S. 11; vgl. auch Muqaddasī
weitere Beispiele: Wiet S. 26, 31, 78, 142, 206, 339
2) vgl. die zitierten Beispiele
3) Wiet S. 203
4) Wiet S. 502 f.
5) Wiet S. 5
6) z. B. Stadt Qift, Stamm der Buǧā; S. 48 - 52; Stadt Cordoba, S. 110 f.
7) Wiet S. 354 f.

charakterisiert. Zweifellos ist der Einbezug der Geschichte in Ibn Hauqals Werk in enger Verbindung zur islamischen Wissenschaftstradition zu sehen, in der Geschichte als eine der typisch arabischen Wissenschaften galt;[1] sowohl Hamdānī als auch Masʿūdī verstanden sich zweifellos als Historiker und weniger als Geographen, obwohl sie durchaus Geographisches vermittelten.

Mit Ibn Hauqal setzt jedoch eine Wende ein: Geographie ist nicht mehr Hilfswissenschaft für die Geschichte, sondern die Geschichte erhält illustrierende Funktion für die Geographie. Das zeigt sich einmal an der Quantität der historischen Aussagen: Sie durchsetzen zwar den Text an zahlreichen Stellen, vermögen es aber nicht, die geographische Aussage zugunsten der historischen in den Hintergrund zu drängen. Die Geschichte ist für Ibn Hauqal zwar traditionell notwendiger Bestandteil der Geographie, aber sie rundet das Bild höchstens ab, sie dominiert nicht.

Dies wird vor allem deutlich an der Systematik des "Kitāb ṣūrat al-arḍ": Ihr liegen geographische Definitionen zugrunde, nicht historische (z. B. Bestimmung der geographischen Lage einer Provinz; geographische und administrative Raumeinheiten, räumliche Systematik, topographische Karten).

Ibn Hauqal selbst hat nicht zwischen Länderkunde und Geschichte unterschieden, und er war auch aufgrund des Geographieverständnisses seiner Zeit gar nicht dazu in der Lage; denn entweder fanden deskriptiv-geographische Abhandlungen bisher im Bereich der Reiseliteratur statt, oder arabische Wissenschaften wie Geschichte und Philologie als Sammelbecken für Einzelfakten aus den unterschiedlichsten Bereichen vereinnahmten auch die Geographie.

Die Tatsache, daß Ibn Hauqal von Thematik und Systematik her eine geographische, nicht historische Abhandlung verfaßt hat, stellt - wenn auch der Wechsel nicht bewußt vollzogen worden ist - einen Umschwung in der Betrachtung der Wissenschaften dar: die klassischen arabischen Wissenschaften, insbesondere die Geschichte, geben nicht länger den Anstoß für die Beschäftigung mit länderkundlichem Material und sind von daher nicht mehr bestimmend für die Ausrichtung des Faches, vielmehr versteht Ibn Hauqal die Länderkunde als eigene Disziplin, was sich in einem spezifisch geographischen Ansatzpunkt niederschlägt und in der letzten Konsequenz der Geschichte die Funktion einer Hilfswissenschaft zuweist. Am Verhältnis Ibn Hauqals zur Geschichte dokumentiert sich der Neuansatz der arabischen Länderkunde: einerseits noch klar der historischen Tradition verhaftet,[2] andererseits mit der deutlichen Tendenz zur eigenständigen Disziplin.

4. Zusammenfassung

Bei einer Zusammenschau aller untersuchten Themen kann das "Kitāb ṣūrat al-arḍ" als letzte Überarbeitung einer von Balḫī bestimmten grundlegenden Anordnung in der deskriptiven arabischen Geographie des 10. Jahrhunderts als entscheidender Wendepunkt bezeichnet werden, der von einer literarischen oder im Historischen befangenen Länderbeschreibung und Länderkunde zu den Anfängen einer eigenständigen Disziplin hinführt, die über das Inventar und Instrumentarium der traditionellen Wissenschaften

---

1) vgl. S. 13 f.
2) U. auch der literarischen Tradition: Dichterworte gehören ebenso zum festen Bestandteil wie historische Abhandlungen, aber beides kann eher dem formalen als dem inhaltlichen Inventar zugeordnet werden.

verfügt. Ibn Hauqal beherrscht alle traditionellen methodischen und formalen Techniken seiner Zeit und wendet sie auf die Darstellung der islamischen Länder an. Eine geographische Motivation, eine länderkundliche Systematik, basierend auf einem räumlichen Gliederungsprinzip sowie ein Themenkatalog mit den Prioritäten auf der "Geographie des Menschen" mit heutigen Termini und die dadurch entstandene Ablösung der Länderkunde von der Geschichte und der Unterhaltungsliteratur kennzeichnen ein neuartiges Länderkunde-Verständnis, das zwar noch nicht imstande ist, sich explizit zu artikulieren, dessen Merkmale aber bereits erkennbar sind.

Es ist zweifellos nicht das alleinige Verdienst Ibn Hauqals, dieses neue Verständnis herbeigeführt zu haben, denn ohne die Werke des Balḫī und des Iṣṭaḫrī wäre eine solche Entwicklung kaum möglich gewesen.[1] Ich sehe Ibn Hauqal - wie zu Beginn betont[2] - als Fortsetzer der Balḫī'schen Systematik.[3]

III. Thesen zu Ibn Hauqal

1. Ibn Hauqals "Kitāb ṣūrat al-arḍ" ist eine Arbeit, die die wissenschaftlichen Hilfsmittel der Zeit für länderkundliche Untersuchungen anwendet.

2. Das "Kitāb ṣūrat al-arḍ" besitzt eine länderkundliche Konzeption, die von Ibn Hauqal im Rekurs auf Iṣṭaḫrī entwickelt werden konnte. Ein Themenkatalog mit klaren, im heutigen Sinne anthropogeographischen Prioritäten und der Versuch, das islamische Reich mithilfe von geographischen Gliederungsprinzipien zu strukturieren, unterstreichen den von andern Wissenschaften unabhängigen länderkundlichen Ansatz.

3. Die Systematik der einzelnen Kapitel beruht auf zwei unterschiedlichen räumlichen Gliederungsprinzipien, nämlich einer Einteilung in naturräumliche und politisch-administrative Einheiten. Werden sie unabhängig voneinander und nacheinander angewendet, erhalten alle so konzipierten Kapitel eine nahezu identische Systematik. Werden beide Gliederungsmöglichkeiten miteinander vermischt, so geht dies auf Kosten einer systematischen und überschaubaren Darstellung, was die Zuordnung von kleineren zu größeren räumlichen Einheiten erschwert.

4. Ibn Hauqals Arbeit resultiert aus einem allgemeinen Wissensdurst nach fremden Ländern, der ihn zur Reistätigkeit führt, weniger aus einem wissenschaftlichen Interesse an geographischen Forschungen. Die Darstellung seiner Beobachtungen und Erfahrungen geschieht zwar mit den Hilfsmitteln der Wissenschaft, aber der Hinweis auf den Wunsch nach der Entwicklung eines wissenschaftlichen Länderkunde-Begriffs findet sich nicht. Ibn Hauqal liefert zwar eine länderkundliche Systematik, aber eine im Theoretischen abgesicherte Konzeption, die notwendig und auch möglich gewesen wäre, bleibt aufgrund des allein praktischen Ansatzes unausgeführt.

---

1) über die Rolle Balḫīs vgl. S. 112 f.
2) siehe ebd.
3) Eine interessante Aufgabe wäre ein Vergleich der drei Autoren der Balḫī-Schule im Hinblick auf Weiterentwicklungen und die Untersuchung der Frage, aufgrund welcher Faktoren eine solche Systematik und ein solcher Ansatzpunkt neben den literarischen und historischen Ansätzen überhaupt entstehen konnten.

5. Die Reisetätigkeit erscheint als bewußt eingesetztes Mittel der Sammlung von geographischen Beobachtungen, so daß man Ibn Hauqal als Forschungsreisenden im Sinne der damaligen Zeit bezeichnen kann. Neu gegenüber den hier vorher untersuchten Länderdarstellungen ist das Bewußtsein bei Ibn Hauqal, Reisen seien unverzichtbare Instrumente länderkundlicher Betätigung, das sich auch schon in Ansätzen bei Iṣṭaḫrī, nicht aber bei Balḫī (vgl. später) findet und das mit Ibn Hauqal in eindeutiger Form zum erstenmal im 10. Jahrhundert expliziert wird.

6. Die Reisetätigkeit soll zu Beobachtungen führen. Eine Differenzierung von Beobachtungstechniken ist nicht vorhanden, vielmehr versteht Ibn Hauqal "beobachten" naiv im Sinne von "sehen", wie es der Zeit entspricht.

7. Die Bindung und Abhängigkeit der deskriptiven Geographie von anderen, bereits etablierten Disziplinen mit festen Wissenschaftsbildern wird im "Kitāb ṣūrat al-arḍ" aufgehoben. Einen wesentlichen Schritt stellt die Anerkennung der Reisetätigkeit als wichtiges Instrument der Länderkunde dar. Eine weitere Lösung von traditionellen Dependenzen bedeutet die länderkundliche Systematik mit den beiden räumlichen Gliederungsprinzipien: Sie lassen keine historischen oder poetischen Prioritäten zu, da sie eigenen Gesetzmäßigkeiten unterliegen. Die Geschichte kann kein dominierender Faktor bleiben, vielmehr erscheint sie in Umkehrung des Abhängigkeitsverhältnisses nun als Hilfswissenschaft für die Länderkunde.

8. Diese Faktoren zusammen lassen zum ersten Mal im 10. Jahrhundert die deskriptive Geographie als eigenständige Wissenschaft erscheinen, die nur noch abhängig ist von den allgemeinen Regeln wissenschaftlicher Arbeiten, aber nicht länger den Forschungen anderer Disziplinen untergeordnet wird. Reflexionen zur wissenschaftstheoretischen Absicherung nimmt Ibn Hauqal jedoch nicht vor, da er einen praktischen geographischen Ansatzpunkt vertritt.

B. Muqaddasī (Werk 985 - 988 n. Chr.)

I. Zur Person

Über den Lebenslauf von Muqaddasī ist nicht viel mehr bekannt als das, was er in seiner Länderkunde selbst berichtet. Er stammte aus einer angesehenen Architektenfamilie[1] aus der Stadt Jerusalem, woher sich auch möglicherweise sein Name erklärt.[2] Aus bisher ungeklärten Gründen verließ er seine Heimat[3] und durchquerte mit Ausnahme von Spanien, Sind und Siğistān[4] das gesamte islamische Reich, wobei er sich umfassende Kenntnisse über die verschiedenen Länder aneignete. Um 985 legte er die erste Fassung

---

1) EI[1] Bd. 3, S. 708 f. "Mukaddasī" (J. H. Kramers)
2) Die arabische Sprache läßt zwei Möglichkeiten der Aussprache des Namens zu: "al-Muqaddasī" und al-Maqdisī", wobei letzteres vom arabischen Wort für Jerusalem, "bait al-maqdis", abgeleitet werden kann und dann "der Jerusalemer" heißt.(Vgl. ZDMG Bd. 60, S. 404 - 410). Hier soll jedoch die häufigere Lesart "Muqaddasī" beibehalten werden.
3) Miquel: La meilleure répartition pour la connaissance des provinces. (Aḥsan at-taqāsīm fī maʿrifat al-aqālīm). Angemerkte franz. Teilübersetzung. Damas 1963, S. 17
4) Brockelmann: GAL Bd. 1 (1943), S. 264

seiner Länderkunde vor,[1] die drei Jahre später in einer erweiterten Version erschien:[2] In der ersten Fassung stand das Samanidenreich im Mittelpunkt der Darstellung, in der zweiten das Fatimidenreich.[3] Nach eigenen Angaben war Muqaddasī wenig älter als vierzig Jahre, als er die erste Version veröffentlichte,[4] so daß man sein Geburtsjahr etwa um 945 n. Chr. ansetzen darf. Seine ausgedehnten Wanderungen und Reisen scheint er in persönlicher und finanzieller Unabhängigkeit getätigt zu haben, denn er führt eine lange Liste verschiedener Berufe an, die er unterwegs ausgeübt habe, [5] wobei er alle möglichen Stadien vom reichen, angesehenen Mann bis zum Bettler persönlich erfuhr.[6]

Wie sein Buch an vielen Stellen zeigt, war Muqaddasī ein hochgebildeter und in zahlreichen islamischen Wissenschaften beschlagener Mann, der sich besonders gut im islamischen Recht auskannte. Er verfügt sowohl über die Disputiertechnik des geschulten theologischen Gelehrten als auch über profunde Kenntnisse in Geschichte und Literatur, so daß man ihn durchaus als Universalgelehrten bezeichnen kann. Dies läßt sich an seinen zahlreichen "Berufen" ablesen:[7] sie verraten eine sehr gute Kenntnis der traditionellen Wissenszweige, wobei jedoch zu bemerken ist, daß Muqaddasī auch körperliche Arbeit - etwa als Verkäufer auf dem Marktplatz - ausgeübt hat.[8] Vom Bildungsstand her ist er also Mas'ūdī durchaus ebenbürtig, aber seine Interessen konzentrieren sich in der Hauptsache auf ein Gebiet: Die Länderkunde.

II. Das Buch "Die beste Kenntnis von der Anordnung der Provinzen"[9] von Muqaddasī

Muqaddasīs Arbeit besteht bei formaler Betrachtung aus zwei Teilen, jeweils beginnend mit der Basmallah, wobei die Trennungslinie zwischen der Darstellung der arabischen und der nicht-arabischen Provinzen verläuft. Vom Inhalt her gesehen zerfällt das Buch in einen eher theoretischen Teil, in dem Muqaddasī Vorüberlegungen anstrengt, und einen praktisch-länderkundlichen; die weiteren Ausführungen sollen auf diese letzte Einteilung bezogen werden.

Der erste Teil umfaßt Kapitel verschiedenen Charakters: auf eine allgemeine Einleitung, in der Muqaddasī seine Ziele, die Art seines Vorgehens und die Prinzipien seiner Arbeit erklärt, folgt ein Kapitel über Meere und Flüsse im islamischen Reich, in dem bereits geographische Phänomene dargestellt, diesem wiederum ein allgemeines, in dem terminologische Fragen geklärt werden. Daran schließt sich ein Überblick über das ge-

---

1) Ranking/Azoo: Aḥsanu-t-taqāsīm fi ma'rifati-l aqālīm (Muqaddasi). Engl. Teilübersetzung. Asiatic Society of Bengal, new series No, 899. Reihe: Bibliotheca Indica, Calcutta 1897, S. 12
2) Blachère/Darmaun: Extraits S. 149
3) Brockelmann: GAL Suppl. 1, S. 411
Lewicki: A propos d'un traité d'al Muqaddasī. In: Cahiers de civilisation médiévale 12 (1969), S. 35
4) Ranking S. 12
5) ebd. S. 73 - 80
6) Für die Untersuchung wurden die Übersetzungen von Ranking/Azoo und Miquel herangezogen sowie die arabische Edition bei de Goeje: Descriptio Imperii Moslemici. BGA Bd. 3, 2. Aufl. 1906
7) z. B. Sänger, Dichter, Koran-Lehrer, Rechtsgelehrter, Prediger; s. Ranking S. 73 -80
8) Ranking S. 75
9) arabischer Titel: "Kitāb aḥsan at-taqāsīm fī ma'rifat al-aqālīm"

samte islamische Reich an, worauf Muqaddasī von den Erfahrungen auf seinen Reisen berichtet. In diesem ersten Teil wechseln also ständig allgemeine, theoretische Erörterungen und bereits praktische länderkundliche Darbietungen wie die Großgliederung des islamischen Reiches, so daß nicht von einer einheitlichen Konzeption gesprochen werden kann. Dennoch werden hier die Grundlagen für die sich anschließende Länderkunde gelegt: In den theoretischen Abschnitten verdeutlicht Muqaddasī seinen geographischen Ansatz, sein Geographieverständnis, seine Motivation, sein Verhältnis zur Wissenschaft und die Art seines methodischen Vorgehens; er schafft damit die Basis für die Behandlung des Stoffes im zweiten Teil und bietet dem Leser die Möglichkeit, Anspruch und Realisierung der Arbeit im Verhältnis zu sehen und zu beurteilen. Im zweiten Teil versucht Muqaddasī, die vorab postulierten Grundsätze in die länderkundliche Praxis umzusetzen: Er unterteilt das islamische Reich in Provinzen und untersucht eine Provinz nach der andern im Hinblick auf einen umfangreichen Katalog insbesondere anthropogeographischer Probleme.

III. Der Ansatzpunkt Muqaddasīs

1. Die Motivation

Muqaddasī ist - wie auch Ibn Hauqal - ein Gelehrter, der sich ganz bewußt mit der Geographie beschäftigt. Wie er im einleitenden Kapitel darstellt, lagen seine Interessen zunächst im allgemein-wissenschaftlichen Bereich, was ja auch, wie oben ausgeführt, seine Bildung verrät. Die Gelehrten seiner Zeit waren ihm nach eigenen Angaben stets Vorbild und Ansporn:[1] Sie, die durch Veröffentlichungen besonders auf dem literarischen Gebiet an die Öffentlichkeit traten, hielt Muqaddasī stets für nacheifernswert, weil ihre Namen berühmt und sie zu hohem Ansehen gelangt waren[2] - ein Ziel, das auch Muqaddasī erreichen möchte. Beim Studium ihrer Schriften stieß Muqaddasī jedoch auf eine Tatsache, die ihn nachdenklich stimmte: er stellte fest, daß die Gelehrten lange vor seiner Zeit zwar eigenständige Werke hervorgebracht, daß aber ihre Nachfolger diese Werke kommentiert und gekürzt hatten. Die Gegenwartsliteratur seiner Zeit, so konstatiert Muqaddasī, ist also kein originales Produkt mehr.[3] Er hält es deshalb für lohnenswerter, wenn man, will man sich wie er einen wissenschaftlichen Namen machen, sich einem noch weithin unerforschten Wissensgebiet zuwendet, das die Möglichkeit zur originellen Leistung bietet. Das ist in seinen Augen die "Beschreibung der islamischen Provinzen."[4]

Muqaddasīs geographische Betätigung entspringt also zunächst weniger dem Interesse für die Geographie als vielmehr einem sehr persönlichen Streben nach Ruhm und Ehre ganz allgemein im literarischen oder wissenschaftlichen Bereich. Zur Erreichung dieses Zieles bietet sich ihm die Geographie als Mittel zum Zweck an, da sich wegen des unbefriedigenden Zustandes dieser Wissenschaft eine Möglichkeit zur eigenen Leistung bietet. Die Entscheidung für die Geographie wird also eher zufällig getroffen, aber die Konsequenzen, die Muqaddasī anschließend zieht, zeigen sein ernsthaftes Bemühen,

---

1) Ranking S. 1
2) Ranking S. 2
3) vgl. Grunebaum: Islam im MA, S. 314 f.: Der Gelehrte, der einen eigenständigen Beitrag erarbeitet, genoß ein sehr viel höheres Ansehen als der Muqallid, der sich auf die Darstellung und Kommentierung älterer Werke beschränkte (zwischen der rein theoretischen Wissenschaftsvorstellung und ihrer Umsetzung in die Praxis bestanden also gewisse Unterschiede.) Das von Muqaddasī geäußerte Unbehagen an der Gegenwartsliteratur entspricht also durchaus einer allgemeinen geistigen Strömung seiner Zeit.
4) arabischer Text bei de Goeje, BGA Bd. 3, S. 1: "ḏikr al-aqālīm al-islāmiya". Ranking übersetzt mit: "the chorography of the Empire of Islam" (Ranking S. 2); in dieser ptolemäischen Bedeutung hat Muqaddasī das Wort "ḏikr" aber mit Sicherheit nicht verstanden, denn er wählt schließlich eine Beschreibung der Provinzen mit Worten und nicht ausschließlich mit Karten und Zahlenmaterial, was der Terminus "chorography" aber impliziert.

nach der grundsätzlichen Entscheidung für die Geographie diese mit allem gebotenen wissenschaftlichen Eifer zu betreiben. Als größtes Manko der anderen Wissenschaften empfindet er, daß sie nicht original seien; er selbst will eine eigene Leistung vollbringen, und das heißt letztlich, daß er Beobachtungen anstellen muß. Muqaddasī zieht die Konsequenzen: er begibt sich auf Wanderschaft und wird zu einem Geographen, dessen Lebensinhalt fortan die Länderforschung und -darstellung ist.

Seine Motivation für die Wissenschaft allgemein - zu Ruhm und Ehre zu gelangen - impliziert zwei Voraussetzungen: den vollen Einsatz des Wissenschaftlers und die originale Leistung, gleichgültig, welche Wissenschaft betrieben wird. In der Länderkunde lassen sich beide Voraussetzungen gut vereinbaren durch die Reisetätigkeit des Geographen, denn sie verlangt den vollen Einsatz des Wissenschaftlers und bietet die Möglichkeit zur eigenständigen Leistung aufgrund eigener Beobachtungen. Mit der grundsätzlichen Entscheidung für die Geographie stellt Muqaddasī gleichzeitig die Weichen für sein späteres Leben: Er wird zum "geographer by career", zum Gelehrten mit dem ausdrücklichen Ziel, die geographische Forschung voranzutreiben. Wie auch bei Ibn Hauqal zeigt sich bei Muqaddasī, daß die arabische Länderkunde durchaus als eigenständige Disziplin aufgefaßt wird, daß sie nicht immer von anderen Wissenschaften mitbetrieben wurde, sondern daß sie im Gegenteil sogar bewußter Forschungsgegenstand sein konnte.[1)]

2. Die Vorgänger

Ein großer Teil früherer und zeitgenössischer Arbeiten ist Muqaddasī bekannt gewesen; er setzt sich in seinem einleitenden Kapitel kritisch mit jenen Werken auseinander: al-Ǧaihānī - so meint Muqaddasī - habe zwar Städte beschrieben, Länder dargestellt und sich mit den Klimaten beschäftigt, es jedoch unterlassen, die Distrikte und Provinzen aufzugliedern und die Städte nach bestimmten Gesichtspunkten anzuordnen oder sie gar ausführlich zu beschreiben.[2)] Eigentlich habe er nichts anderes als ein Itinerar der Hauptrouten und der anliegenden Ortschaften gegeben, und obwohl sein Buch sehr lang geworden sei, vermisse man die Itinerarien zwischen den kleineren Städten und deren ausführliche Beschreibung.[3)]

al-Balḫī wird zunächst positiv dargestellt: Muqaddasī erkennt an, daß dieser Geograph seine Hauptaufgabe in der kartographischen Erfassung der islamischen Provinzen sah und eine Einteilung der Erde in 20 Klimate vornahm. Jedoch seien die Erläuterungen zu den Karten nur kurz, und Balḫī habe überhaupt viele große Städte nicht genannt. Als besonders nachteilig hebt Muqaddasī die Tatsache hervor, daß Balḫī keine Reisen unternommen habe: In einer Anekdote erzählt er, daß dieser sich sogar geweigert habe, einen Fluß in seiner Heimat zu überqueren.[4)]

---

1) vgl. Sauvaget/ Cahen: Introduction to the History... S. 37 und Blachère/Darmaun: Extraits S. 9 f.: ihre Thesen über die unselbständige Länderkunde treffen auf Ibn Hauqal und Muqaddasī nicht zu.
2) Ranking S. 5
3) ebd. S. 6
4) ebd. S. 6

Einen weiteren geographischen Ansatz sieht Muqaddasī bei Ibn al-Faqīh al-Hamadhānī[1] vertreten, jedoch erhält dieser die schlechteste aller Kritiken: Neben der stofflichen Unzulänglichkeit - er erwähne nur die größeren Städte und nehme keine Anordnung der Distrikte vor - enthalte sein Buch irrelevante literarische Einschübe, "now moving to tears and now so diverting as to excite laughter."[2]

Zwei andere Vorgänger, Ibn Ḫurdāḏbih und al-Gahīḏ, erwähnt Muqaddasī zwar namentlich,[3] betont aber, daß ihre Arbeiten zu kurz seien, um nützliche Informationen zu liefern.

Nichts könnte einen besseren Eindruck von der ungeklärten Situation der Geographie zu Muqaddasīs Zeiten vermitteln als diese kurze, kritische Beleuchtung: Die Skala der möglichen Geographievorstellungen reicht von der geographischen Unterhaltungsliteratur bis zum rein kartographischen Ansatz, ein einheitliches Geographieverständnis kann nicht unterstellt werden. Ein jeder kann nach Belieben "geographisch" tätig werden, weil kein fest umrissenes, allgemein anerkanntes Wissenschaftsbild von der Geographie existiert - die Folge ist eben eine Vielzahl von Einzelsätzen, denen eine gemeinsame Basis fehlt.

Muqaddasī stellt diesen Konzeptionen seine eigene gegenüber. Eine geographische Arbeit muß nach seinen Vorstellungen einen gewissen Umfang aufweisen, weil sie möglichst vollständig sein soll. Jedoch genügt nicht das Zusammenschreiben vieler einzelner Fakten, vielmehr ist der Stoff zu gliedern, es gilt Provinzen und Städte in einer bestimmten, bisher noch nicht näher definierten Weise anzuordnen. Der so aufbereitete Stoff ist dem Leser schließlich in einem angemessenen Darstellungsstil, der auf keinen Fall zu literarisch sein darf, zu präsentieren. Die Materialsammlung selbst sollte, wie die Kritik an Balḫī zeigt, möglichst aufgrund von Reisen geschehen.

Anhand der Kritik an bestehenden geographischen Ansätzen lassen sich also Muqaddasīs Vorstellungen über die formale Gestaltung einer länderkundlichen Arbeit klar erkennen. Muqaddasī selbst aber legt das Schwergewicht weniger auf formale Unterscheidungsmerkmale zu anderen geographischen Arbeiten, sondern hält die Art der Materialsammlung für den Punkt, an dem sich sein Ansatz von den anderen am deutlichsten abheben soll, denn er will bei der Erhebung des Faktenmaterials und dessen Verarbeitung einen völlig neuen methodischen Weg einschlagen.[4]

---

1) iranischer Geograph des 9. Jahrhunderts; sein Werk ist heute nicht mehr vollständig vorhanden, hat aber vermutlich mehrere Bände umfaßt. Die geographischen Angaben sind zum großen Teil fabelhaft und unwahrscheinlich; ein wesentlicher Bestandteil sind die literarischen Einschübe, die den Leser belehren sollen und das Werk in das Genre der adab-Literatur verweisen. EI 2 Bd. 3 S. 106 f. "Hamadhānī" (Blachère)
2) Ranking S. 7
3) ebd.; auch Iṣṭaḫrī ist Muqaddasī bekannt gewesen, hier wird er aber nicht genannt
4) Ranking S. 4

IV. Die Reflexion der Methode

Die Quellentrennung

Muqaddasī ist der traditionellen islamischen Wissenschaftsauffassung verbunden, die Wissenschaft vorwiegend unter dem Aspekt der Nützlichkeit betrachtet.[1] So stellt er fest, daß die Ergebnisse der Geographie den Menschen aller sozialen Schichten, dem Prinzen wie dem Rechtsgelehrten und dem Kaufmann nutzen können.[2] Voraussetzung ist eine möglichst vollständige Erfassung der Phänomene auf der Erde[3] und absolute Wahrheitstreue des Berichtenden.[4] Aus diesem Grund hat sich Muqaddasī auf Reisen begeben und Material für sein Buch an den verschiedensten Stätten gesammelt.

Seine erste Informationsquelle ist das persönliche Gespräch mit anderen Reisenden oder Bewohnern eines Ortes, die mündliche Überlieferung also. Wie schon früher dargestellt,[5] gehörte sie ursprünglich als fester Bestandteil zum Wissenschaftsbetrieb und stellte auch zu Muqaddasīs Zeiten eine anerkannte Informationsquelle dar. Muqaddasī erkennt aber gewisse Nachteile bei dieser Art der Materialsammlung: Die Verarbeitung von fremden Informationen ist in seinen Augen keine originale Leistung, zudem sind mündliche Berichte im allgemeinen nicht nachprüfbar und stellen eine potentielle Fehlerquelle dar. Muqaddasī will aber auf jeden Fall nur Wahres berichten, weshalb er dann auch - wie er sagt - nicht allen Berichterstattern Glauben geschenkt hat, sondern nur den "Zuverlässigen", wobei ungeklärt bleibt, nach welchen Kriterien er diese herausgefunden hat.[6][7]

Eine weitere wichtige Quelle stellen die Büchereien in den großen Städten dar, die Muqaddasī auf der Suche nach geographischem Faktenmaterial während seiner Reisen aufgesucht hat.[8] Neben die mündlichen Quellen treten also auch die schriftlichen; schon von daher zeigt sich, daß Muqaddasī bemüht ist, alle zu seiner Zeit möglichen und üblichen Informationsmöglichkeiten auszuschöpfen, um auf diese Weise ein möglichst vollständiges Werk schreiben zu können, ein Grundsatz, der anhand der Kritik an den Vorgängern deutlich wurde.

Als wichtigste Quelle stellt Muqaddasī jedoch die persönliche Beobachtung heraus,[9] die allen anderen Quellen vorzuziehen ist, weil sie allein die Gewähr für die Wahrheit der Angaben bietet, da - wie Muqaddasī betont - er schließlich alles mit eigenen Augen gesehen habe. Deshalb erscheinen ihm Reisen als unumgänglich,[10] wenn man ein wahrhaftiges Werk, das ausschließlich Tatsachen enthalten soll, erstellen will -[11]

---

1) Grunebaum: Islam im MA, S. 295 - 298
2) Ranking S. 2
3) Ranking S. 3
4) ebd. S. 3 f.
5) vgl. S. 11
6) Wahrscheinlich besteht hier ein Zusammenhang mit der islamischen Tradition der Überliefererketten, die ja letztlich auch auf dem Prinzip der Zuverlässigkeit in moralischer und ethischer Hinsicht basierten.
7) Ranking S. 4
8) Ranking S. 4, S. 73
9) Ranking S. 75
10) Ranking S. 4
11) Über die Problematik dieser Quelle im Zusammenhang mit der traditionellen Wissenschaftsmethodik s. S. 93 f.

welche Bedeutung diese Erkenntnis für die Länderkunde hat, wird in einem anderen Zusammenhang zu klären sein.

Nachdem Muqaddasī diese drei unterschiedlichen Quellen als vorgegeben erkannt hat, will er sie auch im Text voneinander abheben: Wenn Muqaddasī einen Ort nicht selbst besucht hat und deshalb nicht auf die eigene Beobachtung rekurrieren kann, will er die Information Dritter darüber wiedergeben und dies deutlich als Fremdinformation, wenn möglich unter namentlicher Nennung des Informanten, von seinen eigenen Beobachtungen abheben.[1] Auf jeden Fall soll eine nicht sichere, d. h. nicht von ihm selbst bestätigte Information gekennzeichnet werden durch das Voransetzen der Formel: "Man sagt..."; dies gilt gleichermaßen für mündliche wie schriftliche Informationen.[2][3]

> "In this way, the work has come to be composed of three elements; firstly, what I have personally seen, secondly, what I have heard from trustworthy persons, and thirdly, what I have found in books written on this and other subjects."[4]

Mit dieser klaren Unterscheidung verschiedener Informationsträger - vorformuliert in einer allgemeinen Einleitung zu Beginn des Buches und tatsächlich praktiziert im länderkundlichen Teil - hebt sich Muqaddasī von seinen Vorgängern nicht nur des 10. Jahrhunderts ab. Mit Ausnahme von Ibn Hauqal, der zumindest manchmal die Namen verschiedener Informanten erwähnt, geben die früheren Geographen kaum explizite Hinweise auf den Ursprung ihres geographischen Wissens, [5] sondern mischen Eigenes mit Fremdem.[6][7] Muqaddasī eröffnet mit der Quellentrennung und -zitierung die Möglichkeit, daß seine Angaben überprüfbar werden und die Arbeit im Hinblick auf seine eigene Leistung transparent wird. Damit ist er der allgemeinen Wissenschaftsauffassung seiner Zeit voraus, deren weitgefaßter Plagiatsbegriff eine strenge Quellentrennung nicht als notwendig erachtete, wenn eine These oder ein Faktum, gleichgültig, wer es entdeckt hatte, als allgemein bekannt gelten konnten.[8] Es zeigt sich bei Muqaddasī ein Problembewußtsein, das bisher in der Länderdarstellung nicht nachgewiesen werden konnte.

2. Die Terminologie

Eines der hervorragenden Merkmale von Muqaddasīs Buch ist das Bemühen um terminologische Klarheit, das Muqaddasī an zahlreichen Stellen Begriffe und Termini erläutern und definieren, zumindest aber auf ihre Problematik hinweisen läßt.

a. allgemeine Terminologie

Schon in der Einleitung setzt sich Muqaddasī mit Begriffen auseinander, die er in

---

1) Ranking S. 11
2) ebd. S. 4
3) vgl. Schwarz: Die ältere geographische Litteratur der Araber. In: GZ Bd. 3 (1897), S. 144
4) Ranking S. 73
5) vgl. etwa Abū Dulaf, der vermutlich aus verschiedenen Quellen nach seiner Reise schöpfte und dies mit den eigenen Beobachtungen vermischte.
6) Togan: Der Islam und die geogr. Wiss.; in: GZ Bd. 40 (1934), S. 368
7) Dies entsprach durchaus den allgemeinen wissenschaftlichen Gepflogenheiten; gerade das Kommentieren älterer Werke war Hauptgegenstand vieler Wissenschaften. Vgl. Sellheim: Gelehrte und Gelehrsamkeit, S. 71; Plessner: Wissenschaften im Islam, S. 19
8) Sellheim: Gelehrte und Gelehrsamkeit, S. 68

seiner Arbeit in einer speziellen Bedeutung verwenden will. So stellt er im länderkundlichen Teil des Buches manchmal bestimmte geographische Erscheinungsformen einander gegenüber und vergleicht sie mit ähnlichen Phänomenen an anderen Orten. In diesem Zusammenhang will er bestimmte wertende Begriffe verwenden:

"ohnegleichen" heißt, daß ein Ding nichts besitzt, was ihm ähnlich ist;
"gut" impliziert die Existenz einer besseren Sorte;
" überlegen" bedeutet, daß ein Ding unter anderen Dingen die größeren Vorzüge besitzt.[1]

Ebenso schränkt Muqaddasī die Bedeutung der in den Itinerarien ständig wiederkehrenden Wörter ein:

- das Wort"und" hat aufzählenden Charakter; zwei Städte liegen in der gleichen Gegend, wenn sie durch "und" sprachlich miteinander verbunden sind;
- das Wort "dann" erscheint, wenn eine Stadt mit der vorangehenden in Beziehung gesetzt werden soll;
- das Wort "oder" bezieht sich immer auf die vorletzte Stadt.[2]

Hier ein Beispiel:
"Man reist von Mekka nach Baṯn Marr, (...) dann nach Ḵhulais und Amaǧ (...)"
"(...) von ar-Ramlah nach Tliya oder nach Asqalān"[3]

b. Geographische Terminologie

Ein Problem stellt in Muqaddasīs Augen der Begriff "Stadt" dar, denn es existieren dafür im Arabischen eine Vielzahl von Synonyma (z. B. balad, miṣr, madīna, qaṣaba); das Wort "balad" wird im allgemeinen gebraucht für eine Metropole,[4] eine Hauptstadt,[5] einen Distrikt,[6] einen Bezirk[7] oder einen Landesteil.[8] Um eindeutige Aussagen zu treffen, will Muqaddasī deshalb die Hauptstädte immer unter ihren Eigennamen in Verbindung mit dem Distrikt, zu dem sie gehören, beschreiben,[9] oder sie mit den geläufigen, im Volke gebräuchlichen Namen benennen. Er gibt hier also keine exakte Definition der einzelnen Begriffe, ist sich aber der Problematik der bis dato üblichen undifferenzierten Verwendung bewußt und versucht eine Präzisierung nicht per definitionem, sondern durch die Zuordnung einer Stadt zu einem Distrikt - ein Prinzip, das er im länderkundlichen Teil kontinuierlich durchhält.

Verschiedene Landesteile könnten - ebenfalls wegen synonymer Begriffe - miteinander

1) Ranking S. 8 f.; de Goeje S. 5 f.
2) Ranking S. 161; de Goeje S. 106
3) ebd.
4) miṣr; de Goeje S. 7
5) qaṣaba; de Goeje S. 7
6) rustāq; ebd.
7) kūra; ebd.
8) nāhiya; ebd.
9) Ranking S. 10

verwechselt werden, deshalb grenzt Muqaddasī die Bedeutung der Begriffe wie folgt ein:[1][2]

- al-mašriq (der Osten): umfaßt das gesamte Samanidenreich;
- aš-šarq (der Osten): umschließt außerdem die Provinzen Fāris, Kirmān und Sind;
- al-maġrib (der Westen): bezeichnet eine einzige Provinz dieses Namens;
- al-ġarb (der Westen): umschließt außerdem Syrien und Ägypten.

Wie kein anderer Geograph vor ihm bemüht sich Muqaddasī - wie die Beispiele belegen - um terminologische Klarheit auf allen Ebenen. Dazu gehören sowohl allgemein-sprachliche Begriffe, die er in einer bestimmten Weise verstanden haben will, als auch Erläuterungen zu Begriffen und geographischen Termini, an deren einmal festgelegter Definition und Interpretation er beständig festhält. Wie die Methode der Quellentrennung tragen auch diese terminologischen Abgrenzungen dazu bei, eindeutige Aussagen zu treffen.

3. Die Abhandlung des Stoffes

Wie Ibn Hauqal will auch Muqaddasī, wie er in seinem einleitenden Kapitel bemerkt, eine Einteilung des islamischen Reiches vornehmen und eine Provinz nach der andern abhandeln.

> "Wir haben es [das islamische Reich] in vierzehn Teile oder Provinzen eingeteilt (...). Wir haben dann die Distrikte in jeder Provinz beschrieben und ihnen [dabei] ihre Metropolen (miṣr) und Hauptstädte (qaṣaba) zugefügt[3] und ihre Städte (madīna) und Dörfer (ǧund)[4] zugeordnet." [5][6]

Muqaddasī will seinen Stoff also systematisch abhandeln, wobei sich die Möglichkeit einer strengeren Systematik als bei Ibn Hauqal abzeichnet: Muqaddasī will eine Zuordnung der Orte zu ihren Provinzen und Distrikten vornehmen, wobei er ganz offensichtlich eine hierarchische Struktur von der größten bis zur kleinsten Stadt annimmt, wie aus seinen Termini hervorgeht. Inwieweit er dies in der Länderkunde tatsächlich berücksichtigt, bleibt noch zu überprüfen.

Muqaddasīs Ansatz reicht schon bei diesen methodischen Vorüberlegungen über die seiner Vorgänger hinaus. Drei wesentliche Voraussetzungen macht er zur allgemeinen Grundlage seiner Arbeit, die - mit Ausnahme der letzten, die auch bei Ibn Hauqal und Iṣṭaḫrī vorhanden war - eine Neuerung in der arabischen Länderkunde und einen wichtigen Schritt im Hinblick auf die Entstehung eines wissenschaftlichen Länderkundebe-

1) Ranking S. 10; de Goeje S. 7
2) vgl. Hamdānī: die ebenso doppeldeutigen Begriffe "Tihāma" und "Ǧauf" werden bei diesem nicht erklärt, so daß ihre Verwendung nicht immer klar ist.
3) naṣaba; de Goeje S. 9
4) heißt eigentlich: Bezirk, Wehrkreis, womit zweifellos kleine regionale Einheiten gemeint sind, da eine Abstufung de majore ad minor vorgenommen wird.
5) de Goeje S. 9, eigene Übersetzung
6) "rattaba" wird hier wohl am besten mit "zuordnen" zu übersetzen sein

griffes darstellen: Sammlung von geographischem Material und bewußte Quellentrennung, terminologische Klarheit in der Abhandlung und systematische Darstellung des Stoffes. Diese allgemeinen wissenschaftlichen Forderungen werden zum erstenmal in der arabischen Geographie auf die Länderkunde übertragen, für die bis zu diesem Zeitpunkt keinerlei wissenschaftsmethodisches Rüstzeug existierte. Muqaddasī lenkt den Blick erstmals von den länderkundlichen Einzelfakten auf die notwendigen Vorbedingungen, die erst eine sinnvolle inhaltliche Gestaltung ermöglichen. Damit eröffnet er der Länderkunde die Möglichkeit zu einem Selbstverständnis als eigenständige Disziplin.

4. Die Bedeutung der Beobachtung für die Länderkunde

a. Die Beobachtung als Garant für Originalität und Wahrheitstreue

Zwei der wichtigsten Postulate, die Muqaddasī für sein Buch erhebt, sind Originalität[1] und Wahrheitstreue.[2][3] Immer wieder betont er, daß noch niemand vor ihm auf eine solche Weise wie er eine geographische Arbeit erstellt habe und daß ein wesentliches Unterscheidungsmerkmal zu anderen Arbeiten darin liege, daß er nur Wahres berichten wolle. Mit der Unterscheidung der verschiedenen Informationsquellen unternimmt Muqaddasī den ersten Schritt zur Erfüllung seiner Postulate: Durch die Trennung von fremder und eigener Beobachtung werden das Originale vom Nichtoriginalen, das Wahre (d. h. was er selbst gesehen hat) vom Unglaubwürdigen oder nicht ganz Gesicherten geschieden. Dabei kommt der eigenen Beobachtung unter allen möglichen Informationsquellen der höchste Stellenwert zu.

Diese hohe Bewertung der eigenen Beobachtung ergibt sich für Muqaddasī nahezu zwangsläufig, wenn er den Ansprüchen, die er selbst an seine Arbeit stellt, gerecht werden will. Muqaddasī lehnt es ab, geographische Nachrichten aus anderen Büchern abzuschreiben, sie zu kompilieren und mit eigenen Gedanken zu vermischen, wie es durchaus der wissenschaftlichen Tradition entsprechen würde - dies kann er nicht akzeptieren, weil es in seinen Augen die originale Leistung schmälert. Schließlich hat er sich der Geographie zugewandt, gerade weil sie in seinen Augen die Möglichkeit zur eigenen Leistung bietet, indem sie eine Alternative zur traditionellen Materialsammlung eröffnet, die Möglichkeit nämlich der eigenen Beobachtung aufgrund von Reisen. Originalität bedeutet für Muqaddasī: die Vermittlung von authentischen Informationen aus erster Hand; die Feldforschung, um einen modernen Begriff zu gebrauchen, wird zum bewußt eingesetzten methodischen Instrument zur Erfüllung des Originalitätsprinzips.

Es zeichnet sich mit diesem Ansatz Muqaddasīs eine ähnliche Einstellung zur Reisetätigkeit wie bei Ibn Hauqal ab: Sie ist unverzichtbares Instrument zur Verifizierung von Beobachtungen länderkundlicher Art; Reisen sind als Forschungsreisen i. w. S. aufzufassen. Jedoch besteht bei gleichartiger Begründung der Reisetätigkeit ein großer Unterschied zwischen Ibn Hauqal und Muqaddasī: Der Erstere hatte seine Reisetätigkeit

---

1) Ranking S. 2
2) Ranking S. 4
3) Schwarz: Die ältere geographische Litteratur, S. 14o

zwar mit dem Interesse an fremden Ländern begründet, aber ihm fehlte weitgehend eine allgemeine wissenschaftliche Zielsetzung, die bei Muqaddasī durch die Forderung nach Originalität und Wahrheitstreue repräsentiert ist. Von daher liegen die Ansatzpunkte der beiden Werke auf völlig unterschiedlichen Ebenen, die vereinfachend mit den Begriffen "praktisch" - "theoretisch" umrissen seien. Während Ibn Hauqal lediglich seine Reisebeobachtungen systematisch anordnet, steckt Muqaddasī zunächst den wissenschaftlichen Rahmen seiner Arbeit ab, wobei er sich zwangsläufig theoretischen Reflexionen zuwenden muß. Erst nach der Artikulierung seiner Vorstellungen zur Länderkunde allgemein geht Muqaddasī auf die Ebene zurück, auf der Ibn Hauqal beginnt: der Systematisierung des Beobachteten.

Reisen werden nun aufgrund dieser Überlegungen als Voraussetzungen für die Realisierung der zuvor artikulierten Länderkundevorstellung verstanden und erscheinen in diesem allgemeinen Zusammenhang als notwendige Basis der geographischen Tätigkeit, weil sie allein Originalität aufgrund von Beobachtungen ermöglichen.[1]

In enger Verbindung damit steht Muqaddasīs zweites Postulat der Wahrheitstreue. Wiederum sagt sich Muqaddasī vom Prinzip der traditionellen Wissenschaften los: Eine uneingeschränkte Adaption und Verarbeitung früherer geographischer Abhandlungen hätte nach seiner Auffassung zur Folge gehabt, daß er nicht für die Wahrheit des Berichteten hätte bürgen können, da jene "Wahrheiten" für ihn nicht überprüfbar waren. Die einzige Alternative stellt sich für Muqaddasī nur in der eigenen Reisetätigkeit. Wenn er selbst eine geographische Erscheinung gesehen hat, kann er glaubwürdig versichern, er berichte eine wahre Tatsache - Beobachtung erscheint als Voraussetzung der Glaubwürdigkeit einer geographischen Abhandlung.

Der Person des Geographen kommt damit eine große Bedeutung zu: Er ist allein der Garant für die Zuverlässigkeit der Angaben, er allein bürgt für ihre Richtigkeit. Das aber bedeutet: der Wert der geographischen Abhandlung wird nicht nur an der geforderten methodischen Durchführung, sondern auch an der Reputation und Überzeugungskraft des Autors gemessen. Muqaddasī ist gezwungen, den Leser ständig neu davon zu überzeugen, daß er tatsächlich nur Wahres berichtet, er muß so glaubwürdig wie möglich auftreten.

Nach westlichen Maßstäben gemessen erscheint hier der schwache Punkt in Muqaddasīs sonst so einsichtiger Theorie. Die Beobachtung als grundlegendes Prinzip ist zwar erkannt, aber nicht ausreichend entwickelt - es fehlt die Angabe weiterer Kriterien, um ein differenziertes methodisches Mittel der Länderkunde zu erhalten und damit letztlich die Möglichkeit, den wissenschaftlichen Wert einer Arbeit am korrekten Einsatz der Beobachtungstechniken zu messen. Anstelle empirischer Nachprüfbarkeit bietet Muqaddasī seine eigene charakterliche Integrität und Zuverlässigkeit als "Beweis" für die wissenschaftliche Qualität seiner Arbeit.

An diesem Punkt dokumentiert sich das Theorie-Defizit der mittelalterlichen arabischen Länderkunde. Es ist in ihrer Blütezeit, dem 9. und 10 Jahrhundert, nicht gelungen, adäquate Techniken und Methoden zu entwickeln, die eine von der Person des Geographen unabhängige, sichere Beweisführung und Begründung garantieren können.[2]

---

1) Schwarz: Die ältere geographische Litteratur, S. 140
2) Grunebaum: Islam im MA, S. 421

Muqaddasī ist der erste - und wie noch zu zeigen ist, auch der letzte - Geograph, der überhaupt zu dem Schluß kam, Länderkunde könne nur aufgrund von Beobachtungen ernsthafte wissenschaftliche Leistungen hervorbringen. Seine Vorgänger hatten Beobachtungen vermittelt, ohne sich ihrer Bedeutung für die Länderkunde bewußt gewesen zu sein, weil sie niemals wissenschaftstheoretische Überlegungen zur Länderkunde angestrengt hatten; Länderkunde als eigenständige Wissenschaft existierte bislang nicht.[1] Muqaddasī setzt einen Anfang bei der Formulierung einer wissenschaftlichen Länderkundevorstellung: Er hat eine klare Zielvorstellung, die abgedeckt wird durch die Postulate der Originalität und Wahrheitstreue, und er sucht nach einer adäquaten Methode, die seine Postulate im Hinblick auf die Länderkunde erfüllt und die er in der Beobachtung findet.

Daß diese dann nicht differenziert und zu einem umfassenden empirischen Verifikationsprinzip entwickelt wird, ist Muqaddasī kaum anzulasten, wenn man seine "Lösung", den Hinweis auf die eigene Glaubwürdigkeit, im Zusammenhang mit der islamischen Wissenschaftstradition sieht. Die persönliche Glaubwürdigkeit eines Berichtenden war durchaus als konventionelles Beweismittel zugelassen, schließlich basierte die gesamte Ḥadīṯ-Wissenschaft auf dem Überliefererprinzip, bei dem Aussagen eben aufgrund der Glaubwürdigkeit eines Zeugen als wahr oder falsch anerkannt wurden.[2] Dieser Beweis, der aus heutiger Sicht moralische und nicht wissenschaftliche Kategorien enthält, muß in engem Zusammenhang mit der islamischen Ethik gesehen werden: Die Glaubwürdigkeit eines Gelehrten im islamischen Mittelalter ist primär abhängig von der religiösen Pflichterfüllung und seinem Vermögen, sich als pflichtbewußter Muslim darzustellen. Muqaddasī bleibt - mangels anerkannter empirischer Verfahren - keine andere Wahl als der Rekurs auf diese in der Tradition begründete Möglichkeit. So weist er an zahlreichen Stellen darauf hin, daß er - auch in schwierigen Situationen - ein pflichtbewußter Muslim gewesen sei,[3] und die Art seiner Argumentation deutet darauf hin, daß er zum Kreis der Rechtsgelehrten zu zählen ist, deren Integrität damals außer Frage stand.[4]

So wird an Muqaddasī das Dilemma der arabischen Länderkunde deutlich: Einerseits ist sie durchaus in der Lage, neue Grundbedingungen wissenschaftstheoretischer Art zu artikulieren, aber andererseits fehlen ihr die einfachsten Hilfsmittel, um einer empirischen Beweisführung Genüge zu leisten. Der Ansatz Muqaddasīs hätte für die Zukunft richtungsweisend sein können, die arabische Länderkunde hätte, wie ja auch die mathematische Geographie, durchaus angemessene Beobachtungstechniken entwickeln können (z. B. Vermessen, Erheben, Kartographieren), doch hat Muqaddasī - außer als Lieferant für Einzelfakten - in der Zukunft keine bedeutendere Rolle gespielt als seine Vorgänger.[5] Der Verfall der späteren arabischen Länderkunde, etwa unter Abū-l-Fidā,[6][7]

1) vgl. S. 18
2) vgl. S. 16 f.
3) z. B. Ranking S. 3, S. 79
4) Ein islamischer Rechtsgelehrter ist nicht an europäischen Kriterien zu messen: Seine Rechtskenntnis bezog sich auf das religiöse Recht, das in allen Fällen verbindliche Norm war.
5) als mögliche Begründung vgl. ZDMG Bd. 10 (1856), S. 302 "Notizen"
6) Kremer: Kulturgeschichte Bd. 2, S. 433
7) Schwarz: Die ältere geographische Litteratur, S. 146

hätte vermieden werden können, wenn die wissenschaftstheoretischen Gedanken Muqaddasīs, die ja auch bei Ibn Ḥauqal zum Teil schon ansatzweise vorhanden waren, weiterentwickelt worden wären.

b. Die Beobachtung als Basis der Länderkunde

Originalitäts- und Wahrheitspostulat für seine Arbeit hatten Muqaddasī, wie oben ausgeführt, zur Beobachtung als methodischem Mittel zu ihrer Realisierung geführt.[1] Muqaddasī ist sich der Neuheit seines Vorgehens bewußt, er empfindet es als alle anderen Ansätze überragend. So schreibt er nach der Darstellung seiner Erlebnisse während seiner Reisen:

> "Experiences of this kind are many; but the number I have mentioned will suffice to show any person reading my book, that I have not written it haphazard, nor arranged it without definite method; and thus he may set it above others in estimation, because of the wide difference that exists between one who has personally experienced all these things, and one that has written his book at his ease, and based it on the reports of others."[2]

Die persönliche Erfahrung und die Beobachtung sind also zunächst einfach Hilfsmittel, die Muqaddasīs Arbeit glaubwürdig machen sollen. Beobachtung hat jedoch für ihn eine noch weitergehende Bedeutung:

> "(...); and as this science cannot be brought under definite rules, but is aquired solely by observation and investigation, it follows that absolute equality [Anm.: in der Stoffauswahl und -behandlung] cannot be preserved."[3]

Die Beobachtung wird damit aus der personengebundenen Beziehung als Garant für Glaubwürdigkeit gelöst und in einen allgemeinwissenschaftlichen Kontext gestellt, in dem Muqaddasī sie im Verhältnis zur Länderkunde sieht. Damit ist der Schritt von der Zielsetzung Muqaddasīs für seine eigene Arbeit hin zur allgemeinen Zielsetzung der Länderkunde vollzogen: Es existiert eine Grundbedingung der Länderkunde - sie verlangt Beobachtung.

Muqaddasī gewinnt diese Erkenntnis aufgrund einer doppelschichtigen Grundlagenreflexion, die ihn über die Formulierung von den Grundlagen seiner eigenen Arbeit zur Reflexion über die Basis der von ihm betriebenen Wissenschaft allgemein führt. Länderkunde, bisher uneinheitlich im Ansatzpunkt, erhält nun eine Grundlage: Die Beobachtung, die bei allen bestehenden Ansätzen von der "Wissenschaft der Postrouten" bis hin zur "Wissenschaft von den Wundern der Erde" den wesentlichen gemeinsamen Aspekt verdeutlicht. Daß Muqaddasī das methodisch- technische Problem , das die Beobachtung aufwirft, nicht bewältigen konnte, hängt zweifellos auch damit zusammen, daß er seinen methodischen Ansatz auf einer allgemeinwissenschaftlichen Ebene reflektierte (Quellentrennung, terminologische Klarheit, Systematisierung), weil er zu-

---

1) vgl. Minorsky: Géographes et voyageurs musulmans, S. 29
2) Ranking S. 78
3) Ranking S. 8

nächst eben eine allgemeine Zielsetzung für seine Arbeit zu formulieren suchte. Der Ausformulierung eines wissenschaftlichen Länderkundebegriffs ist Muqaddasī dennoch von allen deskriptiven Geographen des gesamten islamischen Mittelalters am nächsten gekommen; aufgrund seiner Reflexionen kann Länderkunde im 10. Jahrhundert endgültig als eigene, ernstzunehmende Wissenschaft - basierend auf einem neuartigen empirischen Prinzip und einem traditionellen Beweisverfahren - betrachtet werden.

V. Die länderkundliche Systematik

1. Die Großkonzeption

Muqaddasī beschreibt wie Ibn Hauqal vor der Darstellung der einzelnen Provinzen zunächst die Großgliederung des islamischen Reiches. In einem eigenständigen Kapitel gibt er eine Übersicht über die Meere und Flüsse des "dār al-islām",[1] in der nicht nur ihre Lage, sondern auch eine Fülle von Einzelheiten, etwa über Quelle, Windverhältnisse, Schiffbarkeit dargestellt wird; auch die Seen und Inseln des Reiches werden in diesem Zusammenhang beschrieben.[2] In einem weiteren Kapitel hebt Muqaddasī die hervorragenden Eigenschaften eines jeden Landesteils hervor.[3] Eine Übersicht über die religiösen Verhältnisse[4] (Sekten, Rechtsschulen, Koranschulen etc.), ein Itinerar des gesamten islamischen Reiches,[5] eine Einteilung in Klimazonen[6][7] auf astronomisch-geographischer Basis sowie die Beschreibung der Lage und der Ausdehnung der einzelnen Provinzen runden die allgemeine Großgliederung des islamischen Reiches ab.[8]

In der Auswahl der dargestellten Provinzen zeigt sich Muqaddasīs enge Verbundenheit mit der Balḫī-Schule, deren Arbeiten ihm ja bekannt waren.[9] Noch deutlicher als bei Ibn Hauqal wird die Beschränkung auf das islamische Reich:

> "The empire of Islam alone is described in these pages. We did not trouble ourselves with the country of the infidels, as we have never entered them, and have not thought it worthwhile to describe them."[10]

---

1) vgl. S. 68
2) Ranking S. 13 - 39
3) vgl. Kramers: La littérature classique, S. 190 f.
4) Ranking S. 51 - 73
5) Ranking S. 84 - 98
6) Ranking S. 98 - 103
7) Dieses ist zum Teil von früheren Autoren abgeschrieben und oftmals fehlerhaft.
8) Weltbild und Klimazonen-Vorstellung können hier nicht bearbeitet werden, ebensowenig die Problematik der mathematisch-geographischen Vorstellungen, da dies zu weit vom Thema wegführen würde. Zu diesen interessanten Fragen siehe Reinaud: Introduction générale, a. a. O.; Kramers: L'influence iranienne, a. a. O.; Showket: Arab Geography, a. a. O.
9) Er kritisiert Balḫī, zitiert Iṣṭaḫrī.
10) Ranking S. 12

Muqaddasī artikuliert eine Geisteshaltung, die das islamische Mittelalter allgemein charakterisiert. Die Muslime verstehen den Koran als die letzte aller Offenbarungen, als letzte und endgültige Wahrheit. Von daher empfinden sie die Welt, die durch den Islam bestimmt wird, trotz aller Schwächen als die bestmögliche.[1] Die Welt der Ungläubigen lohnt es deshalb nicht zu untersuchen - wie Ibn Hauqal trifft auch Muqaddasī die Entscheidung über die Auswahl der darzustellenden Länder ganz im Sinne der Wissenschaftstradition, die von dem Unterschied zwischen dem "dār al-islām" und dem "dār al-ḥarb" ausgeht[2] und die Welt der Ungläubigen nicht als "nützliches" Untersuchungsobjekt betrachtet.

Muqaddasī übernimmt diese für die Balḫī-Schule charakteristische Grundkonzeption ebenso wie die Einsicht, zu jeder dargestellten Provinz müsse eine Karte erstellt werden - ein Rudiment des ptolemäischen Geographiebegriffs ebenso wie die gelegentlichen mathematisch-geographischen Angaben. So fanden sich ursprünglich in seinem Buch vierzehn farbige Karten,[3][4] denn Muqaddasī gibt die Zahl der islamischen Provinzen mit vierzehn an, wobei er nach arabischen und nicht-arabischen differenziert;[5] zur ersten Gruppe zählt er:

- die arabische Halbinsel
- Irak
- Mesopotamien
- Syrien
- Ägypten
- Maghrib

Die nicht-arabischen Provinzen sind:

- al-Mašriq[6]
- Dailam
- ar-Rihāb[7]
- Ǧibāl
- Ḫūzistān
- Fāris
- Sind

Auch hier wird der Anschluß an die Balḫī-Schule deutlich: Die Bezeichnungen für die Provinzen decken sich im Wesentlichen (bis auf ar-Rihāb) mit denen der Vorgänger; jedoch widmet Muqaddasī Spanien, Siǧistān und Sizilien keine eigenen Kapitel wie Ibn Hauqal, denn Spanien hat Muqaddasī ebensowenig bereist wie Siǧistān, und Sizilien als Insel des Mittelmeeres erscheint im Zusammenhang mit der Darstellung der Meere.[8] Die einzelnen Provinzen werden in der oben genannten Reihenfolge abgehan-

---

1) Grunebaum: Islam im MA, S. 19; S. 51
2) vgl. S. 68
3) Showket: Arab geography, S. 149
4) Sie sind schwarz-weiß veröffentlicht bei Miller: Mappae Arabicae, 6 Bde., Stuttgart 1926/27
5) Ranking S. 12. Auffällig ist die Parallele zur Einteilung der Wissenschaften in arabische und nicht-arabische, die noch genauer als hier möglich untersucht werden müßte.
6) Über die Ausdehnung dieser Provinz vgl. Muqaddasīs Definition derselben, Ranking S. 10, de Goeje S. 7; S. 91 dieser Arbeit.
7) Darunter faßt Muqaddasī Arran, Azerbeidschan und Armenien zusammen; s. Ranking S. 12, Anmerkung 5;
ar-rihāb heißt wörtlich: die Weite, vermutlich im Gegensatz zu al-ǧibāl = die Berge
8) Ranking S. 23

delt, wobei jede Darstellung aus zwei Teilen besteht: Im ersten, jeweils mit dem Namen der Provinz beschrifteten Teil schildert Muqaddasī Distrikt nach Distrikt, eine Stadt nach der andern, und im zweiten Teil, den er "Zusammenschau"[1] nennt, systematisiert er seine Beobachtungen. Die unterschiedliche Konzeption dieser Teile erfordert eine genauere Untersuchung.

2. Die Darstellung der Provinzen (aqālīm)

Alle Provinzen werden nach der gleichen systematischen Konzeption abgehandelt. Nach einer kurzen Einleitung, in der Muqaddasī die Vorzüge und Besonderheiten einer jeden Provinz rühmt,[2] unterteilt er sie in Distrikte, diese wiederum in Bezirke. Nach dieser Aufzählung bespricht er einen Distrikt nach dem anderen, wobei er jeder Darstellung folgendes Grundschema zugrunde legt:

- Laudatio, in der die Besonderheiten gerühmt werden
- Einteilung der Provinz in Distrikte
- Einteilung der Distrikte in Bezirke
- Abhandlung der einzelnen Distrikte und Bezirke mit Zuordnung aller zugehörigen Städte und Dörfer.

Hier ein Beispiel:

> "Und wir haben für sie [die Provinz] sechs Distrikte[3] und einen Bezirk[4] festgesetzt (...). Die Distrikte und die Hauptstädte [dieser Distrikte] haben den gleichen Namen. Es sind, beginnend mit der arabischen Halbinsel: Kufa, dann Basra, dann Wāsiṯ, dann Baghdad, dann Hulwān, dann Samarra.
>
> Zu Kufa gehören seine Städte: Hammām Ibn ʿUmar, al- Gamāʿain, Sūrā, an-Nīl, Qādisiya, ʿAinu-t-tamr.
> Zu Basra gehören seine Städte (...).
> Zu Wāsiṯ gehören seine Städte (...).
> Zu Baghdad gehören seine Städte (...).
> Zu Hulwān gehören seine Städte (...).
> Zu Samarra gehören seine Städte (...)."[5]

Nach dieser Generaleinteilung, in der sogleich eine Zuordnung der Städte zu ihren Distrikten deutlich wird, beginnt Muqaddasī mit der Darstellung der einzelnen Di-

---

1) de Goeje S. 201: "ǧumal šuʿwan hāḏa-l-iqlīm"
2) Kramers sieht hier ein Relikt der präislamischen Poesie, in der die Vorzüge vieler Städte oftmals gepriesen wurden, was dann später in die Ḥadīṯwissenschaft eingegangen sein soll. In Anlehnung daran entwickelte sich laut Kramers eine "Semi-Geographie", die die Exzellenz gewisser Länder beschrieb. Kramers sieht die kurzen Laudationes zu Beginn der Darstellung in diesem Zusammenhang. Kramers: La littérature géographique, S. 190
3) kūra; de Goeje S. 114
4) nāhiya; ebd.
5) de Goeje S. 114 f.; eigene Übersetzung

strikte, jeweils beginnend mit der größten Stadt, die er am ausführlichsten schildert, dann übergehend zu den kleineren zugeordneten Städten, die er in der Generaleinteilung bereits erwähnt hat.

Sehr deutlich wird das Prinzip, nach dem Muqaddasī die Provinzen untergliedert: Es ist administrativ bedingt, die kleineren Städte werden den größeren zugeordnet, diese wiederum den Metropolen.[1] Es ergibt sich somit nicht nur ein Grundschema für alle Provinzen, sondern gleichzeitig eine innere Differenzierung aufgrund der Hierarchisierung, die Muqaddasī im Hinblick auf die Städte vornimmt; an anderer Stelle schreibt er selbst dazu, die großen Metropolen seien wie Könige aufzufassen, die Hauptstädte wie Kämmerer, die Städte wie Truppen und die Dörfer wie Fußsoldaten.[2] Höchste Instanz dieser Hierarchie ist die Metropole als größte Stadt bzw. die Provinz als größte Raumeinheit. Der Metropole werden die Distrikthauptstädte zugeordnet, der Provinz entsprechend die Distrikte usf., so daß sich die auf Abb. 1, S. 100 dargestellte Hierarchie ergibt.

Ausgangspunkt ist jeweils die größte Einheit, der die kleineren zugeordnet werden. Die Hierarchisierung der Einheiten wird somit zum formgebenden Prinzip des Kapitelaufbaus, die länderkundliche Systematik basiert auf einem administrativen Prinzip. Gegenüber Ibn Hauqals Ansatz stellt Muqaddasīs Vorgehen einen Fortschritt dar. Auch Ibn Hauqal intendierte zwar eine Systematik, basierend auf dem Prinzip der administrativen Einheiten,[3] führte aber daneben ein naturräumliches Gliederungsprinzip ein und trennte beides nicht konsequent voneinander, so daß die Zuordnung von kleineren zu größeren räumlichen Einheiten nicht eindeutig war.

Dieses Problem stellt sich nicht für Muqaddasī. Seine Systematik beschränkt sich auf ein administrativ bedingtes, räumliches Gliederungsprinzip; naturräumliche Einheiten, die auch Muqaddasī verwendet, erscheinen niemals innerhalb dieses besonderen Gliederungsprinzips als gleichrangig, so daß eine Überschneidung zweier grundsätzlich unterschiedlicher räumlicher Gliederungsmöglichkeiten vermieden wird. Wenn Muqaddasī z. B. einen Berg oder einen Fluß beschreibt, versucht er niemals, diesen innerhalb der administrativen Raumeinteilung als selbständige geographische Einheit zu entwickeln; vielmehr erscheinen Angaben darüber entweder in gesonderten Kapiteln, in denen dann durchgängig nur naturräumliche Einheiten dargestellt werden - so z. B. bei der Abhandlung der Gewässer des islamischen Reiches -, oder sie werden zur Beschreibung eines Distriktes, einer Stadt o. ä. als ein Charakteristikum unter vielen anderen herangezogen und nicht als Gliederungsmöglichkeit begriffen, so daß die Systematik dieser Kapitel sämtlich auf ein einheitliches räumliches Gliederungsprinzip zurückzuführen ist.

---

1) vgl. dazu insbesondere S. 104
2) Ranking S. 84
3) vgl. S. 71 ff.

Abb. 1 Hierarchie der räumlichen Einheiten in administrativer Gliederung

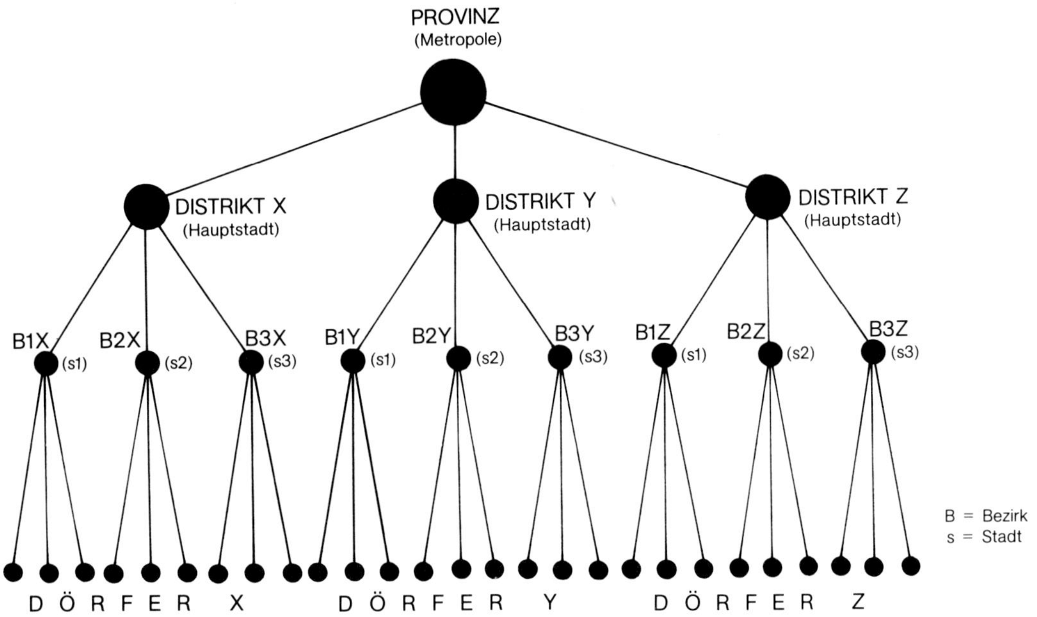

Eine Ähnlichkeit mit Ibn Hauqal ergibt sich wieder im Hinblick auf die Anordnung der abgehandelten Themen. Muqaddasīs Ausführungen zu den einzelnen Stämmen haben - wie alle geographischen Schriften jener Zeit und ganz im Sinne der islamischen Wissenschaftstradition - enzyklopädischen Charakter. Es liegt kein thematisch festgelegter Grundkatalog vor, nach dem jede Provinz, jeder Distrikt abgehandelt würde; zwar lassen sich Prioritäten feststellen - so berücksichtigt Muqaddasī in erster Linie die Wasserverhältnisse, die religiösen Differenzierungen, die Befestigungsanlagen der Städte und die Lage ihrer Moscheen, doch kann weder eine feste Reihenfolge in der Abfolge der Themen noch eine Untersuchung jeder Stadt im Hinblick auf einen festen Themenkatalog konstatiert werden. Wie bei Ibn Hauqal erscheinen alle Aussagen eher unsortiert. Muqaddasī geht also nicht mit einer vorab festgelegten Fragestellung an die Untersuchung einer Stadt heran, sondern registriert einfach nur das, was ihm auffällt - eine Tatsache, die zum einen auf den enzyklopädischen Wissensbegriff jener Zeit, zum andern auf das fehlende Interesse an der Entwicklung von Beobachtungstechniken zurückzuführen ist.

Es werden die Nachteile deutlich, die sich als Folge der unvollkommenen Beobachtungsmethoden ergeben: Die Erfassung der geographischen Erscheinungen bewegt sich zwangsläufig im Bereich des Vorwissenschaftlichen, ja Naiven; die Ergebnisse können deshalb - abgesehen von ihrer großen Vielfalt - nur unbefriedigend sein, da ihre Qualität von den Methoden der Erfassung abhängig ist. Das naive Verständnis von "Beobachtung" im Sinne von "sehen" verhindert die Entwicklung eines Fragenkataloges, dem alle untersuchten Orte unterzogen werden müßten, wollte man vergleichbare Aussagen erhalten - die Folge ist der enzyklopädische Charakter der Darstellung.

3. Die Zusammenschau (ǧumal)

Einen völlig anderen Charakter als die detaillierten Darstellungen der Provinzen weisen die Zusammenfassungen auf, die Muqaddasī als zweiten Teil der Darstellung einer jeden Provinz gibt. Hatte er bei der Beschreibung der Provinz durch die hierarchische Anordnung der Räume eine Systematisierung erreicht und jedem Ort sogleich seine typischen Merkmale zugeordnet, so verlagert sich in den Ǧumal das Schwergewicht auf eine thematische Systematisierung. Klima und Gewässer, Handel und Religion, Sitten und Gebräuche, Verwaltung und Steuerwesen - all diese Phänomene, die bei der Darstellung der Provinzen unsystematisiert und eher zufällig erscheinen, werden nun unter inhaltlichen Aspekten systematisiert, d. h. nicht mehr die Aufteilung einer Provinz und die Charakterisierung von einzelnen Räumen stehen im Mittelpunkt, sondern es soll ein Überblick über die gesamte Provinz anhand von systematisierten, nach Sachgruppen geordneten Beobachtungen, gewonnen aus der Zusammenschau aller Beobachtungen in den einzelnen Räumen der Provinz, vermittelt werden.

Der Katalog von Themen, die Muqaddasī hier zusammenstellt, ist vorwiegend kulturgeographisch im heutigen Sinn ausgerichtet und verdeutlicht zugleich die Bindung Muqaddasīs an traditionell-islamische Vorstellungen. So nehmen die Beobachtungen zu den religiösen Verhältnissen einer Provinz (religiöse Sekten, theologische Schulen, Koranlesarten und unterschiedliche Riten) einen großen Teil aller Themen ein. Diese Dominanz der religionsdeterminierten Erscheinungen erklärt sich zum einen daraus, daß der Islam im Leben des Muslims eine zentrale Rolle spielt, da er keine Trennung zwischen geistlicher und profaner Welt zuläßt und durch eine Vielzahl von Bestimmungen das Leben des Einzelnen bis ins Detail determiniert,[1] zum andern damit, daß Muqaddasī als theologischer Gelehrter großes Interesse an diesen Zusammenhängen hatte. Abgesehen davon sind seine Beobachtungen in diesem Bereich tatsächlich relevant, weil die Kenntnis der religiösen Verhältnisse auch viele geographische Phänomene erklärt - so ergeben sich z. B. aus den Fastenzeiten der Sekten zu unterschiedlichen Zeitpunkten bestimmte wirtschaftsgeographische Konsequenzen.

Ein anderer Schwerpunkt der Darstellung liegt auf dem Bereich des Handels und der Produktion einer Provinz, Bereichen also, die in der geographischen Literatur der Araber eine ebenso lange Tradition besitzen wie die Beschäftigung mit dem Verwaltungs- und Steuerwesen.[2] Die Themen, die Muqaddasī in den Ǧumal behandelt, bewegen sich also durchaus im Rahmen der traditionellen Literatur, unterschieden zunächst allein durch

---

1) Grunebaum: Islam im MA, S. 139
2) schon bei Abū Dulaf und Ibn Faḍlān vorhanden und sehr viel früher in der Geographie der Verwaltungsbeamten, repräsentiert z. B. durch Ǧaihānī. Näheres dazu bei Blachère/Darmaun: Extraits... a. a. O.

die detaillierte Schilderung. Ein Unterschied grundlegender Art ergibt sich jedoch aus der Anordnung der Themen: Diese ist - bis auf wenige Ausnahmen - im wesentlichen festgelegt, jede Provinz wird in der Zusammenfassung unter gleichen Aspekten nach dem folgenden Schema untersucht:

Klima Wasserverhältnisse	physiogeographische Kennzeichnung
berühmte Gelehrte religiöse Minderheiten islamische Sekten Koran - Lesarten	religiöse Kennzeichnung
Handel Produkte agrarischer und handwerklicher Art spezielle Produkte der betreffenden Provinz Maße und Gewichte	Handel und Produktion
Lebensweise und Charakteristik der Bewohner unterschiedliche Riten und Gebräuche	Lebensweise
Heiligtümer	
Verwaltung Steuerwesen	Verwaltungswesen
Itinerar	

An diesem Schema hält Muqaddasī konsequent fest, wenn er auch die Themenkreise gelegentlich erweitert.[1] Festgelegt ist jedoch die Abfolge der sechs großen Themenkreise, die beschrieben werden können wie folgt: physiogeographische Kennzeichnung - religiöse Kennzeichnung - Handel und Produktion - Lebensweise - Verwaltungswesen - Itinerar. Es ist deshalb durchaus angebracht, hier ein - wenn auch primitives - "länderkundliches Schema" zu erkennen, das in der europäischen Geographie erst sehr viel später entstand. Es ist freilich kaum als solches von Muqaddasī erkannt worden, sonst hätte er sicherlich eine sinnvollere Reihenfolge der Themenkreise zugrunde gelegt. Es entsteht als Nebenprodukt bei dem Versuch, jede Provinz - nach der Gliederung in ihre kleineren räumlichen Einheiten - in ihrer Gesamtheit zu erfassen.

Diese Art des Vorgehens ist neu in der arabischen Geographie. Muqaddasī erkennt zwar die Beobachtung als Basis der Länderkunde, unterliegt jedoch, da er nicht in der Lage ist, diese methodisch-technisch zu bewältigen, in der Praxis dem alten, naiven Beobachtungsverständnis, das auch für Ibn Fadlān und Abū Dulaf kennzeichnend ist. Seine Ergebnisse unterscheiden sich demnach zunächst qualitativ nicht von denen seiner Vorgänger: Sie tragen enzyklopädischen Charakter, solange sie unsystematisiert bleiben. Durch die systematische Erfassung der Beobachtungen in Sachgebieten erhalten sie bei Muqaddasī jedoch eine andere Qualität, da sie nun im Zusammenhang erscheinen und so den atomistischen Charakter verlieren. Muqaddasī sammelt eben nicht einfach Beobachtungen wie Abū Dulaf und Ibn Faḍlān, sondern reflektiert diese vor der schriftlichen Niederlegung und bringt sie in einen sinnvollen Zusammenhang. Mit der Einschränkung,

1) Z. B. berichtet er im Kapitel über Arabien außerdem über die dort ansässigen Stämme, über Bodenschätze; oder er fügt seiner Darstellung von Syrien einen Bericht über die Gebirge an.

daß er die methodischen Mittel der Beobachtung nicht erarbeiten konnte, weil die islamische Wissenschaft seiner Zeit andersartige Voraussetzungen implizierte, hat Muqaddasī bereits die grundlegenden Elemente geographischer Forschung praktiziert, die Penck im Jahre 1906 in der Erkenntnis formulierte, daß der objektiven Beobachtung die "subjektive Interpretation und Kombination"[1] folgen müsse, daß also neben der Beobachtung als zentraler Aufgabe der Geographie auch die Verarbeitung des Materials von Bedeutung sei.[2]

4. Schlußbetrachtung

Die länderkundliche Konzeption von Muqaddasīs Werk beruht auf zwei unterschiedlichen Prinzipien. Das eine, repräsentiert im ersten Teil der Darstellung der Provinzen (aqālīm), beruht auf einer räumlichen Hierarchisierung, die zur Bildung von verschieden großen und einander zugeordneten Räumen führt, die dann jeweils einzeln beschrieben werden, wobei die Inhalte nicht systematisiert sind. Durch das zweite Prinzip werden zunächst ungeordnete Einzelbeobachtungen nun inhaltlich geordnet, zu thematischen Gruppen kontrahiert und schließlich auf den Gesamtraum, die Provinz, bezogen. Die Arbeit Muqaddasīs beruht auf der Verschiedenartigkeit dieser beiden Prinzipien, denen unterschiedliche räumliche Einteilungskriterien zugrunde liegen: Einmal wird die Provinz als einheitlicher Raum betrachtet, der mithilfe eines Schemas erfaßt wird, und zum andern werden die Provinzen, Distrikte, Bezirke usw. als die jeweils größte Verwaltungseinheit gesehen, die in viele abhängige kleinere Einheiten unterteilt werden können (Abb. 2).

Abb. 2

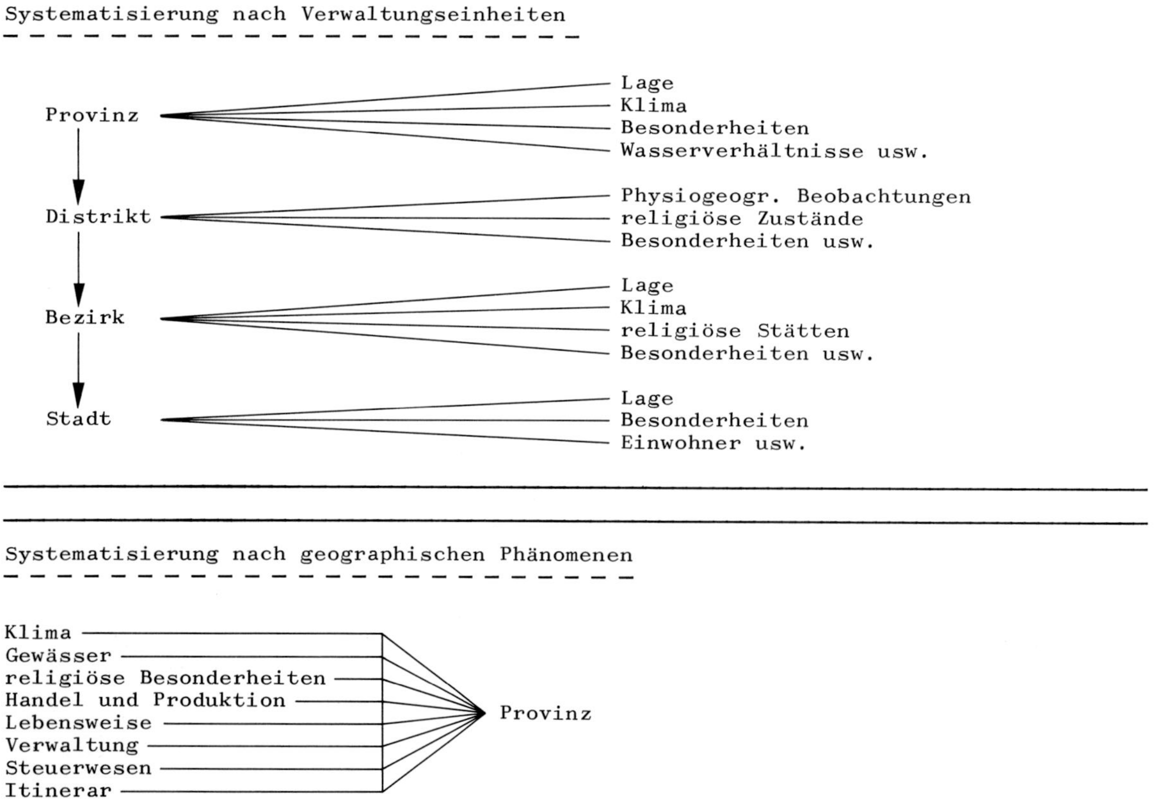

1) Penck: Beobachtung als Grundlage der Geographie. Berlin 1906, S. 39
2) ebd. S. 40

Beide Prinzipien trennt Muqaddasī streng voneinander, indem er sie in verschiedenen Kapiteln, jedoch jeweils einer Provinz zugeordnet, zur Anwendung bringt. Auf diese Weise ergänzen sie sich hervorragend, weil einerseits die räumlichen Einheiten klar erkennbar werden und zum andern die geographisch relevanten Erscheinungen sowohl den kleinen räumlichen Einheiten als auch dem Großraum zugeordnet werden können.

Mit dieser länderkundlichen Konzeption steht Muqaddasī allein im gesamten islamischen Mittelalter. Nicht die Qualität oder die Quantität seiner geographischen Einzelbeobachtungen und -ergebnisse heben seine Arbeit hervor, sondern die methodische Durchführung. Was die Vermittlung von Fakten angeht, so kann Ibn Hauqal als ebenbürtig bezeichnet werden, seine Nachrichten insbesondere über den Handel und die Produktion der islamischen Provinzen sind denen Muqaddasīs zum Teil sogar überlegen. Aber die geographischen Fakten haben heute höchstens historischen Wert, die Physiognomie der islamischen Länder hat sich gewandelt. Das methodische Vorgehen Muqaddasīs aber, das ihn zunächst die Grundlagen der eigenen länderkundlichen Disziplin reflektieren und anschließend eine ausgereifte Systematik entwickeln läßt, ist beispiellos.[1] Muqaddasī artikuliert ein neues Länderkundeverständnis; er bleibt nicht - wie Ibn Hauqal - in ersten vagen Ansätzen stecken, sondern reflektiert die Grundbedingungen der Länderkunde, die er in der Beobachtung findet. Mit einem Instrumentarium von teils traditionellen, teils neuartigen Methoden setzt er die gewonnene Erkenntnis in die Praxis um und entwickelt eine Systematik, die die Länderkunde endgültig zu einer eigenständigen, wissenschaftlichen Disziplin erhebt.

Exkurs: Geographische Denkansätze

Bestimmte Ausführungen Muqaddasīs zeigen einige für das 10. Jahrhundert einmalige und erstaunliche geographische Denkansätze, in denen Muqaddasī viele geographische Problemstellungen erkennt und aufgreift. Es sollen hier zwei Beispiele gezeigt werden.

a) Muqaddasī ist durchaus in der Lage, eine physiogeographisch bedingte Raumeinteilung nicht nur für den Großraum des islamischen Reiches (Flüsse, Berge, Seen), sondern auch für einzelne Provinzen zu erkennen. So teilt er Syrien in vier Landschaftsgürtel[2)3)] ein, charakterisiert durch ihre natürliche Gestalt:

> "The situation of Syria is very pleasing. The country may be divided into four belts. The First Belt is that on the border of the Mediterranean Sea. It is a level country, made up of firm sand with patches of composite soil (...). The Second Belt is the mountain-country, well wooded and studded with villages, admist springs und cultivated fields. (...) The Third Belt is that of the valleys of the G͟haur, wherein are found many villages and streams, also palm trees, well cultivated fields, and indigo. (...) The Fourth Belt is that bordering on the Desert. The

1) Mez meint, Muqaddasī zahle dadurch "der Scholastik seiner Zeit (...) Tribut, daß er sich allzusehr mit der Einteilung des Stoffes herumschlägt"; er übersieht dabei den methodischen Wert und die Bedeutung dieser Systematik für die wissenschaftliche Länderkunde, denn eben die Einteilung des Stoffes als Resultat methodischer Reflexionen unterscheidet Muqaddasīs Ansatz von allen andern und hebt ihn auf ein neues wissenschaftliches Niveau. Mez: Die Renaissance des Islams. Heidelberg 1922. S. 266
2) Ranking S. 306
3) Muqaddasī verwendet den Terminus "ṣufūn", wörtlich: "die Reihen"; de Goeje S. 186

mountains here are high and bleak, skirting the Desert."[1][2]

Muqaddasî erkennt eine Klassifikationsmöglichkeit des Raumes in der natürlichen landschaftlichen Physiognomie; die Landschaftszonen: Küstenstreifen - Hügelland - Talebene - Gebirge werden zwar nur knapp beschrieben, enthalten in der Darstellung jedoch die wichtigsten Unterscheidungsmerkmale (Lage und Physiognomie).[3]

Muqaddasî versteht den Raum nicht als ungegliedertes Ganzes, sondern als Großeinheit, die sich aus vielen kleineren Einheiten zusammensetzt. Er findet heraus, daß es unterschiedliche Möglichkeiten der räumlichen Klassifizierung gibt: neben einer "funktionalen" Raumeinteilung - der Raum als Gesamtheit administrativ voneinander abhängiger Räume - ist eine solche möglich, die von den naturräumlichen Einheiten ausgeht, wobei beides voneinander zu trennen ist.[4]

b) Bemerkenswert ist Muqaddasîs terminologische und methodische Behandlung der Stadt. So weist er zu Beginn seiner Arbeit bereits auf die verschiedenen Synonyma für den Begriff der Stadt hin[5] und zeigt die damit verbundene Problematik auf, ohne jedoch selbst schon eine Definition zu geben. Er verhindert eine zweideutige Interpretation, indem er entweder die im Volke gebräuchlichen Bezeichnungen weiterverwendet oder eine Zuordnung der Städte zu Distrikten vornimmt.

Später wendet sich Muqaddasî der Problematik des Stadtbegriffes erneut zu, insbesondere die Metropole als oberste Einheit wird genauer definiert, weil es gerade für sie mehrere Interpretationsmöglichkeiten gibt. Die Gelehrten - so schreibt Muqaddasî - bezeichnen mit dem Begriff der Metropole[6] "a town with a large population, having courts of justice and a resident govenor, and which meets public charges from its own revenue, and is the centre of authority of the surrounding country."[7] Die Lexikographen erklären den Begriff als das, "was zwischen zwei Regionen als Absperrung[8] ist,"[9] und das einfache Volk verstehe unter einer Metropole einfach "jede große und bedeutende Stadt!"[10]

Dieser interpretatorischen Vielfalt stellt Muqaddasî eine eigene Definition gegenüber, die er im ganzen Buch als verbindlich verstanden wissen will. Eine Metropole ist für ihn "jede Stadt, in der der Sultan seinen Sitz hat, wo die Ministerien versammelt sind, in denen die Gouverneure ihre Steuern einnehmen und der die kleineren Städte untergeordnet sind."[11] Diese Definition entspricht Muqaddasîs administrativer Aufteilung der Provinzen: Die Metropole erscheint bereits per definitionem in ihrer Funktion als Ver-

1) Ranking S. 306
2) Über das "svrische Klima" s. Showket: Arab Geography, S. 144
3) vgl. Showket: Arab Geography, S. 143
4) s. S. 71 f. im Vergleich zu Ibn Hauqal; S. 43
5) Ranking S. 10; s. S. 90
6) miṣr; de Goeje S. 47
7) Ranking S. 84
8) ḥağz; eigene Übersetzung
9) de Goeje S. 47
10) ebd., eigene Übersetzung
11) de Goeje S. 47; eigene Übersetzung

waltungszentrum.

Wenn Muqaddasī den Begriff der Metropole in der oben beschriebenen Weise erklärt, so knüpft er an die alte Tradition der Lexikographie an, in deren Rahmen sich ein Teil früherer geographischer Ansätze bewegte.[1)2)] Jedoch stellt er nicht einfach mit enzyklopädischem Sammeleifer die verschiedenen Definitionen zusammen, ohne daß ein Zusammenhang zu seiner Gesamtkonzeption bestünde, vielmehr hat der Terminus "miṣr" im gesamten Kontext eine große Bedeutung eben als oberste räumliche Bezugsgröße. Mit der Zitierung der verschiedenen Definitionen übernimmt Muqaddasī zwar eine traditionelle Technik der islamischen Wissenschaften, aber er gibt ihr eine bestimmte Funktion, nämlich die der Abgrenzung gegenüber seiner eigenen Definition, die eine wichtige Grundlage zum Verständnis seiner Konzeption ist - die Metropole erscheint sowohl von der Definition her als auch im Rahmen der Städtehierarchie als raumordnerische Größe.

Die beiden hier angeführten Beispiele sind Indizien für Ansätze geographischer Denkweisen in der arabischen Länderkunde. Der Großraum des islamischen Reiches ist für Muqaddasī zwar eine religiös-kulturelle Einheit, aber dennoch unter verschiedenen anderen Gesichtspunkten mehrfach strukturiert; dabei wird zwar die durch die Verwaltung bedingte Struktur zur Grundlage der Systematik, aber daneben erkennt Muqaddasī auch Gliederungsmöglichkeiten anderer Art. Das zweite Beispiel zeigt die Abstimmung der Systematik mit einem wesentlichen Begriff, der so definiert ist, daß er organischer Bestandteil der länderkundlichen Systematik wird.

VI. Die Bestimmung durch die Tradition

Muqaddasī ist von seiner Ausbildung und seinem Wissensstand her zu den Gelehrten seiner Zeit zu rechnen.[3)] Dies zeigt sich nicht nur an der Vielfalt seiner intellektuellen Berufe, sondern auch in der methodischen und formalen Gestaltung seines Buches, das - wie gezeigt - teilweise über den Stand der geographischen Wissenschaft zu seiner Zeit hinausragt, andererseits aber in einigen besonders charakteristischen Punkten Zeugnis für die zeitgenössischen traditionell-wissenschaftlichen Tendenzen ablegt.

1. Der Aspekt der Nützlichkeit

Mag Muqaddasī auch aus wissenschaftlicher Neugier seine geographische Tätigkeit aufgenommen haben, so ist sein Buch doch nicht um der Wissenschaft, sondern um der praktischen Verwendbarkeit für andere Menschen willen geschrieben worden:

> "(...) we have written (...) it in an easy style in order to make it intelligible to people of common understanding who may study it; and have arranged its matters on the system of theological works, so that it may be regarded with esteem by the learned who ponder it in their hearts. We have also noted

1) vgl. Kramers: La littérature géographique, S. 185
2) In die gleiche Richtung geht das gesamte Kapitel über die Namen und ihre Variationen; Ranking S. 39 - 47
3) vgl. S. 84

all differences of opinions with profound forethought and all nice distinctions with circumspection; and with various objects in view, we have undertaken the description of cities at some length; as also for reasons of obvious utility, we have given statistical accounts of the different countries. We have clearly described the routes of travel, as they are most important to be known; have represented the divisions of the empire in maps as a help to the eludication of the text; and have given a list of the towns and villages in each district, as that seemed most advisable."[1)]

Die schriftliche Fixierung von Muqaddasīs Beobachtungen erfolgt im Hinblick auf den praktischen Nutzen, den er mit seiner Darstellung verbunden wissen will: Sein Buch soll den Menschen nützlich sein, und zwar nicht nur denjenigen, die ebenso gelehrt sind wie er selbst, sondern auch den einfachen Leuten, insbesondere den Reisenden aus allen Kreisen. [2)] Länderkunde geschieht nicht um der Wissenschaft willen, vielmehr ist sie nach Muqaddasīs Auffassung ein Mittel, um nützliche Nachrichten weiterzugeben.

Diese Haltung Muqaddasīs dokumentiert sich in zahlreichen Details. So beschreibt er nicht nur die verschiedenen Qualitäten des Trinkwassers in einer Stadt, sondern auch die Möglichkeiten zu ihrer Überprüfung,[3)] was für den Reisenden zu seiner Zeit lebensentscheidend sein konnte; an anderer Stelle vermittelt er aufgrund eigener Beobachtungen dem Reisenden Kriterien für die Beurteilung einer Stadt,[4)] und nach der Art der Lexikographen stellt er eine Liste von inhaltlich identischen Begriffen zusammen, die in den verschiedenen islamischen Provinzen für ein und dasselbe Wort verwendet werden.[5)]

Der "Faszination des Nützlichen und Anwendbaren,"[6)] die ein Charakteristikum des mittelalterlichen islamischen Wissenschaftsbetriebs allgemein ist, unterliegt also auch Muqaddasī. Die Auffassung vom Koran als unbezweifelbarer oberster Instanz[7)] für die Lösung aller menschlichen Probleme läßt es nicht zu, daß der menschliche Verstand nach weitergehenden Lösungen als in Koran und Ḥadīṯ vorgegeben sucht; der Koran wird als Hilfe zur Lebensmeisterung verstanden, der Verstand kann nur noch entscheiden, welche Handlungen im Hinblick auf die Erlangung des Paradieses nützlich oder schädlich sind.[8)] Eine adäquate Denkweise findet sich im Bereich der Wissenschaften:[9)] Wissenschaft ist durch ihren Nutzen gerechtfertigt, nicht durch ihre Ergebnisse an sich.[10)]

Diese Anschauung erklärt die starke Betonung von Umwelterscheinungen in Muqaddasīs Werk, die einem direkten Einfluß durch die Religion ausgesetzt sind: Der Hinweis auf Wallfahrtsstätten und Grabmäler, religiöse Riten und religionsabhängige Gewohnheiten ist nicht nur für das irdische Leben des Reisenden nützlich, sondern auch für das Jenseits. Mit dem Besuch jener Stätten und der Einhaltung der dort vorgeschriebenen Riten begeht der Reisende eine durch die Religion als erstrebenswert anerkannte Handlung; die Beschreibung dieser Dinge durch Muqaddasī bringt also dem Leser Nutzen auch im Hinblick auf die Erfüllung der religiösen Pflichten.

---

1) Ranking S. 10 f.
2) Ranking S. 2
3) Ranking S. 152 f.
4) Ranking S. 50 f.
5) Ranking S. 45 f.
6) Grunebaum: Islam im MA, S. 298
7) Kremer: Herrschende Ideen, S. 237
8) vgl. Grunebaum: Islam im MA, S. 295
9) Paret: Der Islam und das griechische Bildungsgut, S. 17 f.
10) Grunebaum: Studies in Islamic History, S. 6

Im gleichen Zusammenhang zu sehen ist das Kapitel über die verschiedenen Klimazonen und die Position der Gebetsrichtung (qibla)[1]. Muqaddasī vermittelt dort Nachrichten mathematisch-geographischer Art, die er selbst nicht beobachtet, sondern von anderen übernommen hat. Dieses Gebiet der mathematischen Geographie ist ihm offensichtlich völlig fremd, denn seine Angaben zur geographischen Position der Klimate sind - auch am Wissenstand seiner Zeit gemessen - fehlerhaft. Er handelt hier seinen eigenen Postulaten zuwider, wenn er fast ein ganzes Kapitel von anderen Autoren übernimmt, ohne sich anhand eigener Beobachtungen von der Wahrheit der Informationen zu überzeugen. Dies erklärt sich jedoch aus dem Verständnis von "Nützlichkeit", das die Berechnung der qibla erforderlich machte.[2] Will Muqaddasī ein vollständiges und nützliches Werk schreiben, muß er das Problem der qibla berücksichtigen, wozu er, da ihm eigene Kenntnisse fehlen, auf nicht von ihm selbst geprüfte Berichte und Theorien zugreifen muß. Damit übergeht er die von ihm anfangs erhobenen Anforderungen an ein wissenschaftliches Werk und ordnet diese neuartigen Postulate den allgemein anerkannten traditionellen Maßstäben wissenschaftlicher Arbeit unter.

Es zeigt sich an diesem Punkt, daß Muqaddasīs Verhältnis zur Wissenschaft vorgeprägt ist. Diese Determinierung setzte bei jedem islamischen Gelehrten schon in der frühen Studienzeit ein, in der jeder durch die Schule religiöser Autoritäten zu gehen hatte, die natürlich ihre Schüler im Sinne der traditionellen islamischen Wissenschaftsauffassung zu prägen suchten.[3] Diese vom Absolutheitsanspruch des Islam bestimmte Erziehung ließ kaum eine Chance, eine grundsätzlich andere als die vorgegebene Wissenschaftsvorstellung zu entwickeln und durchzusetzen. Trotz seines scharfen Intellekts vermag es deshalb auch Muqaddasī nicht, eine von der Tradition völlig abweichende wissenschaftliche Grundauffassung zu artikulieren bzw. ihr zu folgen. So bleibt die Forderung nach Nützlichkeit auch für ihn verbindlicher Maßstab; Muqaddasī stellt dieses Kriterium nicht einmal für sich persönlich in Frage und bleibt damit der islamischen Wissenschaftstradition eng verbunden.

2. Die traditionelle Form der Arbeit

Wie fast alle Geographen des 10. Jahrhunderts richtet Muqaddasī die Form seiner Arbeit an dem von der Tradition vorgegebenen Textmodell aus.[4] So beginnt sein Werk mit der Basmallah, gefolgt von einer langen Lobpreisung Gottes und seiner Schöpfung sowie Segenswünschen für den Propheten und seine Familie, wobei einzelne Passagen stark an Verse aus dem Koran erinnern; [5]ebenso endet es mit einem Gedicht, in dem Gottes Beistand und Segen nachträglich erbeten werden.[6]

Auch innerhalb der Arbeit verwendet Muqaddasī oftmals Formeln, die seine Verwurzelung in der die Formalia bestimmenden Tradition dokumentieren, etwa der Ausspruch: "Gott weiß es am besten" am Ende einer Argumentationskette,[7] oder: "Bei Gott liegt das Ge-

1) Ranking S. 98 - 103
2) zum Problem der Nützlichkeit s. S. 14, 18 f.
3) Sellheim: Gelehrte und Gelehrsamkeit, S. 55 - 73
4) Kramers: La littérature géographique, S. 173 f. ders.: Science in Islamic Civilization, S. 94 f.
5) z. B. Koran 16, 15; 2, 29; 2, 22; 35, 44
6) de Goeje S. 496
7) Ranking S. 30; de Goeje S. 19: wa-l-lāhu aʿalama

lingen dieses Buches."[1] Daß diese Wendungen tatsächlich nur um der äußeren Form willen eingefügt werden, zeigt sich an ihrer Stelle im Kontext: Sie stehen oft am Ende einer langatmigen Argumentation, mit der Muqaddasī eine Theorie zu einem geographischen Problem erläutert, wobei er sich am Schluß fest davon überzeugt gibt, daß er aufgrund seiner Argumentation jeden einsichtigen Leser für seine Meinung gewonnen habe.[2] Die relativierende Abschlußformel kann diesen Eindruck nicht verhindern, sie erfüllt keine inhaltliche Funktion.[3]

Ebenso traditionsgebunden gibt sich Muqaddasī im Hinblick auf sein Verhältnis zu anderen geographischen Autoritäten. Zwar weicht er, wie früher dargestellt, von der Wissenschaftstradition ab, wenn er eine explizite Quellentrennung vornimmt und die einzelnen Informationen namentlich erwähnt. Abgesehen von dieser Änderung bewegt er sich jedoch im Rahmen der traditionellen formalen Techniken: So gibt er neben seiner eigenen Meinung die von anderen - auch religiösen - Autoritäten an, sammelt quasi alle ihm bekannten Ansätze und überliefert sie - meist kommentarlos - neben seinem eigenen Ansatz.[4] Damit praktiziert er ein allgemein übliches Verfahren der islamischen Wissenschaften, das ihren religiösen Ansatz (Anerkennung der ältesten Zeugnisse als verbindlich aufgrund der Ḥadīṯwissenschaften) sichtbar werden läßt. Mit der Berufung auf ältere Geographen und der Überlieferung anderer Meinungen bedient sich Muqaddasī eines Instrumentariums, das den Gepflogenheiten der zeitgenössischen Wissenschaft entspricht.

3. Der Einsatz traditioneller Beweistechniken

Muqaddasī verfügt nicht nur über die Kenntnis der die Form bestimmenden Regeln der Wissenschaften, sondern auch über tradierte methodische Praktiken zur Absicherung seiner Aussagen.

Wie bereits an anderer Stelle expliziert, erkennt Muqaddasī zwar die Beobachtung als Grundlage der Länderkunde,[5] aber er ist nicht in der Lage, angemessene Beobachtungs- und Beweisverfahren zu entwickeln. Dieser Mangel wird vor allem - ganz im Sinne der Tradition - durch den Verweis auf seine persönliche Integrität und Glaubwürdigkeit auszugleichen versucht. Daneben benutzt Muqaddasī jedoch weitere in der Wissenschaft seiner Zeit übliche Methoden, die den Wahrheitsgehalt einer Angabe belegen sollen: Koran und Ḥadīṯ. Diese finden immer dann Verwendung, wenn Muqaddasī eine wichtige geographisch relevante Entscheidung treffen muß, so z. B. bei der Erörterung der alten Streitfrage, wieviele Meere es auf der Erde gibt.[6] Diese Frage war in der islamischen Geographie deshalb strittig, weil der Koran die Zahl der Meere mit zwei angibt,[7] die Reisenden aber mehr als zwei entdeckt hatten und sich nun für die Gelehrten das Problem ergab, die Realität mit den als absolut wahr anerkannten Aussagen des Korans

1) Ranking S. 47; de Goeje S. 32: wa bi-l-lāh at-taufīq
2) z. B. Ranking S. 30
3) Kramers bezeichnet diese Formel als "resigned assertion" in: Science in Islamic Civilization, S. 147. Diese Auffassung kann ich aus den o. g. Gründen nicht teilen.
4) vgl. Plessner: Wissenschaften im Islam, S. 15
5) s. S. 95
6) Ranking S. 25 - 30
7) Koran, Sure 25, 55

in Einklang zu bringen.

Muqaddasī gibt die unterschiedlichen Meinungen der früheren Geographen zu diesem Problem wieder und stellt seine eigene, koran-adäquate diesen gegenüber. In einer langen Argumentation, in der er einen fiktiven Gesprächspartner potentielle Einwände gegen seine Anschauung erfinden läßt, versucht Muqaddasī, den Leser von der Richtigkeit der koranischen Aussage zu überzeugen. Dabei geht er nicht mehr in erster Linie von seinen eigenen Beobachtungen aus, sondern argumentiert mithilfe des Korans: Zahlreiche Verse verwendet er als Beweismittel für die Wahrheit seiner Meinung;[1] sein fiktiver Gesprächspartner bezieht alle möglichen Positionen, um Muqaddasīs Auffassung ins Wanken zu bringen, aber Muqaddasī entkräftet jene Argumente jeweils durch den Rekurs auf den Koran.[2]

Dort also, wo der Verweis auf die eigene Glaubwürdigkeit nicht ausreicht, greift Muqaddasī zum traditionellen Beweismittel, dessen Wert unbestritten ist. Die Aussagen des Korans werden auch dann nicht bezweifelt, wenn sie sich nur schwer mit der Realität decken, und es obliegt dem islamischen Gelehrten, zu zeigen, daß die realen Gegebenheiten den Aussagen des Korans entsprechen, ein umgekehrter Vorgang ist undenkbar. Die Auffassung, daß alle Aussagen des Korans wahr sind, mögen sie ethischer, rechtlicher oder geographischer Natur sein, erlaubt es Muqaddasī, den Koran als Beweismittel anzuführen: Der Koran steht über allen Dingen, auch über der Wissenschaft, und daher ist sein Zeugnis nicht nur zugelassen, sondern bestmöglicher Beweis zur Verifizierung auch einer geographischen Theorie.[3]

Eine ähnliche, wenn auch nicht so wichtige Funktion nehmen die Ḥadīṯ ein, die Muqaddasī an manchen Stellen zur Verifizierung einer Aussage zitiert. Auch ihre Zeugnisse vermitteln nach der Auffassung der Muslime Gegebenheiten, die sich als theologische Wahrheiten der rationalen Überprüfbarkeit entziehen,[4] sofern sie einen zuverlässigen isnād[5] aufweisen. Bei Muqaddasī haben die einzelnen Ḥadīṯ jedoch eher illustrierenden Charakter, sie vermitteln neben anderen Informationsquellen sachdienliche Angaben. So berichtet er über die Quellen des Nils, die zu seiner Zeit noch unerforscht waren, daß es darüber verschiedene Theorien gebe:[6] Ǧaihānī verlege die Quellen in die Mondberge, andere Leute meinten, niemand kenne ihren Ursprung. Kommentarlos zitiert Muqaddasī auch eine Tradition, deren Inhalt in den Bereich der Legende verwiesen werden muß. Sie berichtet von dem Versuch eines Mannes, die Quellen des Nils zu finden; er habe sie tatsächlich entdeckt, sei aber auf Geheiß eines Engels niemals von dort zurückgekehrt, auf daß das Geheimnis um den Ursprung des Flusses gewahrt bleibe.[7]

Diese Geschichte hat den gleichen Stellenwert in der Darstellung Muqaddasīs wie die anderen Informationsquellen, sie gilt als angemessenes wissenschaftliches Hilfsmittel. Die große Vielzahl der zitierten Traditionen, die jeweils mit dem gesamten isnād angegeben werden,[8] zeigt, daß er mit diesem, dem traditionellen wissenschaftlichen Be-

1) z. B. Koran 19, 119; 31, 26; 39, 48; 55, 19
2) Es ist kein Widerspruch nach islamischer Auffassung, die Wahrheit einer koranischen Aussage mithilfe von anderen koranischen Versen zu beweisen.
3) weitere Beispiele: Ranking S. 208, S. 247, S. 249
4) vgl. Grunebaum: Islam im MA, S. 421 f.
5) = Überliefererkette
6) Ranking S. 33 f.
7) ebd.
8) z. B. de Goeje S. 15, S. 21, S. 43, S. 124; Ranking läßt den isnād im Text fort und gibt ihn in den Fußnoten wieder.

reich entstammenden Instrument gut umzugehen weiß.

4. Zusammenfassung

Die Arbeit Muqaddasīs präsentiert sich als stark beeinflußt von der Tradition des islamischen Wissenschaftsbetriebs und dokumentiert zugleich den hohen Bildungsstand des Schreibers. Während die Bindung an die formale Tradition auch bei den früheren geographischen Werken erkennbar war und dies mit Muqaddasī lediglich eine Fortsetzung findet, reichen die neuen wissenschaftstheoretischen und traditionell-methodischen Ansätze in Muqaddasīs Buch weit über die bisherigen länderbeschreibenden und länderkundlichen Konzeptionen hinaus, weil sie bewußt eingesetzt und kontinuierlich verwendet werden.

Muqaddasī übernimmt vorbehaltlos die Auffassung von der engen Verbindung zwischen der Wissenschaft und deren Nutzen für die Allgemeinheit, die allen Wissenschaften, mögen sie zur Gruppe der ʿulūm al-ʿarab oder zu den ʿulūm al-awāʾil zählen,[1] eigen ist und macht die Forderung der Nützlichkeit zur Prämisse seiner Arbeit. Damit wird zugleich eine Vorentscheidung für die Auswahl der relevanten Themen getroffen: Sowohl die Beschränkung auf islamische Länder als auch die starke Betonung religionsgeographischer Phänomene im heutigen Sinne erweisen sich als nützlich im islamischen Sinn ebenso wie die kulturgeographische Ausrichtung des gesamten Buches.

Es ist besonders gut für den reisenden Muslim geeignet, denn dieser erhält Informationen, die er zur Durchführung seiner Reise benötigt und die gleichzeitig ein den strengen Anforderungen des Islams entsprechendes Leben ermöglichen. Andere Informationen, etwa über nicht-islamische Länder, müssen nicht gegeben werden, weil sie für den Muslim keinen Nutzen bringen - es wäre totes Wissen, das niemandem dienen würde.

Muqaddasīs Wissenschaftsverständnis ist von dieser Nützlichkeitsideologie her ganz im Rahmen des traditionellen Wissenschaftsbegriffes zu erklären. Die Rolle der Wissenschaft als solche kann nicht subjektiv durch den Einzelnen bestimmt werden, sondern das allgemeine, durch den Islam bestimmte Wissenschaftsbild ist als verbindlich zu übernehmen - die Tradition erhält normativen Charakter[2] nicht nur im formalen Bereich.

Ebenso gibt sich Muqaddasī traditionsverbunden in der Handhabung des Instrumentariums, das seine Glaubwürdigkeit sowie die Wahrheit seiner Meinungen, Theorien und Fakten verbürgen soll. Koran und Ḥadīṯ werden, wie allgemein üblich in der islamischen Wissenschaft, zitiert, um den Leser von der Wahrheit des Dargestellten zu überzeugen. Hier wird am ehesten die Traditionsgebundenheit Muqaddasīs deutlich: Obwohl er zu der Überzeugung gelangt ist, daß die Beobachtung die Basis der Länderkunde sei, unternimmt er keinen Versuch, diesen Ansatz auszuführen und entsprechende Methoden zu entwickeln. Stattdessen greift er, da er keinerlei empirische Beweismöglichkeiten hat, auf die durch die Religion vorgegebenen und in die Wissenschaft übernommenen Instrumente von Koran und Ḥadīṯ zurück - entgegen seiner anfänglichen Forderung, eigene Beobachtungen am höchsten zu werten -, die an die Stelle des empirischen Beweises treten. Damit ent-

---

1) vgl. S.13 f.
2) vgl. Plessner: Wissenschaften im Islam, S. 12, S. 17

spricht er dem zeitgenössischen Wissenschaftsverständnis: Er leistet sowohl vom Formalen und Inhaltlichen wie auch vom Beweisverfahren her einen Beitrag zur Länderkunde, der, an den Maßstäben seiner Zeit gemessen, wissenschaftlich ist. Die faktische Bindung an die Wissenschaftstradition wirkt sich also nicht negativ aus, sondern sie ist für ihn die einzige Möglichkeit, sich zu seiner Zeit einen wissenschaftlichen Ruf zu erwerben. Mit der Entwicklung einer geographischen Systematik gelangt Muqaddasī zu einer eigenständigen Länderkunde als Disziplin, die im islamischen Kulturraum des 10. Jahrhunderts als Wissenschaft bezeichnet werden kann, weil sie sich zugleich in die wissenschaftliche Tradition einordnet.

An diesem Punkt wird ein allgemeines Problem deutlich: Die Wissenschaft im islamischen Kulturkreis jener Zeit kann auf keinen Fall losgelöst von der Religion betrachtet werden. Der Gelehrte ist immer in erster Linie Muslim, unter dieser Voraussetzung entwikkelt sich seine Beziehung zur Wissenschaft, die damit kaum "wertfrei" betrieben werden kann. Die normative Rolle des Islam beschränkt sich nicht auf die Theologie. Der Islam determiniert alle Lebensbereiche: Er wird in der Lebens- und Wissenschaftsauffassung wirksam und prägt Methoden und Selbstverständnis der Wissenschaften. Jeder Versuch , arabische Länderkunde ohne Berücksichtigung dieser Abhängigkeiten aus westlicher Sicht darzustellen, ist zum Scheitern verurteilt, weil eine angemessene Beurteilung auf dem historischen Hintergrund unmöglich wird. Die Länderkunde, selbst auf einer so hohen Entwicklungsstufe, wie sie Muqaddasīs Werk repräsentiert, ist determiniert durch die Religion: Der Wert einer länderkundlichen Arbeit jener Zeit läßt sich nicht ohne Berücksichtigung dieser Tradition ermessen.

VII. Muqaddasīs Bedeutung für die Länderkunde

Die Arbeit von Muqaddasī ist nicht denkbar ohne die Vorarbeiten der Balḫī-Schule. Balḫī selbst hatte zunächst 20 Karten mit kurzen, kommentierenden Texten verfaßt,[1] und Iṣṭaḫrī, Ibn Hauqal und Muqaddasī fuhren in dieser Tradition fort, wobei trotz geringfügiger Änderungen in Einteilung und Benennung der Provinzen die von Balḫī entwikkelte Anordnung im Prinzip bestehen blieb, die Texte jedoch immer umfangreicher wurden, was sich durch die Reisetätigkeit der drei Letzteren erklären läßt. Die von Balḫī entwickelte "Systematik", d. h. die Reihenfolge der Abhandlung der Provinzen, blieb von diesen Ausweitungen jedoch weitgehend unberührt.

Eine Weiterentwicklung läßt sich deshalb primär an den Textteilen verdeutlichen, und hier weisen die drei letztgenannten Geographen untereinander mehr Ähnlichkeiten auf als in ihrem Verhältnis zu Balḫī, der niemals Reisen unternommen hatte: Alle drei schätzen ausgedehnte Reisen, um Material zu sammeln und werden zu Geographen mit dem ausdrücklichen Ziel, geographische Beobachtungen zu machen; auch variieren ihre länderkundlichen Berichte eher im Hinblick auf die Quantität der Fakten, qualitativ sind sie vielfach als gleichrangig zu werten. Balḫī hat also lediglich die Anordnung, die "Systematik" geschaffen, sein Einfluß auf die Gestaltung der Texte kann jedoch nicht groß gewesen sein wegen seiner abweichenden Beurteilung der Reisetätigkeit, die ein anderes Länderkundeverständnis als bei Iṣṭaḫrī, Ibn Hauqal und Muqaddasī voraussetzt. Der Terminus "Balḫī-Schule" sollte deshalb mit Vorbehalt angewendet werden: Eine auf Balḫī zurückgehende Tradition kann eigentlich nur für die Auswahl der Provinzen und ihre An-

1) vgl. S. 68 f.

ordnung nachgewiesen werden, die Konzeption der Begleittexte hat er kaum beeinflussen können.

Muqaddasīs Werk ist also einerseits als Fortsetzung der mit Iṣṭaḫrī begonnenen Texttradition zu begreifen. Jedoch beschränkt sich ihre Weiterentwicklung nicht auf eine nur quantitative Ausweitung des Textteils, vielmehr erscheint sie vom geographischen Ansatz und in methodischer Hinsicht als qualitative Verbesserung, zum Teil als völlig neuer Ansatz.

Muqaddasī muß zunächst ein differenzierteres Raumverständnis als Ibn Hauqal zuerkannt werden. Der letztere hatte das islamische Reich zwar als gegliedert erkannt,[1] es aber nicht vermocht, die Art der Strukturen bewußt zu machen und sie voneinander zu trennen und zu unterscheiden. Die Folge war die Vermischung von unterschiedlichen Möglichkeiten der räumlichen Gliederung. Ibn Hauqal versuchte, Räume funktional und rein physiogeographisch zu erfassen, ohne sich der Unterschiedlichkeit der Einteilungskriterien bewußt zu sein. Anders Muqaddasī: Er will den Raum explizit als durch politisch-administrative Gegebenheiten strukturiert betrachten und macht eine dieser Prämisse adäquate Systematik zur Grundlage seiner Arbeit. Das schließt nicht aus, daß er durchaus auch andere Möglichkeiten der Raumteilung erkennt; da er sich aber grundsätzlich für die Aufteilung unter administrativen Aspekten entschieden hat und dies als grundlegend für seine Arbeit bestimmt, kann er seinen speziellen Ansatz von anderen Gliederungsmöglichkeiten abheben. Das geschieht, wenn er die naturräumlichen Einheiten - etwa die Gewässer - in eigenen Kapiteln behandelt. Ibn Hauqal arbeitet unbewußt mit verschiedenen räumlichen Strukturierungen, ohne sie zu erkennen; Muqaddasī sieht das islamische Territorium als Gesamtheit vieler einzelner, einander zugeordneter Räume, strukturiert nach bestimmten Gesetzmäßigkeiten.

Eine völlige Neuentwicklung stellt Muqaddasīs Darstellung der einzelnen Provinzen unter zwei verschiedenen Blickwinkeln dar. Ibn Hauqal hatte jeder Provinz jeweils ein Kapitel zugestanden und versucht, alle geographischen Erscheinungen, gleichgültig welcher Art, darin zu erfassen. Da er der Abhandlung keine feste Reihenfolge der Themen zugrundelegte, erhielt seine Darstellung einen enzyklopädischen Charakter, denn es fehlte eine systematische Anordnung der Einzelfakten. Dieses Verfahren praktiziert zunächst auch Muqaddasī: Die einzelnen Beobachtungen werden recht wahllos zusammengetragen, sie erscheinen nicht in einer thematisch systematisierten Form. Aber schon hier unterscheidet sich Muqaddasīs Arbeit von der Ibn Hauqals, weil eine räumliche Systematisierung erfolgt, die sich an der Aufteilung des Landes in Verwaltungseinheiten orientiert. Muqaddasī sieht die Provinz als oberste Verwaltungseinheit und beschreibt sie als zusammengesetzt aus kleineren räumlichen Einheiten; dieser Strukturierung folgend stellt er die Provinzen vom Großraum bis zu den kleinsten Räumen dar.

Die Beobachtungen zu den einzelnen Teilräumen sind ebenso zufällig zusammengetragen wie bei Ibn Hauqal. Eine derartige Zusammenstellung jedoch genügt Muqaddasī nicht: Er billigt jeder Provinz ein weiteres Kapitel zu (ǧumal), in dem nicht mehr die räumliche Gliederung, sondern die Einteilung in verschiedene, geographisch relevante Themenbereiche die Systematik bestimmt. Alle bisher dargestellten länderbeschreibenden und

1) vgl. S. 72

länderkundlichen Ansätze des 10. Jahrhunderts waren höchstens in ähnlicher Weise wie Ibn Hauqal verfahren und konnten eine Gruppierung nach Themen nicht aufweisen. Die Beschreibung einer Provinz nach thematischen Blöcken stellt somit eine entscheidende Neuerung dar.

Es hätte nun der geographischen Tradition durchaus entsprochen, wenn Muqaddasī im Folgenden die thematischen Blöcke bei jeder Provinz beliebig arrangiert hätte - er wählt aber eine für alle "ǧumal" verbindliche Anordnung, die zwar gelegentlich variiert wird, etwa durch zusätzliche Themen, im Prinzip aber unverändert bleibt, so daß man ein einfaches länderkundliches Schema erkennen kann, wenn man das heutige Vokabular auf diesen Zusammenhang anwendet. Die Weiterentwicklung gegenüber den Vorgängern beruht also darauf , daß Muqaddasī die Provinz unter zwei Aspekten betrachtet: einmal als räumliche Einheit, deren administrativ bedingte Struktur zu erfassen ist, und zum andern als Großraum, in dem sich bestimmte geographische Erscheinungen beobachten lassen.[1] Eine solche doppelschichtige Betrachtungsweise ist einzigartig in der arabischen Länderkunde des 10. Jahrhunderts.

Wenn Muqaddasī aber auch eine neuartige Konzeption und eine länderkundliche Systematik entwickelt sowie zahlreiche Einzelprobleme - etwa den Stadtbegriff,[2] die Quellenfrage[3] - in neuartiger Weise löst, so besteht doch zwischen ihm und seinen Vorgängern noch ein anderer, weitaus tiefgreifenderer und grundlegender Unterschied, dessen Ursachen darin zu suchen sind, daß Muqaddasī sich nicht nur der praktischen Länderkunde, sondern auch ihren allgemein-theoretischen Voraussetzungen zuwendet. Ausgangspunkt ist sein Bestreben, sich in irgendeiner Weise wissenschaftlich hervorzutun, um zu Ruhm und Ansehen zu gelangen.[4] Dies meint Muqaddasī dann am besten zu können, wenn seine Arbeit sich von der bisherigen Wissenschaftspraxis abhebt, die zu seiner Zeit hauptsächlich durch die Weitergabe und Kommentierung älterer Werke gekennzeichnet ist. Dieser Praxis stellt er seine Postulate der Originalität und Wahrheitstreue gegenüber, die er zweifellos auch für eine andere Wissenschaft erhoben hätte, weil sie Ausdruck einer allgemeinen Zielsetzung sind. Damit löst sich Muqaddasī von der islamischen Wissenschaftstradition, die weniger Originalität als Verarbeitung der älteren Werke, weniger Wahrheitstreue des Autors als bedingungslose Anerkennung der Alten verlangte.[5]

Diese allgemeine wissenschaftliche Zielsetzung überträgt Muqaddasī auf das Gebiet, das ihm am ehesten zur Erfüllung seiner Postulate geeignet scheint: die Länderkunde, bei der sich nun das Problem der konkreten Realisierung der allgemeinen Postulate für diese spezielle Disziplin stellt. Die Lösung dieses Problems führt Muqaddasī zur Methode der Beobachtung, die sich zunächst als Mittel zur Verwirklichung der allgemein-wissenschaftlichen Zielsetzung anbietet, die aber anschließend auch in ihrer besonderen Bedeutung für die Länderkunde erkannt wird. Jedoch ist das Verhältnis zwischen der Methode der Beobachtung und der Länderkunde nur vage definiert, die weitreichenden methodischen Folgerungen vermag Muqaddasī nicht zu erkennen. Zwar hält er sein Buch, gerade weil es

---

1) siehe Abb. 2, S. 103
2) s. S. 105
3) s. S. 88
4) s. S. 85 f.
5) Plessner: Wissenschaften im Islam, S. 12 f.

methodisch auf der Beobachtung basiert, für neuartig,[1] doch eine Ausgestaltung dieser Methode erfolgt nicht, da der traditionelle Wissenschaftsbegriff, von dem auch Muqaddasī bestimmt ist, nicht nach objektiven Methoden und damit nicht nach objektiven Kriterien für die Beurteilung länderkundlicher Forschung verlangt. An Muqaddasīs Ansatz werden die Grenzen des traditionellen islamischen Wissenschaftsbegriffs deutlich: Das auf Traditionen der Alten gegründete System, das von der vorgegebenen Wahrheit auch im wissenschaftlichen Bereich ausgeht,[2] läßt es im Grunde nicht zu, daß Methoden erprobt werden, die nicht direkt aus der Traditionswissenschaft entwickelt wurden. An die Stelle objektiver Beweisverfahren treten religionsdeterminierte Techniken, die die Ergebnisse einer rationalen Überprüfung entziehen. Mit der Anerkennung der islamischen Wertvorstellungen ergibt sich für den Gelehrten nicht die Notwendigkeit, nach objektiven Kriterien forschen zu müssen, weil die Tradition absolute Maßstäbe setzt, die anderen Kriterien überlegen sind.

Muqaddasī ist also gar nicht in der Lage, die volle Bedeutung der Beobachtung als methodisches Prinzip der Länderkunde zu begreifen; er handelt ganz im Sinne des Wissenschaftsverständnisses seiner Zeit, wenn er stattdessen seine persönliche Glaubwürdigkeit sowie Koran und Ḥadīṯ als "Beweise" anbietet.

Dennoch hat sich mit Muqaddasīs Buch die Länderkunde endgültig zur eigenständigen Disziplin emanzipiert. Zum einen schafft Muqaddasī eine durchdachte systematische Konzeption, die dem geographischen Anspruch der Arbeit ebenso gerecht wird wie einzelne geographische Denkansätze.[3] Die traditionelle Bindung der deskriptiven Geographie an die adab-Literatur und an die Geschichte wird damit hinfällig, weil durch die länderkundliche Systematik die Dominanz des geographischen Ansatzes gewahrt ist. Die zahlreichen historischen Fakten, die sich auch bei Muqaddasī finden, sind in die geographische Systematik voll integriert und spielen nur eine sekundäre Rolle als Faktenmaterial.

Zum andern artikuliert Muqaddasī eine wissenschaftliche Zielsetzung, die ihn zu einer Reflexion der Grundlagen der Länderkunde führt und die Bedingungen dieser Disziplin erkennen läßt. Die Verfikationsmöglichkeiten für die Ergebnisse einer wissenschaftlichen Länderkunde ergeben sich aus der wissenschaftlichen Tradition seiner Zeit. Muqaddasī erreicht nicht nur wissenschaftlich anerkannte Ergebnisse, sondern macht die Länderkunde zum eigenständigen Fach (ʿilm), indem er sie einmal durch seine einführenden Überlegungen von anderen Disziplinen abgrenzt und zum andern eine adäquate Systematik entwickelt (Abb. 3).

Es wird der Unterschied zwischen Muqaddasī und seinen Vorgängern aus der Balḫī-Schule deutlich: Ibn Ḥauqal und Iṣṭaḫrī hatten zwar wesentliche Teile des praktischen Bereichs erarbeitet, aber ihnen fehlte die wissenschaftstheoretische Durchdringung des Stoffes. Die Länderkunde ist besonders durch Ibn Ḥauqal ohne Zweifel ein Stück in der Entwicklung vorangekommen, weil die dominierende Rolle der Geschichte aufgrund einer eigenen länderkundlichen Systematik überwunden werden konnte. Jedoch fehlte der Länderkunde weiterhin eine Voraussetzung, die zu einem definierbaren und expliziten Selbst-

1) Ranking S. 4
2) Plessner: Wissenschaften im Islam, S. 14
3) siehe S. 1o4 f.

verständnis hätte führen können. So stellen die Arbeiten von Balẖī, Iṣṭaẖrī und Ibn Hauqal - insbesondere die der beiden letzten Geographen - zwar erste länderkundliche Ansätze dar wegen ihrer geographischen Systematik, aber die vollständige Emanzipation der Länderkunde als eigenständige Disziplin geschieht durch die wissenschaftstheoretische Begründung und die Verbindung von Theorie und Praxis, die Muqaddasī als erster und einziger Geograph des 10. Jahrhunderts bewältigt.

T H E O R I E		P R A X I S	
allgemein-wiss. Zielsetzung (Originalität, Wahrheitstreue)			
Länderkunde als Realisationsmöglichkeit		Reisetätigkeit	
Beobachtung als Voraussetzung der Länderkunde		Materialsammlung	
	Beweisverfahren (Tradition)		
		Systematisierung	
		raumbezogen	thematisch

Abb. 3

IIX. Thesen zum Werk von Muqaddasī

1. Die Arbeit Muqaddasīs ist ein wissenschaftliches Werk. Sie ist in der Form an die islamische Wissenschaftstradition gebunden, wie die Einhaltung des Textmodells, die Argumentationsmethode und das Beweisverfahren zeigen; sie ist weiterhin von einer allgemeinen Wissenschaftsvorstellung determiniert, für die Nützlichkeit die oberste Prämisse darstellt.

2. Das Werk Muqaddasīs ist die einzige Arbeit des 10. Jahrhunderts, die neben einem praktisch-länderkundlichen Teil auch wissenschaftstheoretische Überlegungen zur Bildung einer wissenschaftlichen Länderkunde enthält. Diese Reflexionen sind die Basis für die Untersuchungsmethoden der praktischen Länderkunde, die damit eine Grundlage erhält, in der Voraussetzungen, Untersuchungsmethoden und -gegenstände länderkundlicher Arbeit zum ersten Mal im 10. Jahrhundert artikuliert werden.

3. Muqaddasīs Ansatzpunkt liegt zunächst nicht im praktisch-länderkundlichen Bereich, sondern auf einer allgemeinwissenschaftlichen Ebene. Er fordert zunächst für jede wissenschaftliche Arbeit die Prinzipien der Originalität und Wahrheitstreue und überträgt diese dann nach seiner Entscheidung, sich mit der Länderkunde zu beschäftigen, auf diese Disziplin. Hier sucht er nun nach geeigneten Methoden, um diese

allgemeinen Postulate realisieren zu können und stößt dabei auf die Beobachtung als geeignetes Verifikationsinstrument dieser Forderungen. Gleichzeitig erhebt er die Beobachtung zur Grundlage länderkundlicher Tätigkeit allgemein; Reisen erscheinen in diesem Zusammenhang, da sie Beobachtungen ermöglichen, als unverzichtbar für jeden, der wissenschaftliche Länderkunde treiben will.

4. Trotz der Bedeutung, die Muqaddasī der Beobachtung beimißt, vermag er keine differenzierten Beobachtungstechniken zu entwickeln; vielmehr ist ihm ein eher naives Beobachtungsverständnis im Sinne von "sehen" nachzuweisen, da die Wissenschaftstradition eine Entwicklung von objektiven Aufnahme- und Beweisverfahren kaum ermöglichte. Belege werden deshalb traditionell durch den Verweis auf Autoritäten erbracht; da Muqaddasī außerdem der Beobachtung eine hohe Beweiskraft zugesteht, aber keine objektiven Beobachtungstechniken entwickeln kann, versichert er den Leser seiner persönlichen Glaubwürdigkeit und Integrität und schafft auf diese Weise einen moralischen, aber anerkannten Beweis.

5. Der praktisch-länderkundliche Teil geht im Prinzip auf die Anordnung des Materials bei der Balḫī-Schule zurück, hat aber wesentliche Änderungen im Hinblick auf Inhalt und Gliederung erfahren. Von seinen Vorgängern übernimmt Muqaddasī die Auswahl und Anordnung der Provinzen. Diese werden jedoch - abweichend von allen hier untersuchten Arbeiten des 10. Jahrhunderts - zunächst nach einem einheitlichen räumlichen Gliederungsprinzip aufgeteilt (administrativ) und in hierarchischen Abhängigkeiten dargestellt; in einem zweiten Schritt erfolgt eine systematische Zusammenstellung des geographischen Materials, das auf den Großraum der Provinz bezogen wird. Die konsequente Durchführung dieser doppelschichtigen Untersuchung ist einzigartig im 10. Jahrhundert und zeigt das hohe Niveau der Arbeit Muqaddasīs.

6. Muqaddasīs Länderkunde ist durch die Verbindung von Theorie und Praxis gekennzeichnet. In den wissenschaftstheoretischen Vorüberlegungen werden das Ziel der Länderkunde (eine systematische, wissenschaftliche Darstellung des islamischen Reiches) und die erforderlichen Methoden (Quellenstudium - eigene Beobachtung - Systematisierung der Informationen) beschrieben und konsequent auf die praktische Untersuchung der Provinzen übertragen.

7. Das hohe Niveau der praktischen Länderkunde ist nur möglich aufgrund der Vorüberlegungen.

8. Die Bedeutung Muqaddasīs ist nicht mit der Qualität seiner geographischen Einzelfakten zu erklären, sondern mit seinem wissenschaftlichen und fachspezifischen Ansatzpunkt, aufgrund dessen Muqaddasī das Bild einer inhaltlich und methodisch definierten, wissenschaftlichen Länderkunde als unabhängige Disziplin entwerfen kann.

Teil 3:
A B S C H L I E S S E N D E B E T R A C H T U N G
A U S B L I C K

Die folgende Betrachtung soll keine Reproduktion der Ergebnisse der Einzeluntersuchungen sein; die thesenartigen Zusammenfassungen am Ende jeder Untersuchung vermitteln schnell einen Überblick über die Art einer länderkundlichen Arbeit des 10. Jahrhunderts, so daß im Folgenden die Gesamtentwicklung beurteilt werden kann, ohne daß die Einzelergebnisse hier noch einmal aufgeführt werden müssen.

Die arabische Länderkunde im 10. Jahrhundert, ausgehend von ersten nicht-wissenschaftlichen Länderbeschreibungen bis hin zu einer eigenständigen wissenschaftlichen Disziplin, entwickelte sich nicht kontinuierlich, d. h. durch die Weiterführung bereits bestehender systematischer und methodischer Ansätze. Die allgemeinen wissenschaftstheoretischen Forderungen jener Zeit erstreckten sich auf das Beweisverfahren und das Autoritätsprinzip, nicht aber auf die Entwicklung von fachspezifischen Methoden. So existierten auch für den Bereich der Darstellung von Ländern keine verbindlichen Methoden. Diejenigen Autoren, die sich in irgendeiner Form mit der Darstellung von Ländern befaßten, schöpften wohl das vorhandene Faktenmaterial ihrer Vorgänger aus, übernahmen aber nicht ihre methodischen Ansatzpunkte, da dies in den allgemeinen wissenschaftstheoretischen Forderungen nicht verlangt und enthalten war.[1] So war jedem Reisenden und Gelehrten die Möglichkeit gegeben, Methoden und Systematik seiner Länderdarstellung entweder selbst zu bestimmen oder die Abhandlung so abzufassen, daß sie den Ansprüchen, die von anderer Seite verlangt wurden, Genüge leistete.

Für die letztgenannte Möglichkeit stehen Ibn Faḍlān und Abū Dulaf als Beispiele: Beide lassen sich in der Systematik ihrer Länderbeschreibungen allein vom Reiseverlauf leiten, nicht von den damals bekannten Darstellungen z. B. des Qudāma oder Ibn Rustah. Die Auswahl der dargestellten Gegenstände wird bestimmt entweder von persönlichen Interessen (Abū Dulaf) oder von Forderungen, die ein Auftraggeber an den Reisenden stellt (Ibn Faḍlān).[2] Ebensowenig besitzen Hamdānī und Masʿūdī eine länderkundliche Methode und Systematik: sie benutzen die bereits vorhandenen geographischen Werke als Materialsammlungen und verarbeiten die einzelnen Fakten unter methodischen Aspekten anderer Wissenschaften.[3] Auch die Balḫī-Schule stellt in diesem Zusammenhang keine Ausnahme dar: Zwar hatten Iṣṭaḫrī, Ibn Hauqal und Muqaddasī die Anordnungen der Provinzen von Balḫī übernommen, aber die Gestaltung der Textteile, die bei Balḫī gegenüber der kartographischen Erfassung im Hintergrund stand, wird nun zur Hauptaufgabe dieser Geographen, die in jenen Textteilen - wie gezeigt - unterschiedliche methodische Ansätze zugrundelegten.

Von einer "Entwicklung" kann man deshalb kaum sprechen, wenn man darunter die kontinuierliche Fortführung eines methodischen Ansatzpunktes - etwa einer Schule - versteht. Die Länderkunde war im Gegensatz zur ptolemäischen mathematischen Geographie im islamischen Kulturraum des 10. Jahrhunderts keine im Wissenschaftssystem etablierte Disziplin. Wie im 9. Jahrhundert erhielt sie Impulse von verschiedenen anderen, fest etablierten Wissenschaften einerseits und von literarischen Vorbildern andererseits: Länderkundliche Betätigung ergab sich meist zufällig aus der Beschäftigung mit einer aner-

1) vgl. Kapitel: "Die Ausgangslage", S. 10
2) vgl. Thesen zu Ibn Faḍlān und Abū Dulaf
3) vgl. S. 45 - 66

kannten Wissenschaft, aus persönlichen Motiven von Reisenden, aus politischen Anlässen. Alle diese Ansätze standen beziehungslos nebeneinander, ohne daß der Versuch gemacht wurde, sie unter einem einheitlichen Aspekt als verschiedene Elemente einer eigenständigen länderkundlichen Disziplin zu sehen, da eine solche Disziplin nicht im Wissenschaftssystem verankert war.

Die Entwicklung einer eigenständigen Länderkunde durch Muqaddasī aufgrund von Kriterien, die über das damalige Länderkundeverständnis hinausreichten, konnte deshalb im 10. Jahrhundert kaum in ihrer Bedeutung erkannt werden. Für die Gelehrten der damaligen Zeit, die aus den genannten Gründen keine reflektierte Länderkundevorstellung besitzen konnten, mußte die Arbeit Muqaddasīs als eine weitere Länderdarstellung neben vielen anderen erscheinen, denn die methodische Gestaltung stand nicht im Mittelpunkt des wissenschaftlichen Interesses und konnte deshalb in ihrer Neuartigkeit kaum begriffen werden. Das Originalitätsprinzip Muqaddasīs, das zu der Erkenntnis führte, die Beobachtung sei die Grundlage der Länderkunde - und nicht die bei früheren Autoren angesammelten Nachrichten - führte nicht nur über das Länderkundeverständnis, sondern auch über den damaligen Wissenschaftsbegriff hinaus, denn es stellte ja im Bereich der Untersuchungsmethode das Autoritätsprinzip in Frage und maß der eigenen Beobachtung den höchsten Wert zu.

Daß ein solches Abweichen von der traditionellen Wissenschaftsauffassung überhaupt möglich war, ist auf verschiedene Ursachen zurückzuführen, die noch nicht vollständig geklärt sind. Einige mögliche Gründe seien hier dargestellt. Al-Aš'arī, der Begründer der islamischen Orthodoxie, starb in den dreißiger Jahren des 10. Jahrhunderts.[1] Die nun einsetzende Verfestigung der Orthodoxie wurde vermutlich dadurch erschwert, daß ein anerkannter Kalif als oberste Autorität der umma fehlte.[2] Die Kontrolle der Wissenschaften im Hinblick auf ihre Übereinstimmung mit den religiösen Glaubenslehren konnte sich also nur relativ langsam vollziehen, so daß noch zu Muqaddasīs Lebzeiten gegen Ende der achtziger Jahre neben den traditionellen auch solche Ansätze möglich waren, die methodisch über den Wissenschaftsbegriff hinausgingen.

Im 11. und 12. Jahrhundert wäre ein solcher Ansatz kaum mehr möglich gewesen.[3] Die Orthodoxie hatte sich endgültig etabliert und verlangte die getreue Einhaltung aller Dogmen, die auch im wissenschaftlichen Bereich eine große Rolle spielten.[4] Nach der Schließung des "bāb al-iǧtihād" [5] war ein Abweichen in irgendeiner Form vom traditionellen Wissenschaftsbegriff, der durch islamische Vorstellungen geprägt war, undenkbar. So kann das Originalitätsprinzip Muqaddasīs für die folgenden Jahrhunderte dogmatischer Fixierung nicht zur Richtschnur der späteren Geographen werden: Der von der heutigen Geographiegeschichte oft genannte Abū-l-Fidā schreibt eine Kompendiengeographie aufgrund der ge-

---

1) Lewis: Arabs in History, S. 142 f.; Sarton: Introduction to the History of Science, Bd. 1., S. 625
2) vgl. S. 10
3) Kramers: Science in Islamic Civilization, S. 125 f.
4) vgl. Kremer: Herrschende Ideen S. 281
5) wörtlich: "Pforte des freien Ermessens"; damit wird der Vorgang bezeichnet, daß die selbständige Entscheidung einer Frage nicht mehr möglich ist aufgrund der Interpretation von Quellen - wie bis dahin üblich -, da Interpretationen generell nicht mehr zugelassen sind.

sammelten Fakten von älteren Geographen und kein "originales" Werk im Sinne Muqaddasīs. Wie er zogen die Geographen nach dem 10. Jahrhundert lediglich alle älteren Werke als Quellen heran und versäumten es, die vorhandenen methodischen Ansatzpunkte weiterzuentwickeln, blieben also ganz im Rahmen der klassischen Wissenschaftstradition. So konnte die Bedeutung von Muqaddasī von den späteren Jahrhunderten erst recht nicht erkannt werden, und sein Werk wurde wie das z. B. des Ibn Fadlān allein als Quellenmaterial benutzt.

Die Methodenvielfalt und die unterschiedlichen Ansatzpunkte der einzelnen hier untersuchten Autoren lassen für das 10. Jahrhundert mehrere Typen von Länderdarstellungen erkennen, die bereits in den Einzeluntersuchungen entwickelt wurden und in Abb. 4 noch einmal in ihren wesentlichen Merkmalen zusammengestellt werden (siehe Seite 121). Es läßt sich erkennen, daß neben unwissenschaftlichen Länderbeschreibungen und länderkundlichen Ansätzen innerhalb anderer wissenschaftlicher Disziplinen auch eine länderkundliche Wissenschaft entstanden ist, deren Anfänge auf Iṣṭaḫrī und Ibn Hauqal zurückgehen, die aber erst durch die Theorie der länderkundlichen Darstellung bei Muqaddasī ihre Eigenständigkeit zu artikulieren vermochte. Die wissenschaftliche Länderkunde ist nicht länger an wissenschaftliche oder literarische Vorbilder gebunden, sondern wählt Untersuchungsgegenstand, Untersuchungsmethoden und Darstellungsweise - abgesehen von der Einhaltung des Textmodells - frei. Diese Loslösung von traditionellen Bindungen geschieht erst in dem Augenblick, wo der geographische Ansatzpunkt der Arbeit explizit genannt wird (Ibn Hauqal, Muqaddasī), wo Länderkunde aus geographischen Interessen betrieben wird.

Nur in einem Punkte unterliegt die Länderkunde - wie andere Disziplinen- einer Determinierung: Das Beweisverfahren ist traditionell an das Autoritätsprinzip gebunden, das Koran und Ḥadīṯ als oberste Autoritäten auch für die Länderkunde anerkennt. Eine Lösung von diesen durch den Islam determinierten wissenschaftlichen Hilfsmitteln ist nicht möglich; die Religion liefert die Kriterien für jede Wissenschaft, indem sie das Beweisverfahren determiniert, das damals wie heute eines der wichtigsten Kennzeichen eines wissenschaftlichen Textes darstellt. So vermag sich die Länderkunde zwar aus der Abhängigkeit von anderen Disziplinen zu lösen, aber sie bleibt dem traditionellen Wissenschaftsbegriff, auch wenn sie gelegentlich darüber hinausgeht, grundsätzlich verhaftet.

Eine vollständige Klärung aller Fragen zur arabischen Länderkunde im 10. Jahrhundert konnte diese Untersuchung nicht leisten. Geographiegeschichte als Ursachenforschung, wie es in der Einleitung dieser Arbeit postuliert wurde, konnte hier nur zum Teil betrieben werden, weil das biographische Material über die einzelnen Autoren noch so dürftig ist, daß sich Rückschlüsse von ihrer intellektuellen Einstellung auf die länderkundlichen Arbeiten kaum ziehen lassen. Aussagen in den Texten, die einen Hinweis auf die Zugehörigkeit zu einer politischen, kulturellen oder intellektuellen Gruppierung geben könnten, erfüllen manchmal nur eine Schutzfunktion gegenüber Angriffen von Andersdenkenden gegen den Verfasser[1] und sind deshalb nur mit größter Vorsicht als

1) Plessner: Wissenschaften im Islam, S. 72

Abb. 4

	Motivation	Darstellungsweise	Stellung im Wiss.- System	Beweisverfahren	länderkundl. Fachsystematik	wissenschaftstheoretische Begründung
Typ 1: Länderbeschreibung (Ibn Faḍlān, Abū Dulaf)	politische Interessen	literarisch	-	-	-	-
Typ 2 a: Länderkunde (Hamdānī)	allgemeines Interesse an wissenschaftl. Forschung	literarisch und wissenschaftlich	in andere Wissenschaft integriert (Poesie, Geschichte)	wiss.: historische u. poetische Autoritäten	Gliederungsprinzip nach Ptolemäus u. poet. Vorbild	-
Typ 2 b: Länderkunde (Masʿūdī)	allgemeines Interesse an wissenschaftl. Forschung	literarisch und wissenschaftlich	in andere Wissenschaft integriert (Geschichte)	wiss.: historische u. religiöse Autoritäten	-	-
Typ 3 a: Länderkunde (Ibn Hauqal)	Interesse an fremden Ländern	literarisch und wissenschaftlich	eigenständiges Fachgebiet	wiss.: geogr., hist. u. religiöse Autoritäten	ungeordnetes naturräuml. u. administratives Gliederungsprinzip	-
Typ 3 b: Länderkunde (Muqaddasī)	Interesse an wissenschaftlicher Geographie	literarisch und wissenschaftlich	eigenständiges Fachgebiet	wiss.: Autoritätsprinzip; eigene Beobachtung	geordnetes naturräuml. u. administratives Gliederungsprinzip	Theorie der Länderkunde (Gegenstand u. Methode)

tatsächliche Meinung eines Autors aufzufassen. Eine Aufgabe der zukünftigen Geographiegeschichte könnte in der Erforschung dieser bisher ungeklärten Zusammenhänge liegen, die möglicherweise ein neues Licht auf die arabische Länderkunde werfen würden.

Außerdem konnte im Rahmen dieser Untersuchung, die ja einen Anfang setzt, nur ein kleiner Zeitraum arabischer Geographie behandelt werden, die übrigen Epochen bedürfen noch einer ähnlichen Untersuchung durch die Geographiegeschichte. Es hat sich gezeigt, daß ein geographiehistorischer Ansatzpunkt, der die Entwicklung der Geographie als Wissenschaft - gemessen an den wissenschaftlichen Postulaten einer jeden Epoche - ins Zentrum der Forschung stellt, zu anderen Fragestellungen gelangt als z. B. eine allein historische oder eine entdeckungsgeschichtliche Perspektive. In dieser Hinsicht bietet sich dem Geographiehistoriker in der arabischen Geographie, obwohl sie von anderen Disziplinen bereits erforscht wurde, immer noch ein reichhaltiges Betätigungsfeld.

S U M M A R Y

The geographical writings of medieval Arab authors have been studied mainly by orientalists who concentrated above all on the historical and cultural aspects of these writings. By comparison, European historians of geography have been largely neglecting the medieval Arabian geography. Accordingly, this thesis attempts to analyse and to evaluate from a geographical point of view Arabian writings of the 10th century dealing with the description of countries. Three questions are given special attention:

1. Is it justified to subsume all descriptions of countries under the term "descriptive geography"?
2. Do the writings of that time claim to be 'scientific', i. e. do their organizations and their concepts meet the standards of contemporary scientific norms?
3. Do the Arabian authors succeed in establishing the descriptive geography as an accepted and independent branch in the Islamic world of learning?

Since these questions cannot be answered adequately by simply checking the accuracy of the factual material contained in the texts it will be necessary to analyse the objectives of the regional geographies and to examine the techniques of data acquisition, data handling, and data organization applied by the authors. Moreover, it will be necessary to analyse the methodological approaches and to evaluate whether the authors succeeded in contributing to the development of a "science of the description of countries". This analysis and evaluation has to be based on the Islamic philosophy of science of the 10th century, which, therefore, is outlined and characterized first (chapter 1 and 2). In the following chapters the geographical writings of six representative Arabian authors are examined on the basis of the criteria established before as essential elements of the contemporary Islamic system of science and of scientific analysis.

The detailed examination according to these criteria leads to a new interpretation and evaluation of the "classical" period of Arabian regional geography. Thus, the works of Abū Dulaf and Ibn Faḍlān which have been generally accepted as geographical studies turn out to be neither geographical nor scientific if the objectives, concepts and organization are considered. Mas 'ūdī who - apart from his merits as a historian - has been widely respected as an outstanding geographer manages to organize his material scientifically. He fails, however, to contribute to the development of geography as a science because he considers history to be the prime object of his writings and because he uses geographical data only to explain and to verify historical facts.

In contrast to these writings the works of Hamdānī reveal at least some characteristics of a scientific geography. They are well-organized, and the author succeeds in establishing principles of regionalization. It should, however, be emphasized that Hamdānī does not yet regard geography as an independent branch of learning. - Taking this into account, particular importance must be attributed to Ibn Ḥauqal and Muqaddasī. Up to now they have been included in the so-called Balḫī-school. The close examination of their works shows that this is justified only in part and that especially Muqaddasī goes far beyond the tradition of the Balḫī-school. Thus, his writings comprise numerous maps, but nevertheless particular emphasis is laid on the text. Muqaddasī develops logical principles of regionalization, and he elaborates a coherent system of geographical classification. In addition, his book includes an introduction in which the theoretical foundations of a "science of the description of countries" are expounded. He breaks with the tradition of Islamic science by rating the results of his own research higher than traditional knowledge, and he establishes a theoretical framework of descriptive geography which is clearly ahead of his time.

On the whole, the picture of the medieval descriptive geography proves to be quite heterogeneous. There are many individual writings based on rather different materials and theories. These writings are used as sources by later authors, but they are not analysed and interpreted methodologically. There is no real development of the Arabian regional geography, i. e. no continuous and systematic improvement of the geographical methodology. The undeniable fact that the Arabian regional geography reached a higher standard than the contemporary European geography is the merit of only a few authors, in particular that of Muqaddasī.

Formen kartographischer Darstellungen des Mittelmeeres

1. Iṣṭaḫrī

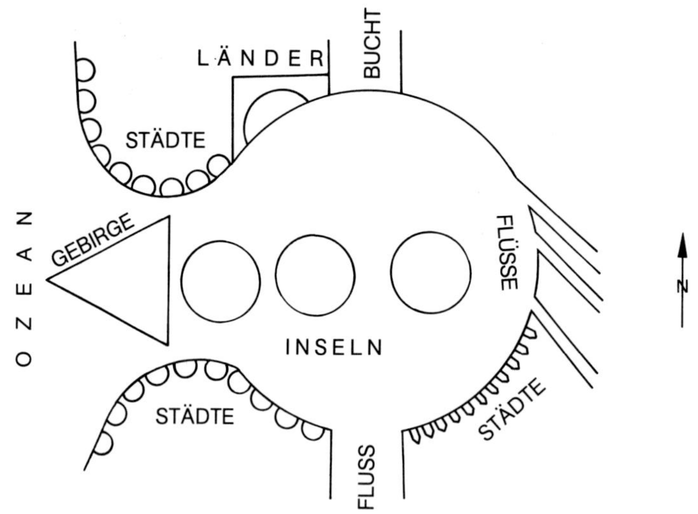

nach Miller: Mappae Arabicae
Bd. I Heft I, Islamatlas VI Tafel 3

2. Muqaddasī

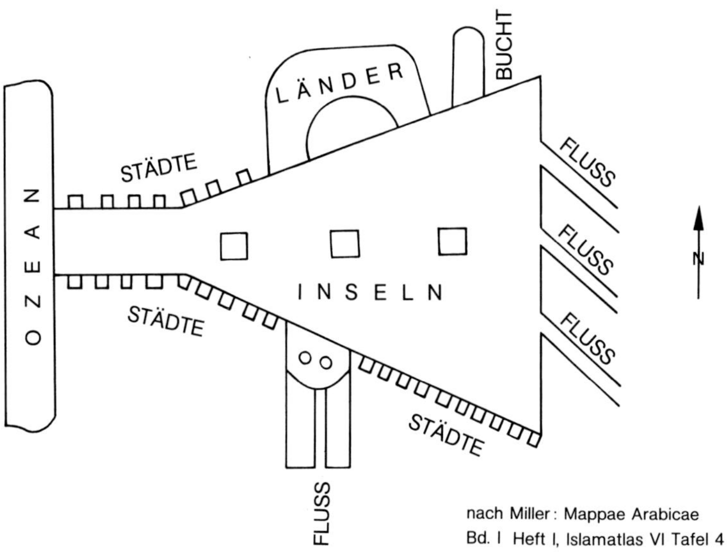

nach Miller: Mappae Arabicae
Bd. I Heft I, Islamatlas VI Tafel 4

3. Ibn Hauqal

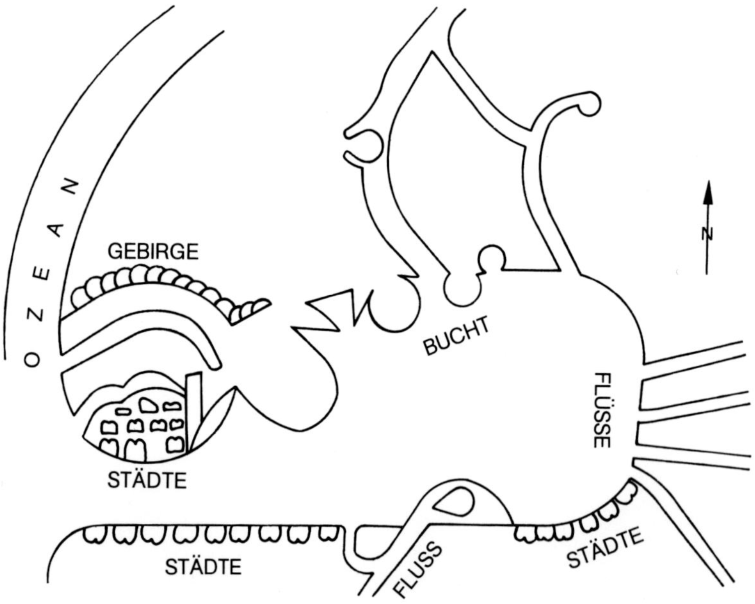

nach Wiet: Configuration de la terre. Paris/Beyrouth 1964, Bd. 1 S. 188

Zur Transkription

Eine Reihe von arabischen Namen und einige Termini sind in der deutschen Fassung übernommen worden, soweit sie im deutschen Sprachgebrauch bekannt sind (z. B. Kaschmir statt Qašmīr, Koran statt Qur'ān). Eine generelle Vereinfachung über die im Deutschen bekannten und gebräuchlichen arabischen Worte hinaus - für den Nicht-Arabisten sicherlich eine Erleichterung - erschien mir jedoch problematisch: Wie in der Einleitung expliziert, kann eine ungenaue Transkription eine potentielle Fehlerquelle sein und zu erheblichen Sinnentstellungen führen. Der Transkription dieser Arbeit liegt deshalb die wissenschaftliche bei Harder/Schimmel: Arabische Sprachlehre, 11.Aufl. Heidelberg, 1968, zugrunde.

Verzeichnis der Abkürzungen

AAAss	The American Anthropological Association
AnOr	Analecta Orientalia
BGA	Bibliotheca Geographorum Arabicorum
BIIS	Bulletin of the Institute of Islamic Studies (Aligarh)
BSOS	Bulletin of the School of Oriental Studies (London)
BSR	Bulletin de la Société Royale de Géographie d'Egypte
EI	Encyclopaedia of Islam
EK	Erdkunde
GAL	Geschichte der arabischen Literatur (Brockelmann)
Geogr. Rev.	Geographical Review
GZ	Geographische Zeitschrift
IC	Islamic Culture
JA	Journal Asiatique
MAR	Mémoires de l'Académie imperiale des sciences de St. Petersbourg
MCV	al- Masʿūdī Millenary Commemoration Volume, Hrs. Maqbul Ahmad
PGM	Petermanns Geographische Mitteilungen
Proc. Pak. Hist. Conf.	Proceedings of the Pakistan History Conference
SI	Studia Islamica
DMG	Deutsche Morgenländische Gesellschaft
ZDMG	Zeitschrift der Deutschen Morgenländischen Gesellschaft

Literaturverzeichnis

1. Quellen (Arabische Texte und Übersetzungen)

Abū Dulaf

Rohr-Sauer, A. von
Des Abū Dulaf Bericht über seine Reise nach Turkestan, China und Indien, neu übersetzt und untersucht. Diss., Bonn 1939. Bonner orientalistische Studien Nr. 26

Hamdānī

Forrer, L.
Südarabien nach al-Hamdānī's "Beschreibung der arabischen Halbinsel". Abhdl. für die Kunde des Morgenlandes Bd. 27 Nr. 3, Leipzig 1942. Reprint Nendeln 1966

Müller, D. H. (Hrs)
al-Hamdânî. Geographie der arabischen Halbinsel (Ṣifat ǧazīrat al-ʿarab). Neudruck Amsterdam 1968. Repr. v. 1884 - 1891

Ibn Faḍlān

Togan, A. Zeki Validi
Ibn Faḍlān's Reisebericht. Deutscher und arabischer Text. Abhandlungen für die Kunde des Morgenlandes 24,3. Leipzig 1939. Reprint Nendeln 1966

Ibn Hauqal

Kramers J. H. (Hrs.)
Kitāb ṣūrat al-arḍ. Opus geographicorum secundum textum et imagines cod. Constant. (Topkapı Sarayı) 3346, hrs. v. J. H. Kramers. BGA Bd. II, 2 Bde. 2. Aufl. Leiden 1938/39

G. Wiet/J. H. Kramers (Hrs.)
Configuration de la terre (Kitāb ṣūrat al-arḍ). Hrsg. und übersetzt von J. H. Kramers und G. Wiet. Collection unesco d'oeuvres représentatives, série arabe. 2 Bde., Beyrouth/ Paris 1964

Masʿūdī

Carra de Vaux (Hrs.)
Le livre de l'avertissement et de la revision (Kitāb at-tanbih wa-l-išrāf). Trad.et texte arabe par Carra de Vaux. Collection d'ouvrages orientaux, Société Asiatique. Paris 1896

Meynard, B. de (Hrs.)
Les prairies d'or (Murūǧ aḏ-ḏahab wa maʿādin al-ǧawāhīr). Texte et traduction française de Barbier de Meynard et Pavet de Courteille. Collection d'ouvrages orientaux, Société Asiatique. 9 Bde., Paris 1861 - 76

Pellat, C. (Hrs.)
Les prairies d'or. Traduction française de B. de Meynard et P. de Courteille. Revue et corrigée par Charles Pellat. Bd. 1 - 3 Paris 1962 - 1971

Muqaddasī

de Goeje, M. (Hrs.)
Descriptio Imperii Moslemici (arabischer Text). Hrs. de Goeje. BGA Bd. 3, 2. Aufl. Leiden 1906

Miquel, A. (Hrs.)
La meilleure répartition pour la connaissance des provinces. Angemerkte Teilübersetzung v. André Miquel. Damaskus 1963

Pellat, C. (Hrs.)
Description de l'occident Musulman au IVe - Xe siècle. Texte arabe et traduction française par C. Pellat. Bibliothèque arabe-française No. IX

Ranking/Azoo (Hrs.)
Aḥsanu-t-taqāsīm fī maʿrifati-l-aqālīm. Übersetzt von G. S. Ranking und R. F. Azoo. Publ. by Asiatic Society of Bengal, new series No. 899. Reihe: Bibliotheca Indica. Calcutta 1897

Die verschiedenen Editionen und Übersetzungen erscheinen im Text unter dem Namen des jeweiligen Editors bezw. Übersetzers.

2. Zitierte Literatur

Ahmad, K. J.
Masudi. In Proceedings of the Pakistan History Conference Nr. 6 (1956). S. 133 - 138

A. Rahman
Al-Masʿūdī and Contemporary Science. In:MCV, Aligarh 1960. S. 45 - 50

Arnold, T./Guillaume, A. (Hrs.)
The Legacy of Islam. Oxford 1931

Baker, J. N. L.
A History of Geographical Discovery and Exploration. London/Bombay/Sydney 1931

Beazley, R. C.
The Dawn of Modern Geography . 3 Bde., London 1897 - 1906

Beck, H.
Entdeckungsgeschichte und geographische Disziplinhistorie. In: Erdkunde Bd. 9 (1955). S. 197 - 204

Beck, H.
Geographie. Europäische Entwicklung in Texten und Erläuterungen. Reihe: Orbis Academicus Bd. II/16. Freiburg 1973

Beck, H.
Methoden und Aufgaben der Geschichte der Geographie. In: Erdkunde Bd. 8 (1954). S. 51 - 57

Behn, E.
Jemen. Grundzüge der Bodenplastik und ihr Einfluß auf Klima und Lebewelt. Diss., Marburg 191o

Blachère, R./Darmaun, H.
Extraits des principaux géographes arabes du moyen âge. 2. Aufl. Paris 1957

Blachère, R.
al-Hamadhānī. In. EI² Bd. III (1971) S. 106 - 107

Brockelmann, C.
Geschichte der arabischen Literatur. Bd. 1, den Supplementbänden angepaßte Auflage. Leiden 1943
Supp. Bd. 1, 2. Aufl. Leiden 1937

Büttner, M.
Die Geographia generalis vor Varenius. Das Werden der allgemeinen Geographie im Zusammenhang der Beziehungen zwischen Geographie und Theologie. 2 Bde., Habil.-Schrift. Bochum 1970

Canard, M.
Ibn Faḍlān. In: EI² Bd. III (1971). S. 759

Carra de Vaux, B.
Les penseurs de l'Islam. Bd. 2: Les géographes, les sciences mathématique et naturelles. Paris 1921

Czeglèdy, K.
Zur Meschheder Handschrift von Ibn Faḍlān's Reisebericht. In: Acta Orientalia 1 (1950/51). S. 217 - 243

De Goeje, M. J.
Die Istakhrī - Balkhī - Frage. In: ZDMG Bd. 25 (1871). S. 42 - 58

Dunlop. M.
al - Balkhī. In: EI[2] Bd. 1. S. 1003

Fārūqī, I.
Science and Traditional Values in Islamic Society. In: Zygon 2 Nr. 3 (1967). S. 231 - 246

Flügel, G.
Die grammatischen Schulen der Araber. In: Abhandlungen der DMG Bd. II Nr. 4. Leipzig 1862

Gabrieli, F.
adab. In: EI[2] Bd. 1 (1960). S. 175 - 176

Goldziher, I.
Das arabische Stämmewesen und der Islam. Muhammedanische Studien Bd. I, S. 40 - 100. Hildesheim 1960, Repr. von Halle 1889

Goldziher, I.
Stellung der alten islamischen Orthodoxie zu den antiken Wissenschaften. Gesammelte Schriften Bd. 5, S. 357 - 400. Hildesheim 1970

Grunebaum G. E. von
Der Islam im Mittelalter. Zürich 1963 (Islam im MA)

Grunebaum, G. E. von
Studies in Islamic Cultural History. In: AAAss Vol. 56 Nr. 2 Part 2, Memoir Nr. 76. Menasha/Wisconsin 1954

Hell, I.
Die Kultur der Araber. Reihe: Wissenschaft und Bildung Bd. 64 2. Aufl. Leipzig 1919

Jafri S. Razia
Description of India (Hind and Sind) in the Works of al-Iṣṭakhrī, Ibn Hauqal and al-Maqdisī. In: BIIS 5 (1961). S. 1 - 67

Der Koran
Übersetzung von Rudi Paret. 2. Aufl. Stuttgart 1966

Der Koran
Kommentar und Konkordanz von Rudi Paret. Stuttgart 1971

Kramers, J. H.
La littérature géographique classique des musulmans. AnOr Bd. 1, Leiden 1954. S. 172 - 204

Kramers, J. H.
L'influence de la tradition iranienne dans la géographie arabe. AnOr Bd. I, Leiden 1954. S. 147 - 156

Kramers, J. H.
al-Muḳaddasī. In: EI[1] Bd. 3 (1936). S. 708 - 709

Kramers, J. H.
Science in Islamic Civilization. AnOr Bd. II, Leiden 1956. S. 75 - 148

Kremer, A. von
Geschichte der herrschenden Ideen des Islams. 2. Aufl. Darmstadt 1961. Repr. von 1868

Kremer, A. von
Kulturgeschichte des Orients unter den Chalifen. Bd. 2, Aalen 1966, Repr. von 1877

Kretschmer, K.
Geschichte der Geographie. Berlin/Leipzig 1912

Lelewel, J.
Géographie du Moyen âge. Amsterdam MCMLXVI. Repr. v. 1852

Lewis, B.
The Arabs in History. 3. Aufl. London 1950

Levy, R.
The Social Structure of Islam. (2. Aufl. von "The Sociology of Islam"). Cambridge 1957

Löfgren, O.
al-Hamdānī. In: EI² Bd. III (1971). S. 124 - 125

Maqbul Ahmad/Rahman A. (Hrs.)
Al-Mas'ūdī Millenary Commemoration Volume (MCV). Muslim University of Aligarh 1960

Maqbul Ahmad
Al-Mas'ūdīs Contributions to medieval Arab Geography. In: IC 27/2 (1954). S. 61 - 77

Maqbul Ahmad
Djughrāfiyā. In: EI² Bd. II (1965). S. 575 - 590

Maqbul Ahmad
Geographical Materials in the Qur'ān. In : BIIS Nr. 6/7 (1962/63). S. 13 - 19

Maqbul Ahmad
Travels of Abū'l Ḥasan Alī b. al-Ḥusayn al-Mas'ūdī. In: IC Bd. 28 (1954). S. 509-524

Marquart, J.
Osteuropäische und ostasiatische Streifzüge. 2. unveränderte Aufl. Hildesheim 1961

Mez, A.
Die Renaissance des Islams. Heidelberg 1922

Miller, K.
Mappae Arabicae. Arabische Welt- und Länderkarten des 9. - 13. Jahrhunderts. 6 Bde. Stuttgart 1926/27

Minorsky, V.
Abū Dulaf. In: EI² Bd. I (1960). S. 116

Minorsky, V.
Géographes et voyageurs musulmans. In: BSR Bd. 24 (1951). S. 19 - 46

Minorsky, V.
La deuxième Risāla d'Abū Dulaf. In: Oriens Bd. 7 (1952). S. 23 - 27

Miquel, A.
Ibn Hawkal. In: EI² Bd. III (1971). S. 786- 788

Miquel, A.
La géographie humaine du monde musulman jusqu'au milieu du XIe siècle. Collection "Civilisations et sociétés" VII. Paris/ La Haye 1967

Mžik, H. von
Das "Buch der Abbildungen der Länder." Handschrift der Hofbibliothek in Wien. In: Mitt. Geogr. Gesellschaft Wien Bd. 62 (1919). S. 145 - 149

Mžik, H. von
Des Klaudios Ptolemaios Einführung in die Darstellende Erdkunde. In: Theorie und Grundlagen der darstellenden Erdkunde. Geografike Hyphegesis I und II, Vorwort des Ptolemäus. Wien 1938

Mžik, H. von
Ptolemäus und die Karten der arabischen Geographen. In: Mitt. Geogr. Gesellschaft Wien Bd. 58 (1915). S. 152 - 176

Nafis Ahmad
Muslim Contribution to Geography. Lahore 1947

Nafis Ahmad
Muslim Contributions to Geography during the Middle Ages. In: IC Bd. 17 (1943). S. 241 - 264

Pareja, F.
Islamologie. Beyrouth 1957 - 63

Paret, R.
Der Islam und das griechische Bildungsgut. Reihe: Philosophie und Geschichte Bd. 70, Tübingen 1950

Paret, R.
Mohammed und der Koran. 3. Aufl. Stuttgart usf. 1972

Penck, A.
Beobachtung als Grundlage der Geographie. Berlin 1906

Peschel, O.
Geschichte der Erdkunde. Hrs. v. Sophus Ruge. 2. Aufl. Amsterdam 1878

Plessner, M.
Die Geschichte der Wissenschaften im Islam als Aufgabe der modernen Islamwissenschaft. Reihe: Philosophie und Geschichte Bd. 31. Tübingen 1931 (Wiss. im Islam)

Reinaud, M.
Géographie d'Aboulféda. Bd. I: Introduction générale à la géographie des orientaux. Paris 1848

Ritter, H.
Zum Text von Ibn Faḍlān's Reisebericht. In: ZDMG Bd. 96 (1942) S. 98 - 126

Rosenthal, F.
Das Fortleben der Antike im Islam. Hrs. G. E. v. Grunebaum. Zürich 1965

Ruska, J.
Zur geographischen Literatur im islamischen Kulturbereich. In: GZ Bd. 33 (1927). S. 519 - 528, 589 - 599

Sarton, G.
Introduction to the History of Science. 2 Bde. Washington 1953, Repr. v. 1927 - 29

Sauvaget, J.
Introduction to the History of the Muslim East. Based on the 2nd ed. as recast by Claude Cahen. Berkeley/Los Angelos 1965

aṣ- Ṣayyad, M.
Some Arab Contributions to Geography. (Min al-wag̃ha al-gug̃rāfiyyā. Dirāsa fi t-turāṯ al- ʿarabī). Beirut 1971

Schmithüsen, J.
Geschichte der geographischen Wissenschaft. Mannheim 1970

Schoy, C.
The Geography of the Moslems of the Middle Ages. In: Geogr. Rev. Bd. 14 (1924). S. 257 - 269

Schwarz, P.
Bemerkungen zu den arabischen Nachrichten über Balkh. In: Oriental Studies in Honour of Cursetji Erachji Pavry (1933). S. 434 - 443

Sellheim, R.
Gelehrte und Gelehrsamkeit im Reiche der Chalifen. Festgabe für P. Kirn zum 70. Geburtstag, Hrs. E. Kaufmann. Berlin 1961. S. 54 - 79

Shafi, M.
Al-Mas'ūdī as a Geographer. In: MCV, Aligarh 1960. S. 72 - 76

Showket, I.
Arab Geography till the End of the tenth Century. Dissertation Abstracts 14 Nr. 10, 1679 - 1680 (Abstracts of dissertations and monographs in microfilm) Z 5055. U 5 A 53. Clark 1954

Sprenger, A.
Versuch einer Kritik von Hamdânis Beschreibung der arabischen Halbinsel und einige Bemerkungen von Professor David Heinrich Müller's Ausgabe derselben. In: ZDMG Bd. 45 (1891). S. 361 - 394

Storbeck, F.
Die Berichte der arabischen Geographen des Mittelalters über Ost-Afrika. In: Mitt. des Seminars für orientalische Sprachen an der Friedrich-Wilhelm-Universität zu Berlin Bd. 17 (1914). S. 97 - 169

Timm, A.
Einführung in die Wissenschaftsgeschichte. München 1973

Togan, A. Zeki-Validi
Der Islam und die geographische Wissenschaft. In: GZ Bd. 40 (1934). S. 361 - 372

Wiedemann, E.
Naturschilderungen bei al-Hamdānī. In: Beiträge zur Kenntnis des Orients VII (1909). S. 18 - 29

Wüstenfeld, F.
Des Abu Dulaf Mis ar Ben el-Mohelel Bericht über die türkischen Horden. In: Zeitschrift f. Vergleichende Erdkunde, 1. Jg. Bd. 2 (1842). S. 205 - 217

Zeitschrift der Deutschen Morgenländischen Gesellschaft
Bd. 10 (1856): "Notizen." S. 302
Bd. 60 (1906): "Kleine Mitteilungen." S. 404 - 410

3. Weiterführende Literatur

Ali, S. M.
Some Geographical Ideas of al-Mas'ūdī. In: MCV, Hrs. M. Ahmad, Aligarh 1960. S. 84 - 92

Baker, J. N. L.
The History of Geography. Oxford 1963

Banse, E.
Die Geographie und ihre Probleme. Berlin 1932

Bartels, D.
Zur wissenschaftstheoretischen Grundlegung einer Geographie des Menschen. In: Erdkundliches Wissen, Heft 19, Wiesbaden 1968

Barthold, W.
Die geographischen und historischen Entdeckungen des Orients. In: Quellen und Forschungen, hrs. v. Stübe, Bd. 8 (1913). S. 15 - 22, 99 - 102, 204 - 206, 216

Beck, H.
Die Geschichte der Geographie in Polen. Sonderdruck aus: Erdkunde, Archiv für wissenschaftliche Geographie Bd. 21, Lfg. 3 (1967). S. 240 - 242

Beck, H.
Geographiegeschichtliche Ansichten. In: GZ Jg. 55, Heft 2 (1967). S. 81 - 91

Becker, C. H.
Das Erbe der Antike im Orient und Okzident. Leipzig 1931

Bell, R.
Introduction to the Qur'ān. 2. Aufl. Edinburgh 1958

Blake, R./Frye, R. N.
Notes on the Risala of Ibn Fadlan. In: Byzantina Metabyzantina I (1949). S. 7 - 37

Bohr, N.
Physical Science and the Study of Religions. In: Studia orientalia Ioanni Pedersen. Hauniae MCMLIII. S. 385 - 390

Bunbury, E. H.
A History of Ancient Geography. New York 1959. Repr. von 2. Aufl. 1883

Bunge, W.
Theoretical Geography. 2. Auflage Lund 1966

Büttner, M.
Geographie und Theologie im 18. Jahrhundert. In: Tagungsberichte und wiss. Abhandlungen, Deutscher Geographentag Bochum 1965. Wiesbaden 1966. S. 352 - 360

Büttner, M.
Theologie und Naturwissenschaft. Diss., Münster 1963

Canard, M.
La relation du voyage d'Ibn Faḍlan chez les Bulgares de la Volge. In: Annales de l'Institut d'Etudes orientales 16 (1958). S. 41 - 146

Carol, H.
Zur Diskussion um Landschaft und Geographie. In: W. Storkebaum (Hrs.): Zum Gegenstand und zur Methode der Geographie. Darmstadt 1967. S. 475 - 514

Carol, H.
Zur Theorie der Geographie. In: W. Storkebaum (Hrs.): Zum Gegenstand und zur Methode der Geographie. Darmstadt 1967. S. 387 - 414

Cêlériêr, J.
Islam et gêographie. In: Hesperis 39 (1952), S. 331 - 371

Charmoy, M.
Relation de Mas'oudy et d'autres auteurs musulmans sur les anciens Slaves. In: MAR VI. Serie; science pol., hist. et philol. Bd. II (1934). S. 297 - 409

Dozy, R.
Essai sur l'histoire de l'Islamisme. Amsterdam 1966, Repr. von 1879

The Encyclopaedia of Islam. Hrs. Gibb, Kramers, Lewis, Pellat u. v. a.; 2. Aufl. London/Leiden 1960 - 1973

The Encyclopaedia of Islam. Hrs. Houtsma, Wensinck, Heffening, Gibb, Levi-Provençal. Bd. 3, 1. Aufl. Leiden/Leipzig 1936

Ferrand, G.
Géographie et cartographie musulmane. In: Hesperis 20 (1935). S. 81 - 84

Ferrand, G.
Notes de géographie orientale. In: Journal Asiatque 202 (1923). S. 1 - 35

Ferrand, G.
Voyage de Abū Dulaf Mis'ar bin Muhalil. In:Relation de Voyages et Textes Géographique Arabes, Persan et Turks relatifs à l'Extreme Orient du VIII. - XVIII. Siècle. Paris 1913 - 14. Bd. I, S. 208 - 229

Fischer, H.
Geschichte der Kartographie von Vorderasien. In: PGM Jg. 66 (1920). S. 82 - 89, 164 - 166, 203 - 205, 219 - 225

Fraehn, C. M.
Die aeltesten arabischen Nachrichten ueber die Wolga-Bulgharen, aus Ibn-Foszlan's Reiseberichte. In: MAR, 6. Serie, sc. pol., histoire et philologie Bd. 1 (1832). S. 527 - 577

Ghulam Mustafa, H.
Use of Poetry by al-Mas'ūdī in his Works. In: MCV, Aligarh 1960. S. 77 - 83

Gibb, H. A. R./Landau, J.
Arabische Literaturgeschichte. Zürich/Stuttgart 1968

Gildemeister, J.
Beiträge zur Palästinakunde aus arabischen Quellen: Muqaddasī. In: Zeitschrift des Deutschen Palästina-Vereins Bd. VII (1884). S. 143 - 172, 215 - 226

Goldziher, I.
Education (Muslim). Gesammelte Schriften Bd. 5, S. 223 - 232. Hrs. Desomogyi. Hildesheim 1970

Goldziher, I.
Le Culte des ancêtres et le culte des morts chez les arabes. Gesammelte Schriften Bd. 6, S. 157 - 184. Hildesheim 1973

Goldziher, I.
Le culte des saints chez les musulmans. Gesammelte Schriften Bd. 6, S. 62 - 156. Hildesheim 1973

Goldziher, I.
Vorlesungen über den Islam. Heidelberg 1910. 2. Aufl. F. Babinger 1925

Grunebaum, G. E. von
Der Islam in seiner klassischen Epoche 622 - 1258. Zürich 1966

Grunebaum, G. E. von
Islam. Essays in the Nature and Growth of a Cultural Tradition. 2. Aufl. London 1961

Günther, S.
Das Zeitalter der Entdeckungen. 4. Aufl. Berlin 1919

Günther, S.
Geschichte der Naturwissenschaften. Bd. 2, Leipzig 1909

Hadj-Sadok, M.
Le genre "rih'la". In: Bulletin des études arabes Bd. VIII (1948). S. 195 - 216

Haneberg, D.
Abhandlung über das Schul- und Lehrwesen der Muhamedaner im Mittelalter. München 1850

Hard, G.
Die Diffusion der "Idee der Landschaft". Präliminarien zu einer Geschichte der Landschaftsgeographie. In: Erdkunde 23 Heft 1/4 (1969). S. 249 - 264

Harder/ Schimmel, A.
Arabische Sprachlehre. 11. Aufl. Heidelberg 1968

Hartke, W. (Hrs.)
Denkschrift zur Lage der Geographie. Wiesbaden 1960

Hettner, A.
Die Geographie. Ihre Geschichte, ihr Wesen und ihre Methoden. Breslau 1927

Honigmann, E.
Die sieben Klimata. Heidelberg 1929

Huart, C.
Littérature arabe. Paris 1939

Ibn Rustah
Les atours précieux (Kitāb al-aʿlāq an-nafīsa). Übersetzt v. G. Wiet. Publications de la Société de géographie d'Egypte. Kairo 1955

al-Iṣṭaḫrī
Kitāb al-masālik wa-l-mamālik. BGA Bd. 1, Hrs. de Goeje. 2. photomechanische Aufl. Leiden 1927

Jansky, H.
Das Meer in Geschichte und Kultur des Islams. In: Beiträge zur historischen Geographie, Kulturgeschichte, Ethnographie und Kartographie, vornehmlich des Orients, hrs. v. H. v. Mžik. Leipzig 1929. S. 41 - 59

Johnson, D.
The Geography of History: A Review. In: Geogr. Rev. Bd. 12 (1922). S. 278 - 293

Khan, Mohammed A. R.
Scientific Discoveries of the Muslims. In: IC 26 (1952). S. 23 - 63

Kopf, L.
Religious Influences on Medieval Arabic Philology. In: SI V (1956). S. 33 - 59

Kowalska, M.
Bericht über die Funktion der arabischen kosmographischen Literatur des Mittelalters. In: Folia orientalia 11 (1969). S. 175 - 180

Kraemer, J.
Das Problem der islamischen Kulturgeschichte. Tübingen 1959

Kramers, J. H.
Een arabisch Bericht over Sicilie in de Xde eeuw. In: Verslag van het congres. Oostersch genootschap in Nederland 9. Leiden 12. - 14. 4. 1939. S. 19 - 21

Kramers, J. H.
L'Erithrée décrite dans une source arabe du Xe siècle. AnOr Bd. I, Leiden 1954. S. 157 - 165

Kramers, J. H.
La question Balkhī-Istakhrī-Ibn Hawḳal et l'Atlas de l'Islam. In: Acta orientalia 10 (1932). S. 9 - 30

Kraus, K.
Über die Grundlagen der Terminologie in der "Geographie" des Ptolemaeus. In: Beiträge zur Historischen Geographie, Kulturgeschichte, Ethnographie und Kartographie, vornehmlich des Orients, hrs. v. H. v. Mžik. Wien 1929. S. 144 - 156

Kremer, A. von
Über die südarabische Sage. Leipzig 1866

Kretschmer, K.
Die Literatur zur Geschichte der Erdkunde vom Mittelalter an (1907 - 25). In: Geogr. Jahrbuch Bd. XLI (1926). S. 122 - 192

Kretschmer, K.
Geschichte der Geographie als Wissenschaft. In: Handbuch der Geographischen Wiss., Bd. "Physikalische Geographie." Potsdam 1933. S. 1 - 23

Le Strange, G.
The Lands of the Eastern Caliphate. 3. Aufl. London 1966

Levtzion, N.
Ibn Hauqal, the Cheque, and Awdaghost. In: Journal of African History IX, 2 (1968). S. 223 - 233

Marmardji, A. S.
Textes géographiques arabes sur la Palestine. Paris 1951

Lewicki, T.
al-Masʿūdī on the Slaves. In: MCV, Aligarh 1960. S. 11 - 13

Lewicki, T.
A propos d'une liste de Tribus berbères d'Ibn Hawqal. In: Folia Orientalia I (1959/60). S. 128 - 135

Lewicki, T.
A propos d'un traité géographique d'al Muqaddasī. In: Cahiers de civilisation médiévale 12 (1969). S. 35 - 42

Lewicki, T.
Die Vorstellung arabischer Schriftsteller des 9. und 10. Jahrhunderts von der Geographie und von den ethnischen Verhältnissen Osteuropas. In: Der Islam Bd. 35 (1960). S. 26 - 42

Lewis, A. (hrs.)
The Islamic World and the West A. D. 622 - 1492. New York/London/Sydney/Toronto 1970

Mieli, A.
La science arabe. Leiden 1966

Minorsky, V.
A Persian Geographer of a. d. 982 on the Orography of Central Asia. In: Iranica Bd. 775 (1964). S. 31 - 37

Mžik, H. von
Neue Gesichtspunkte zur Würdigung der Bedeutung der "Geographie" des Klaudios Ptolemaios für die Orientalistik. In: Litterae orientales Heft 54, April 1933 Leipzig. S. 1 - 16

Mžik, H. von
Parageographische Elemente in den Berichten der arabischen Geographen über Südostasien. In: Beiträge zur Historischen Geographie, Kulturgeschichte, Ethnographie und Kartographie, vornehmlich des Orients, hrs. H. v. Mžik. Wien 1929. S. 172 - 202

Nallino, C. A.
La littérature arabe des origines à l'époque de la dynastie umayyade. Traduction française par Ch. Pellat d'après la version italienne de Maria Nallino. Paris 195o. Reihe: Islam d'hier et d'aujourd'hui Bd. 6 (S. 64 - 69: La prose préislamique)

Nasr Seyyed Hossein
Cosmographie en l'Iran préislamique et islamique, le problème de la continuité dans la civilisation iranienne. In: Arabic und Islamic Studies in honor of H. A. R. Gibb, hrs. v. G. Makdisi. Leiden 1965. S. 507- 525

Neef, E.
Die axiomatischen Grundlagen der Geographie. In: W. Storkebaum (Hrs.): Zum Gegenstand und zur Methode der Geographie. Darmstadt 1967. S. 277 - 288

Otremba, E.
Gedanken zur geographischen Beobachtung. In.: Moderne Geographie in Forschung und Unterricht. Hannover usf. 1970. Auswahl Reihe B, Nr. 39/40. S. 59 - 69

Patlagean, E.
Histoire et géographie de l'Islam. In: L'homme 9/4, oct. - dec. 1969. S. 92 - 95

Plischke, H.
Entdeckungsgeschichte vom Altertum bis zur Neuzeit. Leipzig 1933

Qasim Hassan
Some Problems Relating to the Study of Islamic Civilization. In: BIIS Nr. 4 (1960). S. 13 - 27

Ritter, C.
Geschichte der Erdkunde und der Entdeckungen. 2. Aufl. Berlin 188o

Rosenthal, E. I. J.
Political Thought in Medieval Islam. Cambridge 1958

Ruska, J.
Neue Bausteine zur Geschichte der arabischen Geographie. In: GZ Bd. 24 (1918). S. 77 - 81

Saarisalo, A.
Arab Tradition and Topographical Research. In: Studia Orientalia 17/3 (1952). S. 3 - 24

Schaeder, H.
Der Orient und das griechische Erbe. In: Die Antike IV (1928). S. 226 - 265

Schoy, C.
Längenbestimmung und Zentralmeridian bei den älteren Völkern. In: Mitt Geogr. Gesellschaft Wien Bd. 58 (1915). S. 27 - 62

Schoy, C.
Über die Richtung der qibla. In: Sitzungsberichte der Bayerischen Akademie der Wissenschaften, math.-phys. Klasse (1922). S. 55 - 68

Schwarz, P.
Die ältere geographische Litteratur der Araber. In: GZ 3. Jg. (1897). S. 137 - 146

Sprenger, A.
Die alte Geographie Arabiens. Amsterdam o. J.; Repr. v. 1875

Spuler, B./Forrer, L.
Der Vordere Orient in islamischer Zeit. In: Wiss. Forschungsberichte, geisteswiss. Reihe, Hrs. K. Hönn. Bd. 21 "Orientalistik", III. Teil. Bern 1954

Stevenson, E. L. (Hrs.)
Geography of Claudius Ptolemy. Engl. Übersetzung. New York 1932

Tritton, A. S.
Reason and Revelation. In: Arabic und Islamic Studies in honor of H. A. R. Gibb, Hrs. v. G. Makdisi. Leiden 1965. S. 619 - 631

Wehr, H.
Arabisches Wörterbuch für die Schriftsprache der Gegenwart. 4. Aufl. Wiesbaden 1968

Weisweiler, M.
Das Amt des Mustamlī in der arabischen Wissenschaft. In: Oriens Bd. 4 (1951). S. 27 - 57

Wellhausen, J.
Die religiös-politischen Oppositionsparteien im alten Islam. In: Abhdl. d. Göttinger Gesellschaft d. Wissenschaften, phil.-hist. Klasse, N. F. V,2. Berlin 1901

Wensinck, A. J.
The Muslim Creed. Cambridge 1932

Wiedemann, E.
Anschauung der Muslime über die Gestalt der Erde. In: Archiv für die Geschichte der Naturwissenschaften und der Technik (1909) S. 310 - 319

Wiedemann, E.
Über die Dimensionen der Erde nach muslimischen Gelehrten. In: Archiv für die Geschichte der Naturwissenschaften und der Technik (1912). S. 250 - 255

Wiet, G./Eliseeff, V./Wolff, Ph.
La pensée scientifique au Moyen Age. In: Cahiers d'histoire mondial 4 (1958). S. 769 - 786

Wißmann, H.
Geographische Grundlagen und Frühzeit der Geschichte Südarabiens. In: Saeculum IV (1953). S. 61 - 114

Wooldridge, S. W./East, G. W.
The Spirit and Purpose of Geography. 5. Aufl. London 1958

Wright, J. K.
A Plea for the History of Geography. In: Isis Nr. 27, Vol. 8,3 (1926). S. 477 - 492

Wright, J. K.
Geographical Lore of the Time of the Crusades. 2. Aufl. Dover/ New York 1965

Wüstenfeld, F.
Die Wohnsitze und Wanderungen der arabischen Stämme. Aus dem zehnten Bande der Abhandlungen der Königlichen Gesellschaft der Wissenschaften zu Göttingen. Göttingen 1869

Zajaczkowski, S.
Deux nouveaux travaux russes sur Ibn Fadlan. In: Przeglad orientalistyczny 22 (1957). S. 203 - 209

Ziadeh, N.
Diyār al-Shām according to al-Mas'ūdī. In MCV, Aligarh 1960. S. 20 - 24

Ziauddin Alavi, S. M.
Al-Mas'udis Conception of the Relationship between Man and Environment. In: MCV, Aligarh 196o. S. 93 - 96

Bochumer Geographische Arbeiten

Herausgegeben vom Geographischen Institut der Ruhr-Universität Bochum
durch Dietrich Hafemann · Karlheinz Hottes · Herbert Liedtke · Peter Schöller
Schriftleitung: Alois Mayr

Materialien zur Raumordnung

aus dem Geographischen Institut der Ruhr-Universität Bochum – Forschungsabteilung für Raumordnung.
Herausgeber: Dietrich Hafemann, Karlheinz Hottes, Herbert Liedtke und Peter Schöller

Band 1 Karlheinz Hottes und Dietrich Kühne:
Verkehrsfeld Lünen/Nord. 1969. (Bildband und Textband).
Vertrieb: Stadtverwaltung 4628 Lünen

Band 2 Karlheinz Hottes und Dietrich Kühne:
Die Verkehrsfelder Lünen West und Süd. 1969. (Textband und Bildband).
Vertrieb: Stadtverwaltung 4628 Lünen

Band 3 Karlheinz Hottes und Hanns Jürgen Buchholz:
Stadtbahntrassen und Citystruktur in Bochum. 1970.
Vertrieb: Stadtverwaltung 4630 Bochum

Band 4 Traute Weinzierl:
Raumordnende Flurbereinigungsmaßnahmen in Fremdenverkehrsgebieten. 1970.
Vertrieb: Landwirtschaftsverlag GmbH. 4400 Münster-Hiltrup

Band 5 Karlheinz Hottes und Josef Niggemann:
Flurbereinigung als Ordnungsaufgabe. 1971.
Vertrieb: Landwirtschaftsverlag GmbH. 4400 Münster-Hiltrup

Band 6 Jean-Claude Marandon:
Der kombinierte Güterverkehr Schiene/Straße in der BRD als Faktor der Industrieansiedlung.
Originaltitel: Les transports combinés de marchandises. Facteurs de localisation industrielle et d' évolution des grands courants de trafic en Allemagne Féderale.
(In französischer Sprache mit deutscher Zusammenfassung). 1973.
Vertrieb: Geographisches Institut der Ruhr-Universität, 4630 Bochum. 6,50 DM.

Band 7 Karlheinz Hottes und Günter Grundmann:
Bewertung der Flächennutzung im Gebiet südlich des Hauptbahnhofes Bochum.
1972. (vergriffen)
Vertrieb: Stadtverwaltung 4630 Bochum

Band 8 Karlheinz Hottes und Fritz Becker:
Wört – Eine ländliche Gemeinde im strukturräumlichen Entwicklungsprozeß Ostwürttembergs. 1973. 7,– DM.
Vertrieb: Geographisches Institut der Ruhr-Universität, 4630 Bochum

Band 9 Hanns Jürgen Buchholz, Heinz Heineberg, Alois Mayr und Peter Schöller:
Modelle kommunaler und regionaler Neugliederung im Rhein-Ruhr-Wupper-Ballungsgebiet und die Zukunft der Stadt Hattingen. 1971.
Vertrieb: Stadtverwaltung 4320 Hattingen

Band 10 Karlheinz Hottes, Hanns Jürgen Buchholz und Manfred Hieret:
Bochum-Gerthe. Analyse und Vorschläge zur Entwicklung. 1972.
Vertrieb: Stadtverwaltung 4630 Bochum

Band 11 Karlheinz Hottes und Fritz Becker:
Langenberg im bergisch-märkischen Grenzsaum. Strukturen, Grenzen, Entwicklungen. 1972.
Vertrieb: Stadtverwaltung 5602 Langenberg

Band 12 Karlheinz Hottes und Horst H. Hilsinger:
Die Verkehrsfelder Lünen-Ost. 1972. (Textband und Bildband).
Vertrieb: Stadtverwaltung 4628 Lünen

Band 13 Peter Michael Pötke:
Retirement und Tourismus an der Westküste Floridas. 1973. 7,– DM.
Vertrieb: Geographisches Institut der Ruhr-Universität, 4630 Bochum

Band 14 Karlheinz Hottes, Rainer Teubert und Wilhelm von Kürten:
Die Flurbereinigung als Instrument aktiver Landschaftspflege. 1974.
Vertrieb: Landwirtschaftsverlag GmbH. 4400 Münster-Hiltrup

Band 15 Dietrich Badewitz:
Der Odenwaldkreis – ein Wirtschaftsraum? Zum Problem der Abgrenzung von Wirtschaftsräumen. 1974. 9,50 DM.
Vertrieb: Geographisches Institut der Ruhr-Universität, 4630 Bochum

Band 16 Karlheinz Hottes, Fritz Becker und Josef Niggemann:
Flurbereinigung als Instrument der Siedlungsneuordnung. 1975. 14,– DM.
Vertrieb: Landwirtschaftsverlag GmbH. 4400 Münster-Hiltrup

Weitere Bände in Vorbereitung

Verkauf nur über die jeweils angegebenen Stellen. Anfragen bezüglich Schriftentausch werden erbeten an das Geographische Institut der Ruhr-Universität, 4630 Bochum, Universitätsstraße 150.